KB157758

박 목 월

순한 눈망울을 스쳐간 인연들의 회상록

■▨ 목월문학포럼 엮음

박목월 선생께서 타계하신지 어느덧 30주기를 맞이하게 되었다.

한국인의 정서를 가장 아름다운 언어로 형상화함으로써 시어로서의 한국어의 가능 지평을 활짝 펼쳐 보여주신 분이 박목월 선생이시다. 그런 의미에서 박목월 선생이야말로 우리나라의 가장 대표적인 민족 시인이시다.

한때, '민족시'라는 용어가 마구 변용되어 쓰인 때가 있었다. '민족시'는 '민족주의 시'와 엄격히 구별하여 사용되어야 하는 데도 그렇지를 못했다. '민족시'가 "그 나라 사람이 그 나라의 고유정서를 그 나라의 아름다운 언어로 표현한 시"를 가리키는 것이라면, '민족주의 시'란 "한 민족이 지닌 우월성을 지키고 강조할 목적으로 쓴 시"일터이다. 그러므로 '민족주의 시'는 다분히 이념 지향적이면서 목적 지향적이다.

선생께서 가신지 30년 동안 우리는 격변의 사회 속에서 시가 이념의 도구나 수단으로 폄하되는 현상들을 도처에서 보아왔다. 이제, '민족주의 시'를 '민족시'라고 강변하던 이들이 스스로 오류로부터 벗어나고 있는 듯이 보이니 다행스런 일이다. 선생의 시에 대한 연구와 객관적 평가도 보다 활발해지길 기대한다.

생각하면, 박목월 선생은 인간에 다감하고 시에 준엄했던 스승이었다. 제자 한 사람 한 사람을 소중히 감싸 안으면서도, 제자들의 시가 완벽한 시 미학에 토대를 둘 것을 강조하곤 하셨다. 그렇기 때문에 박목월 선생의 손을 거쳐 시단에 등단한 시인들은 별로 많지 않은 편이다.

그러나 그 문하생들은 오늘날, 한국시를 대표하는 면면들로 활동하고 있음은 널리 알려져 있다. 선생의 엄격한 훈도가 후학들을 통해서 빛을 발하는 셈이다. 고맙고도 다행스런 일이다.

박목월 선생의 문하생들로 이루어진 '목월회'는 육친 같은 유대 속에서 30여 년을 지내오면서 그 회원들의 면면도 어느덧 6,70대 노년기에 접어들고 있다. 박목월 선생께서 한국시를 위한 필생의 과업으로 창간한 시지 『심상』을 통해 시단에 등단한 시인들과 '목월회'를 합쳐 '목월문학포럼'으로 확대 출발하게 된 것은 이들 시인들이 목월의 시정신 속에서 동질성을 지닌 같은 뿌리로 맺어져 있다고 믿기 때문이다. 앞으로 '목월문학포럼'은 한국시를 위한 튼실한 씨앗으로 기능할 수 있는 시문학 단체로서의 역할을 해나가게 될 것이다.

박목월 선생 30주기를 맞아 우리는 2권의 추모 문집을 낸다. 이 추모문집은 4월에 열릴 '박목월 선생 30주기 추모—박목월 시문학 세미나'와 5월에 있을 '박목월 시축제'와의 연계 위에서 간행되는 것이다. 사화집 ≪이승과 저승을 잇는 무지개다리≫는 박목월 선생의 체취

속에서 시인으로 활동하는 문하생 시인들(89명)이 선생께 올리는 추모 시집이다. 그리고 『박목월 ― 순한 눈망울을 스쳐간 인연들의 회상록』은 선생과 지근거리에 있었던 분들이 회고해준 인간 박목월 선생에 대한 회상의 글모음이다. 선생께서 작고한 후 1978년 5월호 『심상』의 '전권 특집 박목월'의 글들과 이형기 선생의 편저인 『박목월』에서 '박목월 평전' 부분을 가져와 함께 엮은 것이다. 지금 보니, 그때 추모의 글을 썼던 분들 중에도 이미 여러분이 타계했다. 이번에 '목월 문학포럼'이 간행하는 책자들이 박목월 연구를 위한 귀중한 자료로, 또한 한국시의 우뚝한 봉우리로서의 박목월 선생을 기리는 책자로도 두루 활용될 수 있을 것이다.

이들 책의 출판을 맡아준 국학자료원 정찬용 사장님과 책 출간을 위해 애쓴 이상호 교수의 노고에도 고마움을 표하면서, 삼가 목월 선생의 30주기를 기리는 바이다.

― 박목월 선생 30주기를 앞두고
목월문학포럼 회장 이 건 청

■■■■■ 차례

■■■ 간행사 · 목월문학포럼 회장 이건청

■■■ 추도시

 ◆ 당신의 지도 · 정한모   13
 ◆ 어떤 모양으로 눈을 감았을까 · 김춘수   17
 ◆ 박목월 · 황금찬   19
 ◆ 노랑나비 한 마리 보았습니다 목월 선생님 가시던 날 · 박용래 20
 ◆ 용인골짝에 묻힌 청노루 · 김광림   26
 ◆ 현금(玄琴) · 허영자   27
 ◆ 봄날의 하늘의 되셨습니다 · 이건청   29

■■■ 목월과의 사귐

 ◆ 그와의 사귐 · 윤석중   33
 ◆ 설야 2제(雪夜二題) · 김동리   37
 ◆ 목월과의 교유 · 양명문   42
 ◆ 이제 그의 영혼과의 교유를 · 곽종원   46
 ◆ 우리가 이럴 사이가 아닌데 · 구 상   50
 ◆ 박목월 씨와의 교유 · 조연현   55

■▩ 내가 만난 박목월

◆ 하늘나라로 가신 선생님 · 이성교　　　　　　　　　59
◆ 목월과 나 · 정창범　　　　　　　　　　　　　　　62
◆ 산도화, 기타 · 이승훈　　　　　　　　　　　　　　65
◆ 내가 아는 목월 선생 · 최승범　　　　　　　　　　68
◆ 염소라는 별명 · 엄한정　　　　　　　　　　　　　71
◆ 자상스러움과 부드러움 · 박태진　　　　　　　　　73
◆ 영원한 빛 · 허만하　　　　　　　　　　　　　　　75
◆ 두 갈래 길이 한스러웠던 선생님 · 김후란　　　　78
◆ 가장 은밀한 음파에 이끌려 · 이명자　　　　　　　81
◆ 현대의 고전을 남긴 시인 · 박양균　　　　　　　　84
◆ 내가 만난 목월 선생님 · 조정권　　　　　　　　　87
◆ 인생과 예술의 도를 배우며 · 신규호　　　　　　　90
◆ 그날 있었던 일, 기타 · 박재삼　　　　　　　　　93
◆ 세 번째는 헤어짐 · 이유경　　　　　　　　　　　96
◆ 한 시간을 열 시간으로 · 신달자　　　　　　　　　99
◆ 우째 그래 주량이 작노 · 김종해　　　　　　　　　102
◆ 미소와 보자기와 사랑 · 김영태　　　　　　　　　106
◆ 내가 아는 박목월 · 유경환　　　　　　　　　　　109
◆ 자연스런 그 미소가 지금도 · 이재철　　　　　　　115
◆ 책 출판에 얽힌 연 · 신중신　　　　　　　　　　　118
◆ 선생님과의 대화 · 김준식　　　　　　　　　　　　121

◆ 목월 선생을 그리며 · 장세경　　123
◆ 박목월 선생의 눈 미소 ― 회상3제 · 조영서　　126
◆ 마지막 뵈온 선생님 · 이건청　　129
◆ 넥타이 하나 · 손기섭　　132
◆ 목월 선생님께 · 유안진　　135
◆ 어짊과 착함 · 유승우　　138
◆ 마포로 가는 전차가 내다보이는 · 함동선　　141
◆ 햇고추장을 주시며 · 김영준　　145
◆ 시인이라는 이름이 · 강우식　　148
◆ 생의 핵심을 살다 가신 목월 선생님 · 추명희　　151
◆ 산아방(山雅房) · 김요섭　　154
◆ 계성중학을 다니며 · 권국명　　158
◆ 내 영혼의 샘터 · 이 중　　161
◆ 그 분의 그 묘한 눈빛과 입술과 · 성춘복　　164
◆ 월남에 갈라카나 · 김종철　　167
◆ '고향에 가서 살란다' 시더니 · 서영수　　170
◆ 등불을 밝혀주신 스승 · 임홍재　　172
◆ 내가 아는 목월 선생 · 전재동　　175
◆ 경주, 그리고 박목월 선생 · 김규동　　178
◆ 내가 아는 박목월 · 문덕수　　181
◆ 여성적이면서도 강인한 인간 · 홍완기　　184
◆ 20년을 뫼시다가 · 김제현　　187
◆ 차내에서의 마지막 대화 · 장수철　　190

◆ 함축에서 여유 거쳐 원만까지 · 박성룡   193
◆ 요즘 받은 엽서 · 권명옥   197
◆ 다한 말, 다 못한 말 · 정대구   200
◆ 지성과 동심이 어울린 표정 · 김시철   203
◆ 문전소교설삼촌(門前小橋雪三寸) · 박희선   207
◆ 내가 아는 박목월 · 임강빈   210
◆ 벗어주신 파란 Y샤쓰 · 최원규   213
◆ 동양적이고 심플한 이름 · 이 탄   216

■■ 목월 선생님과의 대화

◆ 시집, 한 아름 주시던 큰 손 · 김성춘   221
◆ 예수와 석가간의 간격 · 손석일   223
◆ 아버지처럼, 인자하신 아버지처럼 · 나태주   225
◆ 마지막 강의 · 김용범   228
◆ 선생님과 『심상』과 나 · 윤강로   230
◆ 모든 손을 잡아주시던 그 큰 손 · 이명수   232
◆ 시골생활, 외롭지? · 황근식   234
◆ 차례차례 신발을 벗어놓고 · 권달웅   236
◆ 서귀포의 밤낚시 · 한기팔   239
◆ 원형질과 극복의 문제 · 이언빈   241
◆ 이제부터 시작해야 할 선생님과의 대화 · 서종택   243
◆ 오래오래 논둑길을 · 이준관   245

◆ '일', 그것은 축복이다 · 조우성　　　　　　　　　　　247
◆ 후회하며 그리워하며 · 목철수　　　　　　　　　　　249
◆ 가슴에 지지 않을 꽃을 · 이승하　　　　　　　　　　251
◆ 들려오는 목소리 · 한　신　　　　　　　　　　　　　253
◆ 구도적 자세의 본분 · 尹錫山　　　　　　　　　　　256
◆ 고개 한 번 끄덕이는 일생이라시더니 · 한광구　　　259
◆ 무슨 말씀을 올려야 합니까 · 오용수　　　　　　　　262

■■ 박영종과 박목월, 그리고 그의 시

　◆ 박목월 평전 · 이형기　　　　　　　　　　　　　　267
　◆ 목월 시의 지향성 · 윤재근　　　　　　　　　　　　358

■■■■ 추도시

당신의 지도
  - 당신의 말씀을 빌려 당신을 보냅니다

정한모(鄭漢模)

당신은 일찍이
당신의 지도를 간직하고 있었습니다.

태모산(太母山) 태웅산(太熊山)
줄기 아래
구강산 자하산
골짜기 물이 흘러내려
낙산호 영랑호를 이루고
호수 맑은 물에
그림자를 드리운 방초봉
여기서 자하산은
보랏빛 아지랑이에 싸여
아득히 바라보이고
거기 청운사 낡은 기와집
봄 눈 녹으면
느릅나무 속잎 피는 열 두 구비를
청노루가 뛰노는 마음의 자연
영혼 속에 펼쳐지는
당신의 지도를

당신은 일찍이 마련하고 있었습니다.

사벽(四壁)이 막힌
답답한 시공에 걸어놓은
당신의 지도는
뚫린 창문이 되어
겨레의 숨통을 열어주었습니다.

원효로의 밤 위에 눈이 내리면
당신의 지도 위에도
하얀 눈이 덮이고
생활은 언제나 엄동의 눈바람
문수가 다른 아홉 켤레의 신발을
지키는 가장의 방에는
이슥한 밤중에도 불이 켜져 있었습니다.

자야지
이제 다리를 쭉 펴고
잘 시간을 벼르기만 하던, 당신은 이제
정말 다리를 쭉 펴고 잘 시간을
허락받았습니다.

차례차례로 신발을 벗어놓고 떠나듯
떠나는 그날을 위하여
그 안존하고 잔잔한

영혼의 나라에 이르기 위하여
당신은 참으로 많은 일과
준비를 다 해 놓았습니다.

생활을 위하여
을지로 왕십리 길을 내왕했듯
꿈의 통감증(通鑑證)을 가지고
현실과 꿈 사이 통로를 열어
어두운 눈에 빛을 찾아주었습니다.
가난한 가슴에 따뜻한 불을 지펴주었습니다

이승과 저승 사이
수월히 지날 수 있는 마음을 위하여
거듭거듭 가르쳐 준 당신의 음성
마디 굵은 사투리로
서로 불러 길을 가며 쉬며 그 마지막 주막에서
지금쯤 걸걸한 막걸리 잔을 나누고 계시는지?
뭐락카노, 저 편 강기슭에서
당신의 음성은 바람에 불려서
오냐, 오냐, 오냐,
당신의 목소리는 바람에 날려서
지금 우리 귀에 쟁쟁히 들리는데
우리의 목소리는
당신에게 미치지 못합니다.

고독이 기른 정정한 수목의 이름 박목월
이제 당신의 이름은
시인 가운데 시인의 이름으로
겨레가 간직될 위대한 이름이 되었습니다.
눈 감으소서, 당신의 지도 안에서
당신 뜻대로
한 포기 난을 기르듯 조용히 살아가시고, 가지를 뻗고
그리고 그 섭섭한 뜻이
스스로 꽃망울을 이루어
먼 곳에서 그윽한 향기로
피어나소서
안존하고 잔잔한 영혼의 나라에서
부디 명복하소서,

- 영결하는 마당에서

어떤 모양으로 눈을 감았을까
- 목월 선생을 추도함

김춘수(金春洙)

1948년 겨울이던가,
서울 플라워다방에서 청마의 시집출판기념회에서
목월은 사회를 맡고 있었다.
"춘수, 목월은 영판 사슴이제!"
청마의 그 말대로 목월은 몸매가 화사하고 목이 길었다.
긴 목이 한 번씩 옆으로 조금 기울어지며,
눈이 웃고 있었다.
크고 순한 눈이었다.
1968년 여름이었던가,
경주 불국사 아랫마을에서
목월을 모시고 우리는 술을 들고 있었다.
목이 굵어지고 숨이 좀 가쁜 듯한
그야말로 목월은 나무 위 달이었다.
술을 사양하며 눈은 웃지 않고
시선은 머나먼 어디를 가고 있었다.
시집 ≪경상도의 가랑잎≫을 낸 무렵이었다.
1976년 가을,
강릉 시협 세미나 때는
커피를 끊고 아침 산보를 다닌다고 했다.

아침 산보에서 돌아온 목월은
등을 벽에 기대며 한 동안은 호흡을 가다듬고 있었다.
1978년 3월 24일,
그날도 아침 산보에서 돌아와서는 오래오래 뜨지 않을
눈을 감았다고 한다.
심장마비.
어떤 모양으로 눈을 감있을까?
그 잘 트인 이순의 아침나절에,

박목월

황금찬(黃錦燦)

하늘
안개의 호수.

피나무 가지에
바람소리.

질 고운 널에 새긴
보라색 구름 한 조각
우리말이 담긴
청자 항아리.

고려 매병에 그린 백학이
눈앞에서 날고 있다.

노랑나비 한 마리 보았습니다
목월 선생님 산으로 가시던 날

꽃이 피겠죠
할미꽃도
용인 골짝
선생님도
굽어보시겠죠

선생님이 산으로 가시던 날
저도 선생님의 뒤를 따라
먼 발치에서 산길을
가고 있었습니다
삶과 죽음의 엄숙함을
되삭이며 되삭이며
슬픔일랑 겨드랑이에 묻고
묵묵히 따라가고 있었습니다

목월 선생님
이 나라의 박꽃을
가장 사랑하시던
박꽃이듯

(흰 옷자락 아슴아슴
짧은 저녁답을)
말없이 울고 가신 목월 선생님

어처구니없는 슬픔일랑
겨드랑이에 묻고
바보인 양 산길을 가다가
문득 저는 보았습니다.
한 마리 노랑나비를 보았습니다.
채운(彩雲)의 여운도
채 가시지 않은
아직은 추운 삼월의 산중인데
어디서 날아왔나
철 이른 노랑나비 한 마리가
정말 우연히 뜻밖에도
공중에서 수직을 긋고 있습니다.
화등잔만한 저의 눈은
어디까지나
나비의 향방을 좇았지요

목월 선생님
선생님 아름다운 시의 마음이
선생님의 아름다운 혼이
어느 사이 한 마리 노랑나비로
저렇게 공중에서

분주히 수직을 긋고 있는 것일까요

목월 선생님
선생님
정말이지 그날의
노랑나비 한 마리는
무슨 기적이었을까요

아니면 선생님에 대한
자연의
공경의 몸짓이었을까요

목월 선생님
선생님
이 나라의 박꽃을 가장 사랑하시던
박꽃이듯
(흰 옷자락 아슴아슴
짧은 저녁답을)
말없이 울다 가신 목월 선생님

선생님을 뵈온지
어언 삼십 여 성상
나무이면
차라리 그늘을 드리울 만큼의
나무일 터인데

아직도 봉두난발
이 모양 이 꼴이고 보니
정작 영결식장에서는
온몸이
은사시나무 떨리듯 떨려 와서
선생님 앞에 삼가 헌화조차도
못한 저올시다

목월 선생님
선생님
선생님이 산으로 가시던 날
저는 밤 호남선
막차를 타고 내려왔습니다.
썰렁하기 그지없는
역사에 내리니
슬픔의 여분인 양
자욱히 보슬비는 오시고 있더군요

목월 선생님
선생님
선생님을 기리고 선생님을 아쉬워하는
사람이 어찌 저 혼자 뿐이겠습니까만
저는 몇 날을 두고
아무것도
손에 잡히질 않아서요

몸만 떨고 있습니다.

삼가 영결식장에서는
헌화조차도 못한
저이지만
선생님 목월 선생님
젊은 날의
저의 도표(導標)이셨던
젊은 날의
저의 순결이셨던
목월 선생님 선생님
오늘은 빈자의 한 등이듯
어쭙잖은
한 편의 시를
선생님의 명복을 빌면서 올립니다.
선생님 목월 선생님

※

헌시

울먹울먹 모래알은
부서지기도 한다
부서진 모래알은
눈물인 양 짜다

눈물인 양 짠
모래알로 빚은
선생님 해시계에
삼가 꽂는 한 송이 백합
- 1978년 4월 6일

용인 골짝에 묻힌 청노루
  - 목월 선생 묘소에서

김광림(金光林)

용인 골짝에 청노루가 묻힌다. 자하산이 묻힌다. 모두 모두 묻힌다.
흙으로 돌아간다
나그네는
한잔의 컬컬한 막걸리 생각에
주막에다 신발을 벗는다
몸을 뉘인다
그처럼
가벼운 마음으로
고단한 육신을 관속에 벗어놓고
그분은 어디론가 가버렸다.
그분 가는 곳 아는 이 있다면
이 세상에 다시없는 거짓 말
다만
누군가 절대의 부름을 받은 것만은
확실해 보이는데
어쩐지
이 일만은
아무리 현명해도
어련히 알아서 한 것 같지 않다.

현금(玄琴)

　　- 목월 선생님을 애도함

　　　　　　　　　　　　　　　　　허영자(許英子)

황금빛 눈 어리는
대낮의 영광을 위하여
신은 우리에게
한 채의 현금(玄琴)을 주시었다.
- 박·목·월
　밤에 자라는 이름

샘솟는 맑은 가락에 실려
생명 있는 모든 것과
생명 없는 모든 것은
아름다운 뜻을 담은
고운 노래가 되었다.

깊디 깊숙한 밤의 계곡
가이없는 슬픔을 위하여
신은 우리에게
한 채의 현금(玄琴)을 주시었다.
- 박·목·월
　밤에 자라는 이름

시냇물처럼 흐르던 가락
우리들 이마 위의 땀과
눈물을 씻어
하늘나라 꽃밭에
진주 이슬로 영롱케 하였다.

아 이제
무지개는 사라지고
한국 사람의 흰 옷자락
애닲고 잔잔하던 그 노래를
들을 수 없다

아 이제
신은 잠언(箴言)을 전할
전령을 잃었고
창조를 마무리할
한 손을 잃었다

- 목·월 박·목·월
  밤에 자라는 이름

봄날의 하늘이 되셨습니다
 - 삼가 목월 선생님 영전에 바침

이건청(李健淸)

가장 순박하게 우리들의 가슴을 적셔 주시던 이.
크신 키에 순한 눈망울,
사슴처럼 서서 하늘을 우러르던 이.
지금 선생님께서 쌓아온
푸르른 하늘이 한껏 드높은 봄길을 걸어
선생님은 가셨습니다.
선생님,
아직도 어설프기만 한 나의 시로 선생님께 올리는 추도시를 씁니다만,
유난히 햇살이 따스한 선생님댁 2층에 앉아,
선생님께 올리는 글을 씁니다만,
오늘은 3월 24일
포근한 봄날씨입니다만,
선생님께서 울려주시던 이 겨레의 정서.
드높이 승화시켜 주시던 순화된 목소리
그런 것들이 몹시도 허망하게 들리기만 합니다.
3월 23일 오후 학장실에서 뵈온 선생님은
인간의 한계와 예술의 영원성을 말씀하셨습니다.
선생님께서 이끌어 오신
한국시문학사의 아득한 정상,

한국어로 밝혀 올린 환한 불빛,
가난한 자의 가슴속에 충만함을 주시고
무너져 내리는 사람들의 가슴에
지고한 음률을 주시던 이여.
크신 키에 순한 눈망울,
봄길을 가는 사슴의 걸음걸이가
지금 가장 위대한 고전이 되는 섯을 보며,
멀리까지 가 하늘과 만나시는 것을 보며,
푸르른 하늘이 되시는 것을 보며,
하늘의 깊고 크신 은혜로움이 되는 것을 보며,
선생님과 함께 바라보던 하늘의 하늘 아래
우리들은 남아 있습니다.
선생님이 떠나신 빈자리가 이렇게 큰데
무엇으로 그 자리를 메우며
누가 다시 그 자리를 밝혀 주겠습니까?
지금, 이 나라의 개나리들도 꽃망울을 준비하고 있습니다.
선생님, 슬픔을 안은 사람들의 마음에,
항시 푸른 하늘로 살아계신 선생님
선생님께서 하늘이 되신 오늘은 따사로운 봄날입니다.

— 1978년 3월 24일

■■■■■ 목월과의 사귐

●●●

그와의 사귐

윤석중

박목월과 박영종은 같은 사람이건만 나에게는 각기 다른 사람으로 생각이 들었다. 목월을 만나면 영종의 안부를 물으려고 들었으니까⋯.

내가 영종을 안 것은 1932년으로 그해 섣달치부터 어린이 종교 잡지 『아이생활』(주간 崔鳳則) 독자 작품을 끊게 되었을 때, 함경도 홍원이 고향인 강용율(姜龍律, 小泉)과 경상도 건천이 고향인 그가 한 묶음씩 동요를 지어 보내왔는데 별로 눈에 띠는 작품이 없다가 1933년 봄에 방 소파가 남기고 간 『어린이』 잡지를 개벽사에 들어가서 내 손으로 꾸며 내게 되었을 때, 영종이 보내 온 <통딱딱 통짝짝>이라는 동요를 잡지 첫머리에 4호 활자로 짜서 두 면에 벌려 대문짝만하게 내주면서 편지로 사귀게 되었다. 내 나이 스물두 살 때였으니, 다섯 살 터울이니까 그는 열일곱 살이었을 것이다. 뜻하지 않은 후대를 받은 영종은 동요 창작에 몰두 하였고, 짓는 족족 나에게 부쳐왔으며, 연달아 잡지에 나가게 되었다.

그러다가 『어린이』 잡지가 '국어(일어) 상용' 정책에 걸려 다달이 부수가 줄어들어서 1년만에 손을 들게 되니, 나는 조선중앙일보사(사장 呂運亨) 학예부(부장 李泰俊)로 자리를 옮겨서 가정란에 '우리판'을 새로 차리고, 『소년중앙』이라는 아동잡지를 따로 내게 되었다. 하루는 키가 호리호리하고 눈이 말똥말똥한 시골 소년이 신문사로 찾아왔는데 그가 바로 동요작가 박영종이었다. 서울에서 열리고 있는 체육대회에 농구선수로 뽑혀 올라왔다는 것이다.

『소년중앙』이 경영난으로 없어진 뒤, 다시 조선일보사(사장 方應謨) 출판부(주간 李殷相)로 자리를 옮겨 『少年』잡지를 시작하면서 『소년조선일보』를 일주일에 한 번씩 『조선일보』부록으로 냈을 때 영종 동요는 정현웅 화백의 동화(童畵)를 곁들여 호마다 내다시피 했다. 또 박또박 부쳐 준 원고료가 그에게는 무척이나 대견스러워서 두고두고 고마워했다.

내가 사회생활 10년만에 처자를 거느리고 다시 배움의 길에 올라 일본 도쿄에서 대학에 다니는 것이 부러웠던지, 1940년 봄에 빈손으로 불쑥 일본에 나타났는데, 그 곳에서 자비로 출판한 나의 네 번째 동요집 『어깨동무』에 글 한 편을 써 주고는 고향에 좀 다녀오겠노라고 하면서 훌쩍 떠나버렸다. 가을 학기에 다시 오면 묵겠다고 해서 우리 식구가 전세든 집 2층 방을 비워 놓은 채 아무리 기다려도 감감 무소식이었다. 학비가 마련 안 된 모양이었다.

들으니, 그 무렵에 그는 박목월이란 필명으로 『문장』지(주간 李泰俊)에 정지용 추천으로 시가 발표되었는데 그때 도쿄에 유학 와 있던 친구에게는 그 사실을 알리면서 나에게는 말하지 말라고 하더란다. 동요를 쓰다가 갑자기 시를 쓴다는 것이 계면쩍었던 모양이다. 그토록 그는 순진했고 선배를 어려워했다.

내가 벼르고 별러서 방학에 서울 다니러 가는 길에 경주에서 20리 떨어진 건천 그의 집에서 하룻밤 묵은 적이 있는데 우리는 밤을 새워가며 동요타령을 했다. 새로 지은 작품들을 줄줄 외어 들려주다가 갑

자기 심란한 생각이 들어서,

"발표할 데도 없고, 불러 줄 아이도 없는 노래를 자꾸 지어서는 무얼 하누……"

라고 했더니, 그는 정색을 하면서 땅을 파고 묻어 두면 되지 않겠느냐는 것이었다. 섣불리 전쟁을 터뜨린 일본이 잔뜩 독이 올라 있을 그 무렵, 등화관제를 해서 어두컴컴한 경주역에서 밤차를 기다리며 주고받은 우리들의 이야기는 역시 이 동요가 어떻고, 저 동요가 어떻고였다. 누가 엿들었다면 몽유병환자로 몰았을 것이다. 그때도 그는 시 쓴다는 말을 통 입 밖에 내지 않았다.

염치없이 맨손으로 해방을 맞은 뒤, 두루마기를 입고, 나타난 그와 다시 만난 것은 해방 이듬해 봄, '아협'(兒協; 아동문학가협회)에서 『주간 소학생』을 내고 있을 때였다. 그는 이 한국 최초의 주간 잡지를 지형을 빌어다가 대구 일대에 박아 펴내기도 했다. 일제 때 내 손을 거쳐 발표되었던 그의 동요를 모아 '아협'에서 ≪초록별≫이란 동요집을 낸 것도 그때 일로, 짓는 대로 땅을 파고 묻어 두자는 그의 눈물겨운 제안이 뜻 밖에 빨리 햇빛을 보게 된 것이었다.

세상에서 '청록파'로 일컫게 된 지훈 조동탁(그 당시 26세)과 혜산 박두진(그 당시 30세)과 목월 박영종(그 당시 30세)의 시를 모아 『청록집』이라 이름 지어 을유문화사에서 내놓은 것은 1946년 6월 6일. 장정에 김용준, 소묘에 김의환. 국판 갱지 140면짜리 얄팍한 시집이었는데 그들을 시단에 올려 준 지용의 시집 ≪백록담≫을 연상하여 ≪청록집≫이라 이름 붙인 것이다. 그때만 해도 우리집 식구가 금강산 소개(疎開)집에서 38선을 아직 못 넘어 온 때여서 나 혼자 동가숙 서가식할 판이었는데, 두진 주선으로 이화동에 있던 소향 이상로 집에 하룻밤 묵으면서, 그의 부인더러 바늘하고 자하고 갖다 달라 해서, 세 친구 시를 한 줄 한 줄 바늘로 행수를 종이에 찍어서 인쇄 본보기를 밤을 새워 만들었다. 알고 보면 청록파는 개천가 가난한 시인의

적산가옥 반짇고리 옆에서 태어난 셈이다. 그해 9월, '플라워'다방에서 청록집출판기념회가 열렸는데 이한직·고원·김동리·곽종원·조연현·이상로 들이 자리를 같이 했다.

6·25전쟁 때 대구에서 만났을 때나, 환도 뒤 문교부 국어·음악책 편찬 모임에서 만났을 때나, 우연히 길에서 오다가다 만났을 때나 그의 인사말은 언제나 '요즘 쓴 작품이 무엇이냐'였다. 그는 건강보다 작품 안부를 먼저 묻는 것이었다.

몇 해 전에 대한교련에서 방학책을 맡아보는 분이 찾아와서 나더러 동화를 써 달라고 했다. 동요를 동화로 잘 못 안 줄 알고 못 쓰겠다고 했더니, 목월이 가서 졸라보라고 해서 왔다는 것이다. 목월이 손주들의 다정한 벗이 되면서 이름을 안 내걸고 방학책에 동화를 많이 쓴 모양인데, 나에게도 한 다리 건너 권한 것이었다. 그러한 일이 동기가 되어 나도 요즘 동화에도 손을 대고 있는데, 동요에서는 내가 그의 선배라 할 수 있지만 동화로 말하면 내가 그의 후배가 된다.

청록시인 박목월은 사슴이 되어 용인 산속으로 사라졌다. 그러나 <초록별> 동요작가 박영종은, 어린이들이 크는 집마다 밤이면 하늘에서 초록빛으로 반짝이고 있을 것이니, 학장·박사·장로의 무거운 옷 훌훌 벗어던지고, 부활절 이틀 전에 목월은 영종으로 되돌아 간 것이다.

설야 2제(雪夜二題)

－목월과 나와

김동리(金東里)

목월 형이 대구에서 계성학교를 졸업하고, 경주의 동부금융조합 서기로 있을 때였다. 1935년, 그러니까 그해 신춘문예에 나의 <화랑의 후예>(『중앙일보』 소설 부문)가 당선 되어, 우리 사이엔 축제 분위기가 계속되고 있었다. '우리 사이'라고 한 것은 물론 목월 형과 나를 포함하여 이기현(李起炫)·김석수(金石銖) 들을 가리킨다. 그해 우리 나이는, 김석수가 스물다섯으로 제일 위였고, 내가 스물셋, 이기현이 스물둘, 목월이 스물로 제일 연하였지만, 모두가 문학에 뜻을 둔 친구들이었다. 지금 그 날짜를 분명히 기억할 수는 없지만, 하여간 <화랑의 후예>의 상금을 탔을 때니까, 1월 20일경이 아니었던가 한다.

거의 매일같이 술자리가 벌어지고 있었다. 막걸리에 생선찌개에 게(삶은)접시쯤의 술상이었으니까 대단할 건 없었지만, 처음 당선발표를 보았을 때는, 목월과 기현(아호는 芥山) 이들이 차례로 나를 축하하기 위한 술자리를 벌였고, 상금을 타고났을 때는 자축 겸 답례로 술자리를 벌이고 하여 우리는 저녁때만 되면 어울려 마시기 마련이었다. 그리하여 밤중까지 실컷 마시고, 실컷 지껄이고, 실컷 떠들고 했지만, 어느 누구도 어느 누구와 다툰다거나 비쭉거린다거나 하는 일도 없었다.

김석수의 아호는 기향(起鄕), 박영종(朴泳鍾 ─ 목월)의 아호는 소원(素園), 이기현의 호는 개산으로, 모두 다 백씨(凡父 先生)가 지어준 것들이다. 기향은 36년에 중앙일보지에 <도토리>라는 콩트가 당선(신춘문예)되었고, 개산은 37년『조광』에(조선일보 발행)지에 <태(笞)>라는 소설이 당선되었고, 목월은 39년과 40년에 걸쳐서『문장』지에 시추천이 완료되었지만, 35년 1월, 그 무렵엔 아직 문단 구석에 발을 걸치지 못한 채 있을 때였다.

이 네 사람 가운데 기향은 목월과 같은 고형인 건천(乾川; 월성군 서면)에 살고 있었으므로 일주일에 두세 차례밖에 읍내(경주)에 들어오지 못했고, 개산은 같은 읍내였지만 집이 황남리(皇南里)라 목월이나 나보다 좀 떨어져 있었고, 또 목월과 나는 계성 동문 관계도 있고 해서, 둘만이 만나는 기회가 더욱 많았다.

그러니까 35년 1월 20 며칟날로 기억한다. 눈이 내렸다. 아침부터 시작한 눈이, 자꾸 더 눈송이가 커지더니, 저녁때는 함박눈이 그냥 퍼붓듯이 내렸다. 처음 우리는 모갯집(모괏집)에서 대게(벌겋게 큰 게)를 안주로 막걸리를 마셨는데, 이 모갯집은 본디 옛날부터 술맛이 좋다고 이름난 집이었지만 소위 색시란 것은 두지 않은 채 그냥 간단한 술꾼만 상대하고 있었다. 우리는 술이 얼큰해지자 이날따라 왠지 색시 생각이 자꾸 났다.

"소원, 우리 저기 갈까?"

나는 턱으로 남쪽을 가리켰다. 그렇게만 하면 통하는 집이 있었다. 그것은 당시 경주에서 유명한 요정의 하나인 무열각(茂悅閣)이었다. 우리 형편에 무슨 그런 고급 요정에까지 예사로 출입을 하겠냐 하는 문제가 남지만 여기서 그 경위를 자세히 털어놓을 수는 없다. 하여간 그 당시 무열각 주인(요새말로는 마담) 아주머니가 내 백씨와의 친분이 자별한 데다 우리와 같이 문학하는 청년들을 무조건 환대했기 때문에 우리는 가끔 그 집 신세를 지곤 하던 터였다. 일례를 들면, 하루는 무열각에서 내 백씨를 모시고 우리패 일당이 다 모여 술자리를 벌였는데, 그 자리엔 동기 둘이 끼어 있었다. 내 백씨가 무슨 말끝에, 우리를 향해 "자네들 좋아하는 빛깔을 각각 말해 보게." 하여서, 나는 유록(柳綠)을 들고, 목월은 노랑을 들고, 기향은 흰빛, 개산은 또 무슨 빛깔을 들고 했는데, 그런지 며칠 뒤, 다시 그 집에 모이자, 그 동기(童妓) 둘이 하나는 유록 치마저고리, 하나는 노랑 치마저고리를 각각 입고 있어서, 목월과 나는 몹시 당황하지 않을 수 없었다. 물론 속으로는 가슴이 두근거릴 만큼 기쁘기도 했지만, 그렇다고 연애를 걸 만큼 대담하지도 못했고, 경제적으로 유여하지도 못했기 때문이었다.

그렇다고 그 집 아주머니가 동기들을 시켜 우리를 유혹하려했다거나, 우리에게 바람을 내어줄려고 했다거나 그렇게 생각할 수는 없었다. 왜냐하면 그 당시 우리가 그 집에서 먹는 술값은 전적으로 별도 회계(마담이 직접 맡는)로 우리에겐 거의 부담이 없었기 때문이었다. 얼핏 들으면 거짓말 같지만 그러한 낭만각(浪漫閣－茂悅閣이 아닌)이 실제로 그 당시 경주에 있었고, 그 연유는 위에서 말한 대로 내 백씨와 주인아주머니와의 자별한 친분관계에 속하는 일이라고밖에 설명할 길이 없다.

목월과 나는 모갯집을 나와서 무열각으로 향했다. 그때까지도 함박 눈은 그대로 퍼붓고 있었지만, 술이 얼큰해진 우리는 눈 속에 푹푹 묻히는 발길이 조금도 차갑다고 느껴지지 않았다. 우리가 무열각까지 갔을 때는 밤도 꽤 깊었지만, 이 날 밤에사 말고 웬 까닭인지 무열각 대문은 굳게 잠긴 채 아무리 두들겨도 열리지 않았다.

나는 목월이 말리는 것도 듣지 않고 무열각 담장을 넘었는데 그것까지는 성공을 했지만, 방마다 불이 꺼지고, 보두 잠이 들어 있는 형편인 것을, 내가 왔노라고, 고함지르고, 불을 켜라고 외칠 용기는 나지 않았다. 나는 도루 담장을 넘어, 밖에서 기다리고 있는 목월과 어울린 채, 반월성 쪽으로 발길을 돌렸다. 물론 일정한 목표도 없었다.

우리는 첨성대 앞에서 계림 쪽으로 빠져, 반월성 밑을 돌아, 교촌 (校村)으로 들어가, 평소에 안면 있던 주막집 문을 두드려, 거기서 다시 막걸리 한 되를 비운 뒤 눈 속에 뒹굴며 우리 집으로 향했다.

개천 근처에서, 헤어지자고 해도 목월은 말을 듣지 않고 기어이 성밖의 우리 집까지 나를 바래다주고 돌아갔다.

그 다음해 신춘문예에도 나는 소설 <산화(山火)>가 『동아일보』에 당선 되었다. 이때의 축제분위기는 전년도보다 더 화려하고 난만했다.

그러나 나는 여기서 그 '축제' 이야기를 하자는 깃이 아니다.

1월 그믐껜데 또 눈이 그렇게 퍼부어 내렸다. 나는 그 무렵 연애를 굉장히 하고 싶었는데 상대가 여의치 않아 몹시 우울해 있었다. 그날 밤 나는 눈이 그렇게 퍼부어 내리는 걸 보면서도 일찌감치 방문을 닫고 자리 속에 들어가 잠이 들어버렸다. 나는 소년시절부터 너무 괴롭고 여의치 않을 때는 그렇게 잠들어 버리는 버릇이 있었던 것이다.

밤중이나 되었을 때였다. 대문을 몹시 흔드는 소리가 나서 방문을 열어보니 목월이 나를 부르고 있었다. 목월은 작년 이맘 때 이렇게 눈이 퍼붓는 밤에 입었던 그 검정 오바를 입은 채, 머리에서부터 어깨 위로, 소매 위로 허옇게 눈을 맞고 있었다.

"이렇게 눈 오는데 벌써 자나?"

목월은 물기 머금은 듯한 탄식 같은 소리로 물었다.

나는 잠자리에 들었던 내의바람으로 눈을 맞으며,

"어짜노? 무열각 대문은 잠겼을 꺼고, 눈 속에 구른다고 될 껏도 아니고, 차라리 일찌감치 잠이나 자는 게 낫지. 그만 돌아가지."

했다. 목월은 너무나 기가 막힌 지 고개를 축 떨어뜨린 채 가만히 섰더니, 말없이 돌아서 가버렸다.

그 뒤 목월은 가끔 나에게 그날 밤 이야기를 했다.

"그렇게 눈이 퍼붓는 밤중에 찾아온 친구를 대문 밖에서 쫓아 보내는 법도 있나?"

목월이 이렇게 물을 때마다 사실 나는 별로 할 말이 없었다. 그러나 그러한 눈 속에 헤매고 싶은 마음은 내가 목월보다 더했을지도 모르지만 목월은 그렇게 헤매는 것으로 반분(半憤)쯤 풀리는 모양이었고 나는 곧장 더 미칠 것만 같아지기 때문에 차라리 잠이나 자 버렸다고, 나 혼자 속으로 대답해볼 뿐이곤 했다.

옛날처럼 그렇게 함박눈이 퍼붓는 밤을, 나는 앞으로도 몇 차례나 더 맞이하게 될지 그것은 모를 일이다. 다만 확실한 것은 그런 밤을 맞이할 때마다 나는 옛날 더벅머리 시절의 목월과 내가 함께 헤매던 그 밤을 생각하지 않을 수 없으리란 그것이다.

목월과의 교유

양명문(楊明文)

목월과의 만남

내가 목월과 처음 만난 것은 1950년 10월 서울에서였다. 지훈의 소개로 첫 인사를 했는데, 퍽 부드럽고 겸손한 태도였다. 덥석 잡는 그의 손에서 목월의 구수한 성품과 정다운 체온을 느낄 수 있었다.

만난 장소는 문총 사무실이었다. 그때가 바로 6·25때라 문총은 구국대를 조직하고 있었는데, 목월은 그 간부의 한 사람이었다.

당시 이북에서 월남해온 문인 음악가 화가 연극인 무용가 등 사당한 수효의 예술인들을 환영한 것은 좋았는데 이들의 숙소와 식생활이 당장 문제여서 문총은 산하단체인 구국대에 이들 예술인들을 흡수 포섭하고 숙소 알선과 식량 보급에 나섰던 것이다.

그때 목월과 나는 문교사회부 장관을 방문하여 이에 대한 대과 방안을 논의한 일도 있었다.

그때만 해도 30대의 목월은 펄펄하던 때라 동분서주했던 생각이 난다. 그때의 진지하고 인정어린 목월의 모습을 잊을 수가 없다. 당시의 수도 서울은 후퇴 직전이라 걷잡을 수 없이 술렁거렸고 어수선하기 짝이 없었다. 월탄을 위시하여 지훈 목월 미당 동리 등 구국대시인들은 벽시(壁詩)를 써서 서울시내 곳곳에 붙이고 드디어 1·4후퇴라는 비참한 후퇴를 하게 되었다.

우리들은 모두 정동예배당에 집합해가지고 일로 대구로 남하하게 되었다. 목월 지훈 등 수많은 작가들이 같은 피난열차로 대구까지 피난 갔던 일이 새삼 생각이 난다.

· 대구시절의 목월

당시 대구에는 많은 작가들이 집결해 있었다. 목월 지훈 혜산 등은 공군에 종군하게 되어 창공구락부를 조직, 활동을 전개했다.

나는 육군종군작가단에 참가하여 육군에 종군하게 되었다. 그래서 가끔 최전방전선을 돌며 종군을 하고는 다시 대구로 돌아오는 것이었다.

목월은 대구에서 창조사라는 출판사를 내고 있었다. 역시 부지런히 뛰고 있었다.

나와 목월은 다방 '아담(雅淡)'에서 자주 만났다. 종군 갔다 온 나는 이 다방에서 쇼팽의 즉흥환상곡을 들으며 세상엔 음악이 있어 살 만하고 큰 위안을 받는다니까, 목월은 그 곡이 그렇게 좋은 곡이냐며 나를 뻔히 쳐다보는 것이었다. 왜냐하면 그 당시 전선에서 이루 말할 수 없는 참상을 목격하다가 후방인 대구로 돌아와 다방에서 커피를 마시며 실로 오랜만에 듣는 음악은 나에게 그렇게 느껴졌던 것이다.

그래서 명곡 얘기를 목월과 몇 차례 해보았지만 지금 생각하면 그때 목월과 조용히 명곡감상을 못한 것이 한스럽다. 시에 대한 얘기는 틈 있을 때면 자연스럽게 꺼내곤 했는데 목월은 헤르만 헤세의 시가 좋다며 헤세 얘기를 많이 했고 나는 폴 발레리가 좋다는 얘기와 발레리론을 펴곤 했었다.

하루는 멋있는 다방이 있다며 나를 끌고 갔다. 다방 이름이 '사슴?'인가였는데 목월의 시가 벽에 커다랗게 걸려 있었다.

'산은 구강산/ 보랏빛 석산/ 산도화/ 두어 송이/ 송이 버는데/ 봄눈 녹아 흐르는/ 옥같은/ 물에/ 사슴이/ 내려와/ 발을 씻는다' 이러한 시였다. 후에 시집 ≪산도화≫에 수록된 작품이다. 이렇게 그 다방은 목월의 시를 바라보며 차를 마시게 되어 있었다.

이 무렵 종군작가단 주최로 문인극을 대구에서 공연한 일이 있었는데 나도 출연을 하게 되었다. 최정희 여사도 딸역을 맡아 출연했다. 나는 최 여사에게 구혼하는 대학출신으로 등장하여 인기를 끌었던 모양이다. 이때도 목월은 나더러 장형은 어찌 그리 연극도 잘 하느냐며 찬사를 보내주었다. 나는 기분이 좋아가지고 대구에서 소문났던 막걸리집 대추나무집으로 목월 지훈 마해송 등과 막걸리 파티를 한 적이 있다. 목월은 시종 웃는 얼굴로 유머를 던졌는데 경상도 사투리여서 한층 구수한 해학을 발산하는 것이었다.

그 무렵 종군작가단에서 발행하던 문예지 『전선문학』에 목월은 '김영랑론'을 썼는데 영랑의 시어가 그렇게 마음에 든다며 작품을 분석하듯 자상하고 섬세하게 시어론을 내놓곤 하였다. 이 무렵은 이런 얘기가 여간 귀한 것이 아니었다.

목월은 전쟁 중에도 꾸준히 시의 순수성과 전통성을 추구해나간 시인이었다.

명동시절 - 근황

주지하는 바대로 수복 후의 문인들은 모두 명동으로 모여들었다.

명동에서 살다시피한 시절이다.

얼마 있다가 시집들이 쏟아져 나왔다. 목월은 그의 첫 시집 ≪산도화≫를 이 무렵에 출간했다. 지금 그 ≪산도화≫를 옆에 놓고 이 글을 쓰며 명동시절의 목월을 회상해 본다. 목월답게 소박한 시집이다.

이 무렵에 청마는 경주에 살았는데 청마가 서울에만 오면 으레 술자리가 벌어졌다. 지훈은 물론 목월도 술자리를 같이했는데 한창 주흥이 올라 환담이 무르익어 가는데 목월은 온데간데없다. 소리 없이 살짝 빠져나간 것이다. 이것이 또한 목월의 특기였다.

목월은 남달리 항상 바쁜 사람이었다. 다방에 죽치고 앉아있는 일은 별로 없었다. 무언가 늘 하고 있었다. 그만치 부지런한 사람이었다. 목월과 나는 가끔 무슨 심사위원회나 좌담회 등에서 만났는데 그는 만날 때마다 항상 무엇인가를 들고 다녔다. 그의 일감인 모양이다. 그리고 회가 끝나기가 무섭게 사라져 버린다. 한가한 목월이 아니었다.

심사석상에서도 자기주장을 고집하는 일도 별로 없었다. 모가 나는 일은 싫어한 그였다. 담담한 품성의 목월을 새삼 느낀다.

작고하기 꼭 일주일 전인 3월 17일(금)은 경희대학교 조 총장의 초청으로 목월과 나와 김동진 4인이 총장실에서 오찬을 같이했다. 그것이 목월과의 최후의 오찬이 될 줄을 누가 알았을까. 그때만 해도 목월은 식사를 잘 해가며 환담하였다. 실로 알 수 없는 것이 사람의 일이다.

목월과 나는 총장의 차로 돌아왔는데 오는 길에 목월은 한양대학교에 들리게 되어 평생 가본 적이 없는 목월의 학장실에 들러서 커피를 마셨다. 그런데 목월은 커피를 안 들고 담배도 안 핀다. 우리는 도미여행 중인 미당 얘기를 했다. 목월은 자기도 건강만 허락한다면 구라파를 돌아오고 싶다며 인생이 세상에 나서 한번 시원히 바깥세상을 보았으면 얼마나 좋겠느냐는 것이었다. 그때 목월과 악수인사를 나눈 것이 마지막 악수였다. 목월의 명복을 빌며 각필한다.

●●●

이제 그의 영혼과의 교유를

곽종원(郭鍾元)

목월 형이 갑자기 떠났다는 전화를 받고, 나는 가슴이 시리고 아픈 쩌릿한 통증을 느꼈다. 우리는 참으로 형제처럼 가까운 친구였기 때문이다.

내가 원효로 쪽 용문동에 살고 있을 때, 목월 형도 원효로 쪽에 살고 있었다. 우리는 가까운 거리에 살고 있는 문우였기 때문에, 서로 자주 만날 기회가 많았고 두 사람만의 교유뿐만 아니라, 가족들끼리도 서로 자주 내왕했다. 목월 형네 아들딸들이 우리 집에 오기도 하고, 우리집 아이들이 목월 형네 집에 드나들기도 했다. 때로는 두 집 가족들이 함께 나들이도 하고, 그럴 때마다 서로가 그렇게 즐겁고 유쾌한 시간을 가질 수도 있었다.

그러다가 목월 형과 나는 재미나는 아이디어를 내었다. 두 사람이 한 200평짜리 집터를 사가지고 반씩 나누어 같이 집을 짓자는 것이었다. 그러나 막상 그것을 실행에 옮기려고 하니 간단한 문제가 아니었다. 현재 살고 있는 집이 같은 시기에 팔리지도 않고, 또 집터도 그렇게 우리 계획에 맞는 것이 없었다. 얼마동안 같이 집터는 돌아보고 다녀도 알맞은 것이 없고, 그러는 사이에 목월 형의 집이 먼저 팔리게 되어, 현재 살고 있는 원효로 종점에 목월 형은 먼저 집을 짓게되었다. 나는 얼마 뒤에 집이 팔려서 엉뚱하게도 정릉으로 이사를 하게 되었다. 그러나 두 집 사이의 관계는 거리가 문제가 아니었다.

8·15 해방 직후의 문단상황을 여기에서 지루하게 얘기할 수는 없다. 어수선한 사회혼란 속에 문단은 새로운 태동이 되고, 그것도 바로 좌우익의 대립상태에서 형성되어 갔다. 목월 형은 약간 늦게 상경한 것으로 기억되는데, 좌우간 우리는 만나는 순간부터 오랜 지기를 만난 듯 서로 의기 상통했다. 매일오후 대여섯 시가 되면 젊은 문인들이 한 자리에 모이게 되고, 모이면 작품합평회를 하든지, 예술론이 벌어지고 또 좌우익 이데올로기 논쟁이 격렬했다. 때때로 좌익측 전위들이 우리 모임에 와서 공산주의 이론을 역설하기도 하고, 반대로 우리 쪽에서 저쪽 모임에 가서 공산주의 이론의 부당성을 역설하기도 했다. 처음부터 목월 형은 민족진영의 혈맹의 벗으로서 밤과 낮을 가리지 않고 동분서주했다.

그때 지훈 형은 경기여고에 있었고, 목월 형은 이화여고에 재직하였다. 그러면서 목월 형은 산아방(珊雅房)이라는 출판사를 겸해서 경영하고 있었다. 광화문파출소 뒤 지금은 헐어버리고 없지마는, 그 건물의 2층이 사무실이었다. 우리들은 그 출판사에 자주 들러 젊은 기염을 토하기도 했다. 얼마 뒤에 목월 형은 산아방 출판사를 걷어치우고 월간 『문학생』사를 시작했다. 사무실이 충무로 사보이호텔 건너편 어느 쪽에 있었다고 기억되는데, 그때 이화여고에서 같이 있던 윤백(尹伯) 형과 함께 애쓰고 있었다. 가끔 들러보면 어떻게 편집을 짜면 여학생들에게 흥미도 있고, 또 문학의 소양을 길러줄 수 있느냐는 것을 골똘히 생각하고 있는 것 같았다. 이렇게 보면 목월 형은 『심상』까지 세 번째 출판에 손을 댄 것인데, 자기의 본업인 문학 외에도 출판에 매우 큰 관심을 기울였던 것을 알 수 있다. 물론 문학과 출판은 불가분의 관계에 있고, 문학하는 사람이면 누구나 일단은 출판에 관심을 갖는 경향이지만, 목월 형은 그쪽에 유별난 관심이 있고, 또 추진력과 실천력도 대단했던 것을 알 수 있다.

아마 해방 다음해인 것으로 기억되는데, 목월 형은 지훈·두진과 함께 삼인시집 ≪청록집≫을 출판하게 되었다. 그해 가을에 소공동 플라워다방에서 출판기념회가 성대히 열렸다. 그때만 해도 지금처럼 출판이 왕성하지 못할 때여서, 그날 저녁 출판기념회는 많은 문인들이 가득 자리를 메웠다. 제마다 신경을 쓰는 것은 좌익계 문인들이 행여 행패나 부리지 않을까 은연중 마음속에 부담을 느끼고 있었다. 그러나 다행히도 그런 행패는 일지 않았다.

출판기념회가 끝나고 우리는 그 신경 쓰던 것을 해소시키기 위해 3차 4차까지 이 술집 저 술집을 돌아다니게 되었다. 술이 곤드레만드레가 되었는데 누군가가 제안을 해서 기념촬영을 하게 되었는데, 부근에 사진관을 찾아가보니 을지로 입구 허바허바사진관으로 들어가게 되었다. 마지막 4차까지 남았던 친구들이 세 사람 주인공 외에 김동리·조연현·이한직·이상로·여세기·나 이런 친구들이었다. 지금도 나는 그 사진을 볼 때마다 감개무량함을 느낀다. 형제처럼 가까이 지내던 친구들이 한 사람 한 사람씩 타계해가니 참으로 무상을 뼈저리게 느낄 따름이다.

나는 이런 친분관계로 목월 형을 내가 있는 학교로 가끔 초청했다가 특강도 부탁하고 또 문학의 밤 강평도 부탁한 일이 있다. 내가 숙명여고에 있을 때에 문학의 밤이 열려서 목월 형에게 강평을 부탁했더니, 끝나고 나와서 굉장히 흥분된 어조로 좋은 신인을 발견했다는 것이다. 김남조 선생에게 지도를 받아 오던 허영자 학생의 시를 두고 하는 얘기였다. 한국의 얼이 담긴 모시 적삼과 치마에 감싸여 있는 실실이 휘감기는 한국의 어머니의 한을 읊은 것이었다. 목월 형의 추천으로 문단에 등장이 되고, 또 대학의 교단에서 훌륭한 강의를 하는 허영자 교수를 볼 때, 나는 언제나 목월 형을 연상하게 되는 것이다.

목월 형이 나와 만날 때마다 주고받던 뼈아픈 충고가 있다.

"곽형 우리가 영구히 남을 것을 써놓고 죽어야 할 터인데."

항상 목월 형은 머릿속에 이 생각밖에 없었다. 예술 하는 사람 치고 어느 누가 이 생각을 안 하는 사람이 있겠는가?

그러나 목월 형만큼 이 문제를 절실하게 느끼고 사는 사람도 드물지 않았을까 생각한다. 나는 이 말을 들을 때마다 바늘로 찌르는 것 같은 아픔을 느끼면서 익자삼우(益者三友)의 한 사람으로 우러러보기도 했다.

이제 목월 형은 영원히 눈을 감았다. 그러나 우리는 그의 유저(遺著)를 통해 그의 영혼과 수시로 교유를 할 것이다. 목월 형 길이길이 명복하시라. 영복하시라.

우리가 이럴 사이가 아닌데

─목월 형을 추모함

구　상(具常)

저 표제의 말을 지난 해 섣달 그믐날 저녁, 김성진(金聖鎭) 문공부 장관의 초대만찬회에서 목월 형이 나에게 마지막 남겨 놓고 간 말이다.

그는 그 저녁 나에게 다가와 유난히 다정스레

"문학 얘기도 그렇고, 신앙 얘기도 그렇고, 상(常)하곤 따로 자주 만나 할 얘기가 많은데 노상 이렇게 소홀하게 지내다니, 우리가 이럴 사이가 아닌데!"

하면서 수첩을 꺼내 새삼스레 내 주소와 전화번호를 손수 베끼기까지 하였다.

이것이 목월 형과의 이승에서의 이별이 될 줄이야? 그런데 실은 나도 작금년 그의 말마따나 '우리는 이럴 사이가 아닌데' 하는 느낌을 가지고 있었던 터라 머지않아 내 쪽에서라도 기회를 만들어 서로 가슴을 헤치고 지낼 생각을 하고 있었는데 그만 총총히 떠나버리고 마니 미진하고 애석하기 그지없다.

이렇게 말하면 어떤 이는 지레 짐작 '목월과 구상은 불목(不睦)한 사이었구나!' 하고 오해하기 십상이겠지만 그와 만 30년 교유 중 우애를 상하거나 또는 이해가 대립된 일이라곤 단 한 번도 없고 오히려 한 시대를 한 길에 살면서도 너무나 '무난한 사이'로 끝낸 아쉬움 속에서 이런 추모의 글을 쓰는 것이다.

여기서 기억을 더듬으면 내가 목월 형을 처음 만난 것은 1928년이지 싶다. 확인을 하지 않으며 쓰는 글이라 더러 착오가 있을지 모르지만 나는 그 봄 김소운 선생이 세운 상화시비(尙火詩碑) 제막식에 참예하느라고 월남 후 처음 대구엘 갔다가 목월 형을 만났다. 그리고 나는 그날만은 그가 근무하던 계성고등학교 숙직실에서 지내게 되었는데 그날 그가 숙직당번이었는지, 아직도 가족이 시골에 있었는지도 잊었다.

여하간 그때 내 인상에 예상 밖으로 여겨졌던 것은 해방 전 『문장』의 추천후기에선가 정지용이 "목월은 그의 고운 서정과는 달리 풍모는 씨름꾼과 같은 건장한 사내"라는 소개를 읽은 적이 있는데 막상 만나보니 키는 크나 몸이 가늘고(당시는 그랬음) 마디가 굵은 사투리를 쓰고는 있었지만 음성이 아주 나직해서 그대로 말하면 '촌샌님' 같은 느낌을 받았다. 이것은 아마 내가 동경에서 '데카당스'적인 예술가들과 접촉이 많았던 그릇된 선입관이 술 한 잔 없는 '크리스챤 스쿨' 숙직실 분위기와 겹쳐졌기 때문일 것이다.

그날 밤 이슥토록 우리는 무척 많은 얘기를 나눴는데 그는 그때 R. M. 릴케의 서간집 중에 있는 '젊은 시인에게 보내는 글발'에 큰 감명을 받는 모양이어서 "참다운 시를 쓰기 위해서는 그 필연성에 따른 시인다운 맑은 생활이 수립되어야 한다."고 강조하면서 해방 후 시인들의 그 '가두진출과 소란스러운 목소리'에 아주 실망을 하고 있노라는 것이었다.

이렇게 만난 후 목월 형은 그 이듬해인가 서울로 올라와 이화여고에서 교편을 잡는 한편 순수시지 『시문학』을 창간 주재하였다. 그래서 지금 광화문 국제극장근처 사무실에 나도 자주 들려 지훈·한직이랑 함께 어울렸는데 그때 나는 역사의식이랄까, 시대상황이랄까 그런 쪽에 관심과 화제가 쏠리는데 비해 목월 형은 언제나 출판에 대한 꿈이나 포부, 또는 자연이나 인정얘기로 말머리를 돌렸다. 이런 그가 나의 눈에 퍽이나 소시민적 생활인으로 비쳐졌던 기억을 갖고 있다,

그러다가 6·25동란으로 함께 대구에 내려가 피난생활이 시작되었다. 서울에서 내려간 문인들 거의가 군 정훈업무의 일익을 맡아서 지내는데 목월 형도 물론 종군문인의 멤버로 일하지 않은 것은 아니지만, 그 판국에서도 무슨 출판사를 차리고 문인으로서는 진기할 정도의 생활력을 보였다.

전쟁이 교착항태에 들어가고 제1차 정치파동이 휩쓸 무렵 나는 사회평필을 들어, 때마다 필화를 입었는데 하루는 목월 형이 전숙희 씨가 하던 '향수'란 다방에서 나를 조용하게 만나, 하는 말이 "시인은 자연이나 인간의 본래적 아름다움이라 선한 것을 발견하고 감촉해 내서 이를 노래하는 것이 소임인데 상은 어찌 그렇듯 허접스런 세상살이의 추하고 악한 면만을 적발해서 고발하고 폭로하는 것을 일삼아 공연히 사회의 물의를 자아내고 수난을 당하는가? 앞으로 그런 속사(俗事)에선 눈을 돌이켜 시에 전력하라"는 진정의 위로와 간곡한 충고였다. 역사의식이나 실존 감정이 남달리 강한 나에게 있어 그의 저러한 자연적 삶으로서의 현실의 수용적 자세를 받아들이지도 못했고 또 받아들일 수도 없었다.

그러나 그때 이 말은 그의 시관이나 인생관이 잘 드러난 말이라고 나는 오늘에 와서도 생각한다. 즉 그는 인간의 역사마저도 자연의 재변(災變)과 같이 인간의 의지나 노력으로서는 도저히 어쩔 수 없는 존재여건으로 보고 그 시관 속에서 오히려 안주의 세계를 구하려 했던 것이다.

이러한 나와의 대척적인 세계관이 그로 하여금 그 동란 속에서도 ≪산도화≫ 같은 시집을 내게 하였는가 하면, 그 후 ≪경상도의 가랑잎≫으로 발전해 갔고 그 작품의 우미성(優美性)에는 도저히 비할 바가 아니지만 나로 하여금 동란 중엔 ≪초토의 시≫와 그 후엔 ≪밭일기≫ 등을 쓰게 하였다고 말할 수 있다.

이렇게 시나 생활관의 차이가 수복 후 연령과 더불어, 점차 인간 친교의 간격마저 벌리게 하였고 더욱이나 60년대 이후는 내가 외지에 7,8년이나 나가 있어서 접촉마저 두절 상태에 있었다.

그러다가 73년 귀국 후 목월 형의 작품이나 그 사회활동을 접해보니 그 변모에 놀라지 않을 수 없었다. 즉 그의 시는 저 동양적 생리 관념(?)이라고 할 자연귀일의 세계에서 존재에 대한 형이상적 인식으로 대치되었고 또 그의 사회생활의 진폭도 범사회적으로 뻗쳐 있었다. 그러나 저러한 목월 형의 문학과 인생의 현실적 성취나 공명보다도 나를 진정 놀라게 하고 감복케 한 것은 그가 시에 있어서 지니고 있었던 소박한 자연 귀일의 동양적 체관을 기독교적인 하느님에 대한 귀일로 승화시켰다는 사실이다.

나는 이 귀중한 시편들을 『신앙계』라는 잡지에서 그야말로 탄복하면서 애독했는데 그 시들에 나타난 신앙의 맑고 높고 깊은 경지는 우리 크리스챤문학의 큰 자산이 될 것으로 믿어 그 조속한 집성 간행이 요청된다.

내가 앞에서 실은 나도 '우리는 이럴 사이가 아닌데' 하고 작금 느끼고 있었다는 것은 바로 이 점으로서 조금만 서둘렀던들 이러한 영신적(靈身的) 공감으로서의 우애를 나누며 얼마나 큰 위로와 기쁨을 내가 맛볼 수 있지 않겠는가 하는 그 아쉬움인 것이다.

그러나 이야말로 얼마나 이기적 우애요, 그 추모랴? 목월 형의 저 신앙시의 한 구절인,

빛을 빛으로 보게 되는 것은
나의 눈이 아니요,
주님과 함께 보는 것이다.

라는 찬미대로 늦게나마 목월 형의 빛을 어슴프레 보게 된 나를 그나
마 다행하게 생각하고 이승에서의 소홀한 우정에 용서를 빌며 저 크
나큰 주의 품안에서 즐거운 만남을 기약하며 붓을 놓는다.

박목월 씨와의 교유

조연현(趙演鉉)

내가 박목월 씨와 인사를 나눈 것은 해방직후이지만 언제 어디서 어떻게 서로 인사를 나누었는지는 기억이 없다. 청년문학가협회를 만든다고 한때 김동리, 조지훈 제씨 등과 함께 거의 매일 같이 만났었다. 그때의 인상은 퍽 상냥해 보이면서도 매사에 아주 깐깐한 그러한 성품으로 느껴졌다. 그 후의 접촉을 통해서 항상 느껴지는 것도 처음의 성품 그대로였다.

박목월 씨와 알게 된 이후 30여년이 지났지만 문단적인 관계이외의 사적인 교류는 거의 없었다. 지방문학강연회 같은 것에 여러 번 같이 가기도 했고 문학적인 일에 관하여 같이 걱정하기도 한 일들은 많았지만 웬일인지 사사로운 접촉을 가질 기회가 없었다. 평범한 교우였다고나 할까.

한 가지 잊어버릴 수 없는 일은 작고한 정태용 형의 유고집을 출판하려고 그 기금을 모을 때. 박목월 씨를 만나 기금을 좀 내 달라고 했더니 "나는 그를 좋아하지 않는데!"하고 웃으면서 5천 원을 내 놓았다. 그리고는 "이것은 조형 보고 내는 겁니다"했다. 그의 솔직한 감정 표현이 선명한 좋은 인상을 주었다.

작고한 하루 전날, 예술원회의가 있어 박목월 씨는 나와 나란히 앉게 되었다. 회의 진행에 대해 귓속말로 우리는 여러 번의 의견을 교환하기도 했는데 내일 죽을 사람이라고는 도저히 생각되지 않는 그러한 명랑한 표정이었다. 입원했었다는 말도 그날 들었는데 아주 건강해 보였다.

다음날 종로에서 유한철(劉漢徹) 씨를 만났다. 그가 "목월이가 죽었어"했다. 내가 웃으면서 "어제 내 옆에 같이 앉아 회의를 했는데 무슨 소리야"하고 나는 그의 말을 한참동안이나 믿으려 하지 않았다. 사람의 죽음이란 언제나 이렇게 별안간 닥쳐오는 것일까.

■■■■■ 내가 만난 박목월

하늘나라로 가신 선생님

이성교(李姓教)

내가 박목월 선생님을 만난 것은 6·25직후 명동에서였다고 기억이 된다. 그때 명동에는 문인들이 모이는 다방이 몇 있었다. '동방싸롱' '문예싸롱' '대성다방' '갈채' 등이 바로 그것이었다.

그때는 모든 것이 안정이 안 되었을 때라, 다방이 유일한 안식처였다. 그 무렵 많은 문학청년들은 이 다방 저 다방으로 옮겨 다니며 높은 사람들과 대화하는 것이 큰 보람이었다. 나도 아마 그들 틈에 끼어 부지런히 다방 출입을 했던 것 같다.

아마도 박목월 선생님을 그런 분위기에서 내가 인사를 드린 기억이 난다. 그때 선생님은 큰 키에 후리후리하고 머리는 스포츠형으로 깎고 눈이 이글이글하여 책에서 보던 사진과는 달리 아주 미남형이었다. 첫인상이 아주 다정하고 양명(陽明)하게 보였다.

사실 나는 그 무렵에 학생의 몸으로 이미 『현대문학』지에서 추천을 받은 신분이었다. 그래서 내 프라이드도 꽤 높았다. 그런데도 워낙 존경하던 분이라, 감히 그 앞에선 고개를 옳게 못 들었다.

박목월 선생님과 나와의 연령 차이는 워낙 크기 때문에 작품 이외는 별달리 친근할 수가 없었다. 간혹 '문학의 밤' 같은 데서 고작 뵐수 있을 정도였다.

그렇게 하다가 내가 선생님과 가까이 대화하기는 당시 내가 봉직하고 있었던 학교에서 주최하던 아동예술대회에 심사위원으로 모신 때였다. 나는 그때 실무진의 한 사람으로 심사의 일을 도와드린 일이 있었다. 그때도 선생님은 다정한 목소리로 내 시에 대한 이야기를 많이 해주셨다.

그런 인연으로 먼 눈 발치에서 선생님을 모시고 살아오다가 또 다시 거리를 좁힐 기회가 왔던 것이다. 그것은 기독교 방송국에서 마련해 준 '시인과의 대화'에서였다. 선생님은 어느 날 나를 만나자 마침 잘 되었다고 하시면서 같이 대담을 안 하겠느냐고 했다. 어느 명령이라고 거절할 수 없고, 약속한 날 2시경에 나갔다. 그때 선생님과 구체적으로 무슨 얘기를 나누었는지 기억이 잘 안나나, 아마도 내 시에 대한 얘기가 중점이었던 것 같았다.

방송을 마치고 선생님과 점심을 같이 나누게 되었다. 점심을 하면서 여러 가지 얘기 끝에 시집 수집 얘기가 나왔다. 선생님은 한참 내 얘기를 듣더니 ≪청록집≫ 초판본도 갖고 있느냐고 물었다. 가지고 있다고 하니 거기에 대한 얘기를 많이 하셨다. 그래서 나는 즉석에서 드리기로 약속했다. 며칠 후 그 책을 들고 원효로 자택으로 찾아갔더니 선생님은 너무도 반갑게 맞이해 주셨다.

한참 얘기를 하고 있던 도중 선생님은 2층으로 올라갔다 오시더니 조그만 노트 한 권을 주셨다. 무엇인가 하고 펼쳐 봤더니 그것은 가는 연필로 쓴 선생님의 시고(詩稿)집이었다. 뜻 밖에 받은 귀한 선물이었다.

그 후 시집 ≪난·기타≫가 없다고 하시기에 또 갖다 드렸더니 그때에도 그냥 계시지 않고 유명한 고시집(古詩集) 한 권을 주셨다. 이것을 보고 나는 박목월 선생님은 매사에 퍽 정확하시다는 것을 알았다.

또한 잊지 못할 일은 어느 날 내게 편지를 주셨다. 내용인즉 한국시인협회에서 내는 현대시인선집의 하나로 시집을 발간하고자 하니 작품을 정리하라는 사연이었다. 뜻밖의 편지에 얼마나 감사했는지 모른다. 그래서 나는 선생님의 배려로 제2시집 《겨울바다》를 냈다.

그 다음 잊지 못할 것은 내가 한국시인협회 사무국장을 맡고 있으면서 회장이신 선생님을 받들던 일이었다. 선생님은 항상 소탈한 자세에서 정이 많았다. 어디하나 까다로운 데가 없었다. 매사에 관용을 베풀었다. 협회일로 학교나 댁을 방문할라치면 선생님은 유독 다정한 모습으로 대해주셨다. 선생님은 늘 나를 만날 때마다 믿는 사람과 같이 일하는 것이 그렇게 즐겁다고 말씀하셨다. 나도 그런 얘기를 들을 때마다 내심으로는 은근히 좋았다.

돌아가시기 얼마 전까지만 해도 모 기독교 잡지에서 신앙수기를 같이 심사했다. 그때에 선생님은 유난히 감격한 어조로 문학작품심사를 그렇게 많이 해봤지만 이번처럼 울어본 일이 일찍이 없었다고 실토했다. 그때 선생님은 이상하리만치 믿음을 강조하면서 앞으로의 사명 같은 것을 얘기하였다. 또 심사를 마치고 저녁식사를 같이 하는데 기도를 유창하게 잘하셨다. 역시 장로다운 기도라고 생각했다.

지금 역시 생각해 보니 그것도 이미 하나님 뜻에 의하여 예시해 놓으신 것 같았다. 그때 선생님은 성령을 충만히 받고 있었다는 생각이 든다.

아직도 한 20여 년은 더 사실 수 있었는데 훌훌히 떠나셨다. 분명히 선생님은 육신의 장막을 벗어나 하늘나라로 가신 것은 틀림없지만 그러나 우리들 인간의 마음은 섭섭하기 그지없다. 언젠가 선생님이 다정한 마음으로 내게 써 주신 시 <달>만이 쓸쓸히 내방을 지키고 있을 뿐이다. 삼가 선생님의 명복을 빈다.

목월과 나

정창범(鄭昌範)

목월은 내가 중학생이던 때 나를 '창범'이라고 불렀다. 대학생이 되면서 '정군'이라고 불렀다. 문단의 말석을 차지하자, '정형'이라고 불렀다. 대학에서 강의를 맡게 되면서 '정교수'라고도 했고 여전히 '정형'이라고 불렀다. 나는 중학생 때부터 그분이 돌아가실 무렵까지 그분을 '선생님'이라고 불러 모셔왔다. '선생님'이라는 호칭 속에 '아저씨'라는 뜻이 다분히 섞여 있다. 그 까닭은 해방 직후부터 오늘 현재까지 나는 줄곧 그분의 그림자를 밟거나 덕을 입으며 살아오고 있기 때문이다. 어렸을 때는 집안 어른과의 교분관계로 그분은 우리 집에 자주 들러 술잔을 기울였는데, 곁에 내가 무릎을 꿇고 앉아 있노라면

"편히 앉거라, 니도 문학을 하겠다꼬? 우선 술부터 배와라."

하고 중학생인 나에게 술 마시는 즐거움을 맛보게 해주었다.

내가 대학을 마친 뒤에는 그분은 어쩌다 우리 집에 들러 집안 어른이 부재중이면, 나를 잡아끌어서 근처 대포집에 앉혀 놓고 혀를 내밀며 웃었다. 이 무렵에 나는 이렇게 물은 기억이 있다.

"선생님 하필이면 왜 목월이라는 호를 달게 되었습니까."

"목월은 호가 아니라 내 이름이야."

목월이라는 이름의 유래를 밝히진 않고 이런 얘기를 들려주었다.
목월이라는 이름을 스스로 지어 놓고 엄친께 허락을 받고자 했다.

"그래 이름을 또 하나 졌다고? 뭐라고 지었노?"

"나무 木 달 月이라캤습니다."

"아아, 너두 참 목월이가 뭐꼬, 목월이가?"

엄친께서는 입을 다시며 돌아앉으시더라는 것이다.

내가 문단에 데뷔하기는 대학 재학시절이지만 그런 대로 글을 쓰기
시작한 것은 해군장교로서 복무 중일 때이다. 목월은 내가 어디다 무
슨 글을 쓰면 꼭 기억해 두었다가, 나를 만나 내가 어디 다 무슨 글
을 쓰면 꼭 기억해 두었다가 나를 만나면 칭찬보다는 이렇게 타일러
주었다.

"평론도 하나의 문학인데, 작품을 평하기에 앞서 눈부터 길러야
돼."

다시 말하면 비판하고자 하는 작품을 냉철하게 응시하라는 뜻이요,
작품을 정확하게 파악하라는 뜻이기도 했다. 아무튼 좋은 약이 되었
다. 군대를 제대하고 나서 몇 해 후에 나를 대학에서 강의를 받게 해
준 이도 그분이다. 그분은 자주 이렇게 암시를 주었다.

"정형도 아다시피, 내가 무슨 학벌이 있나, 정식으로 공부를 했나
그래서 한 시간을 강의하기 위해 사흘을 뜬 눈으로 새우다시피 하제.
일단 공부를 하고나서 강의를 하면 학생들보다도 내가 먼저 흥이 나
거든. 이 세상엔 무엇을 믿는지 사전에 아무 준비도 없이 교단에 서
는 사람이 있으니……"

그 말에 흠찔 놀란 나는 오늘 현재까지 강의 준비에 많은 시간을
준비하는 버릇이 붙은 것이 사실이다.

나는 그분과 오랫동안 같은 대학에서도 강의를 해보았지만, 여기저

기 그분을 모시고 초청강연에 나서기도 했다. 그때마다 느낀 터지만 장내가 아무리 소란스러웠다가도 그분만 단 위에 올라서면 물을 끼얹은 듯이 조용해진다는 것이 신기할 정도였다. 그분의 한 마디 한 마디는 하나의 분위기를 조성하는 묘한 마력을 띠고 있어, 초청인사로 다음 차례를 기다리는 나까지도 마음이 차분해지곤 했다.

이러한 목월은 한양대 국문학과를 맡고 있을 때도 그랬지만, 한양대 문리과대학장직을 맡는 동안에도, 강의 준비를 할 때처럼 일에 몰두하는 버릇에서 벗어나지 못했다. 이미 그분 곁을 떠나 있던 나는 어쩌다 그분을 뵙게 되면 이런 말을 했다.

"선생님, 그거 뭘 그렇게 열심히 하십니까. 적당히 하세요. 그래야 아래 사람도 편할 께 아닙니까?"

"허참, 정형 말 다 했나?"

하고 그분은 정색을 하고 나를 노려보았다. 나는 겁이 나서 너털웃음으로 얼버무릴 수밖에 없었다.

"하하하 열심히 하세요, 열심히."

─목월은 갔다. 내가 위기에 처할 때마나 길잡이가 되어 준 목월이 갔다.

산도화, 기타

이승훈(李昇薰)

　중학교 3학년 때, 최초로 시집이라는 것을 샀다. 우연이겠지만 서점에서 고른 책이 선생님의 ≪산도화≫였다. 노오란 장정이 아름다웠으며, 그 속에는 조지훈, 박두진 선생의 산문도 실려 있었다. 선생님의 ≪산도화≫는 하얀 해으름의 이미지를 어린 가슴에 심어 주었다. 봄비가 하루 종일 내리는 일요일이면 선생님의 시집을 읽곤 했다. 내가 처음 사서 읽은 시집이 선생님의 ≪산도화≫였다는 사실은 그러나 그 후 선생님이 나의 시를 처음으로 지면에 발표시켜 주시고, 매우 칭찬을 하셨다는 사실과도 어떤 관계가 있는 것 같다.

　고등학교 2학년 때였다. 당시 고교생들의 유일한 잡지였던 『학원』에 나는 두 편의 시 <나목이 되는>과 <달>을 투고했다. 두 편 모두를 선생님께선 우수작으로 뽑으셨고, 이군의 스승이 누구인가를 짐작케 하는 매우 아름다운 시라고 격려하셨다. 내면을 잔잔히 응시하시는 눈이 놀랍다는 말씀도 하셨던 것 같다. 지금 생각하면 부끄럽지만, 아무 것도 모르던 나는 비로소 '내면'이라는 말을 알게 되었고,

'잔잔하다'는 말의 뜻을 속으로 삭이고 있었다. 당시 내가 다니던 학교에는 젊은 시인 이희철(李禧哲) 선생님이 국어를 담당하고 계셨다. 이희철 선생님은 당시 『문학예술』지에 목월 선생님께서 신인으로 추천을 하셨던 매우 섬세한 시를 쓰시던 분이었다. 나는 이희철 선생님의 <낙엽에게>를 좋아했고, 선생님을 통해 독일 시인 릴케와 만나려고 했다.

목월 선생님을 직접 뵙게 된 것은 한양대학교 문리대 국문과 연구실 앞 복도에서였다. 1960년 겨울이었다. 당시에는 국문과 교수실이 지금의 공학관에 있었다. 친구들이 공과대학에 다녔기 때문에, 친구들도 만나볼 겸 해서 처음으로 한양대학교라는 곳을 찾아갔다. 학기말이었던 것 같다. 당시 개인적인 몇 가지 사정으로 나는 고교를 마치고 집에서 놀고 있었다. 그러니까 요즈음의 재수생이었던 것이다. 의과대학을 가려고 시골집에서 시험 준비를 하고 있었는데, 왜 그때 서울로 갔었는지 자세히 기억나지 않는다. 아무튼 목월 선생님이 계시는 학교라는 점 때문에 그때, 한양대학교를 막연히 찾아갔던 것 같다. 선생님께선 장발이셨고, 연구실 문을 열고 나오시면서 아시겠다는 듯이, 내 머리를 쓰다듬어주신 기억이 난다. 복도 유리창 밖으로는 겨울 오후의 햇살이 바람 속에 스산했던 기억이 난다. 캠퍼스는 상당히 황량했다. 선생님께선 그때 바쁘셨던 것 같다. 한 번 놀러 오라시며 어디론가 사라지셨다. 선생님을 처음 뵌 것은 그러나 이희철 선생님 말고는 내가 이 세상에서 최초로 시인을 만난 일이기도 했고, 선생님이 내 이름을 기억해주신 것이 여간 고맙지 않았다.

나는 1961년 봄에 한양대학교 공과대학 섬유공학과에 입학했다. 지금 생각하니까, 당시 내가 굳이 그 학교로 간 것은 선생님 때문이었던 것 같다. 의학을 못할 바에야 공학보다는 약학을 하고 싶었던 것이 그때의 내 생각이었고, 문학은 혼자 하는 것이라는 생각 때문에, 약학과 공학을 놓고 망설였다. 약학대학이 아니라 공과대학을, 그것도 한양공과대학을 지원한 것은 혹시 그 학교에 가면 선생님을 좀 더 자주 뵈올 수 있지 않을까 하는 생각 때문이었음이 솔직한 고백이다. 공과대학 1학년 여름에서 겨울까지 인문관 국문과 연구실로 시 원고를 들고 선생님을 자주 찾아갔다. 선생님 책상에 원고를 놓고 나올 때가 많았지만, 선생님께선 글씨가 이게 뭐냐고도 하셨고, 좀 더 간결하게 언어를 압축하라고도 하셨고, 프로스트를 읽어 보라고도 하셨다. 그 무렵 나는 발레리 시집을 번역판으로 읽고 있었고, 그래서 선생님께 발레리에 대해 여쭈어 보기도 했다. 선생님께선 발레리는 공허하니 프로스트 같은 시인이 어떻겠느냐고 하셨다.

겨울 방학을 보내고 상경했을 때, 선생님께선 그 무렵 서울로 직장을 옮기신 이희철 선생님을 통해 내 소식을 물으셨던 것 같다. 선생님께선 나에게 아무 말씀도 안 하신 채 『현대문학』지에 내 시 <낮>과 <시(詩)>를 신인작으로 추천하신 것이었다.

최초로 내가 문예지에 시를 발표한 것과, 최초로 학생잡지에 발표한 것과, 최초로 산 시집은 모두 박목월 선생님을 핵으로 했다. 이것은 내 生에 어떤 의미를 주는 것인가.

내가 아는 목월 선생

최승범(崔勝範)

"담배 한 대 뽑아 무는 마음으로 인생을 생각하라."

목월 선생은 말씀하셨다. 그러나 목월 선생이 참으로 훌쩍 가셔버린 이제, 인생을 생각하면 생각할수록 '일 분간의 여유'도 없이 시시각각 허무를 느끼지 않을 수 없다.

뵈올 때마다 정다운 음성을 따스한 햇살처럼 내려주신 어른.

목월 선생을 처음 뵌 것은 58년의 겨울 서울에서였다. 신구문화사가 관철동에 있을 때, 그 사옥에서였다.

그때 선생은 백철·유치환·조지훈·장만영 선생과 더불어 『한국시인전집』(전20권)의 편집위원의 일을 맡아 보셨다. 나는 방학을 이용 『가람일기』를 정리하고 있을 때여서 거의 매일과 같이 그 사옥에서 뵈올 수 있었다. 더러는 지훈 선생과 같이 '하동집'에서 추어탕을 들기도 했다.

청마의 시를 다시 읽으니 어떻고, 요즘 미당의 시를 보니 어떻고…… 등등의 말씀을 지훈 선생과 나누시는데, 경상도 사투리의 음성이 봄 햇살처럼 마음을 치렁거려주어 즐거웠다.

한 집안의 인자한 아버지를 느끼게 하여 주신 어른.
73년의 여름철 목월 선생은 사모님과 동반으로 전주에 오신 일이
있다. 문학강연 일로 전에도 몇 차례 오신 적이 있었지만, 이번처럼
아무 연락도 없이 오시긴 처음 일이다. 말씀이신즉 "아이가 이곳 사
단에서 훈련을 받고 있기에……" 오셨다는 것이다. 그때, 셋째 아드
님(文奎)이 학훈단 학생으로 전주근교의 향토사단에서 병영훈련에 임
하고 있음을 알았다. 나는 사단으로 내외분을 모셨다.

이윽고 면회시간, 선생은 문규 군의 이모저모를 살피시고 등을 토
닥거리시며 사모님이 가지고 오신 음식물을 고루 권하시는 것이었다.
이 광경에서 나는 참으로 오붓하고 단란한 가정과 인자한 아버지상을
거듭 느끼지 않을 수 없었다. 이때 선생은 나에게 시지 『심상』의 발
행계획을 말씀해 주시기도 했다.

한 번은 나를 울려 주신 어른.
74년의 가을철 나는 강단에서 선생의 시 <하관>을 이야기하다가
끝내는 목이 메어 울고 말았다.

……그를 꿈에서 만났다.
턱이 긴 얼굴이 나를 돌아보고
형님!
불렀다.
오오냐. 나는 전신으로 대답했다.
그래도 그는 못 들었으리라.
이제
네 음성을

나만 듣는 여기는 눈과 비가 오는
세상……

선생의 시집 ≪난·기타≫에서 읽을 땐 미처 못 느꼈던 감정이 치솟아 오른 것이다. '형님! 불렀다. 오오냐. 나는 전신으로 대답했다.' 이 구절을 읽으며 나는 강단의 체면도 불구하고 끝내는 눈물을 쏟고 말았다. 이 눈물에는 그 무렵 석정(夕汀) 선생이 돌아가신 후의 나의 외로움에 목월 선생께서 내려주신 정이 복합되었던 것으로 생각된다.

때로는 '최형', 때로는 '최교수' 하고 나를 불러주신 어른.
68년의 가을철, 선생이 문학강연으로 전주에 오셨을 때이다. 53년 전주의 한 고서점에서 내가 구한 책에 선생의 장서가 몇 권 있었다. 일본의 신시총서인 ≪해시첩(海市帖)≫, ≪녹초(鹿草)≫, ≪용골(龍骨)≫, ≪산호편(珊瑚鞭)≫ 등 네 권이었다. 나는 이들 시집을 원주인인 선생께 돌려드리려 했다.
"최 형, 책임자가 따로 있소, 이제 최 형의 것이지……"
선생은 시집들을 잠시 매만져 보시고는, 그 중 ≪용골≫의 속표지에 '젊은 날의 얼굴을 오늘에 다시 본다. 68年 10月 11일. 박목월'을 자필로 서명하여 나에게 되 안겨 주셨다.
75년, 나의 어설픈 시집 ≪여리시 오신 당신≫에 서문을 부탁드렸을 때에도 두 말씀이 없으셨다.
"최 교수, 1행시를 좀 써 보면 어때?"
원효로에서 차를 권하시며 하시던 말씀이 지금도 귓결에 선명하다.
그러나 선생은 성말 훌쩍 가셔버린 걸, 이제 어데 가 뵈오리, 오호! 목월 선생님, 화창한 봄날 아침 평안히 가신 걸 부디 그곳 세월 미소 지으시며 평안히 평안히 누리소서.

염소라는 별명

엄한정(嚴漢晶)

"어느 산자락에 집을 모아, 가지고 농사지으며 시를 쓰며 산다면 그 이상 부러울 것이 없겠다." 목월 선생의 이 글을 대할 당시 나는 고등학교 학생으로 가업인 농사일을 조금씩 배우고 있었다. 그리고 <당인리 근처>가 발표된 조금 뒤에 서라벌 예대에 들어가 선생의 문하에 들게 되었다. 선생은 원효로 4가에 조그마한 이층집(뜰은 상당히 넓어서 여러 가지 꽃나무가 있었다.)에서 슬하에 오 남매를 키우고 있었다. 사모님은 몇 십 원을 아끼기 위해 마포까지 걸어가서 고추를 빻아 왔다. 원효로보다 마포가 고추 빻는 삯이 쌌다고 한다. 그러나 제자들이 선생 댁을 방문하며 사과라도 몇 알 사갈라치면 불호령을 하던 것이다. 빈손으로 재우 찾아오라는 것이다.

내가 『아동문학』지에 추천을 받는 동안은 전화로라도 몇 번이나 작품을 읽어 드려야만 했었다. 그렇게 독촉을 받은 때문에 1년만에 추천을 완료했다. 선생은 제자들에게 한결같은 정성을 기울였고 예절 바른 분이었다.

1961년이었던 것 같다. 13강의실에서는 여느 날과 마찬가지로 목월 선생의 열강이 막 시작되었는데 담배를 피우고 싶었다. 그 당시만 해도 강의시간에 학생들이 담배를 피우는 것은 보통일이었다. 군 제대를 하고 복교한 지 얼마 되지 않은 나는 그런 줄만 알고 담배를 피워도 좋으냐고 양해를 구했더니 그러라고 했다. 담배라야 싸구려 '진달래'지만 막 성냥을 그어 대려고 할 때 선생은 다시 말씀하셨다. 담배를 피우되 휴게실에 가서 피우라는 것이다. 나는 성냥불을 얼른 끄고는 얌전히 선생의 강의를 들었다. 그 뒤 지금까지 목월 선생 앞에서 담배를 피우는 것은 삼가게 되었다.

역시 그 시절의 일이다. 병아리 시인들이 그 예쁜 입을 모아 소박하지만 열심히 작품평을 하는 틈에 나도 한 몫 끼어들었다. 그런데 내가 말을 끝내자 목월 선생은 "엄 군" 이렇게 유독히 힘주어 나를 불러 세우더니 "자넨 염소 같네. 어떤가, 시를 말하는 염소말이야." 하곤 그 언제 보아도 좋은 웃음을 건네주었다. 요즈음도 나는 그 일을 생각하곤 호를 '염소'로 정할까 해 봤다가 그건 너무 노골적인 별명 같으니 거꾸로 해서 '소염(小念)'으로 하는 것이 어떠냐고 친구들에게 묻곤 한다. 아니꼽게 벌써 호를 들먹거리는 나이가 되다니. 허긴, 내가 목월 선생의 문하에 들 때 선생의 연세 41이었다. 그런데 나도 그 나이를 넘기고 있는 것이다.

오늘은 마음을 가라앉히고 몸을 정좌하여 <겨울 선자(扇子)>를 펴고 선생의 육성을 듣는다.

— 오전에는/ 제자의 주례를 보아주고/ 오후에는/ 벼루에 먹을 간다./ 이제 내가/ 난을 칠 것인가, 산수를 그릴 것인가./ 흰 종이에/ 번지는 먹물은 적막하고/ 가슴에 붉은 꽃을 다는 것과/ 흰 꽃을 꽂는 것이/ 잠깐 사이다./ 겨울부채에/ 나의 시, 나의 노래,/ 진실은 적막하고/ 번지는 먹물에 겨울해가 기운다.

자상스러움과 부드러움

박태진(朴泰鎭)

나는 이 시간에 20이 되나마나하는 목월을 생각한다. 나는 더욱 젊은 나이였고 우리는 어쩌다 정동에 있는 이화여고에 봉직하였다.

1948년경의 봄 이였으리라. 학교 교무실에서는 시인을 모셨다고 야단들이었다. 나는 영어를 가르치고 있었다. 우연히도 교무실에서 그는 내 곁에 앉게 되었고 우리는 이런 매일을 보내는 동안에 시를 이야기 했고, 특히 그는 나에게 외국문학에 관한 이야기들을 묻곤 했다. 목월은 인상도 그러려니와 매우 자상한 분이었다. 그의 사투리에도 불구하고 학생들에게 매우 부드러웠다.

그 무렵의 그를 말한다면, 그 자상스러움과 부드러움이 그의 시감(詩感)을 적시었고 그것이 전부인가 싶은 인상을 주었었다. '구름에 달 가듯이/ 가는 나그네'에서 나는 그를 진정 보았었다. 맑은 정감과 시정 속에 자라 온 이미지들은 전혀 때 묻지 않아야 했고 그의 순수한 눈 속에 살고 있었다. 그리고 기실 그는 시의 순수성을 거기에서 찾고 있었다. 물론 그는 뭔가 이룩하였다. 그것이 우리가 지금 이야기하는 '청록'의 시작품들일 것이다.

작품의 이야기는 딴 전문가들에 미루기로 하고 나는 목월이 대단한 노력가라는 점을 이 기회에 말하고 싶다. 이화에 와서 1년이 넘기도 전에 그는 『시문학』이라는 계간지를 내기 시작했다. (내가 명예스럽게도 이 창간호에 미국시단의 이야기를 썼었다.) 얼굴의 표정에서 볼 수 없는 그의 끈기와 노력에 나는 감탄한 바가 한두 번이 아니었다. 한편 그가 그처럼 부지런했던 것을 아직도 놀라움으로 기억하는 바이다. 틈이 생겨 조용한 시간이면 교정을 걸으며 시상을 얻기도 하며 참으로 열심히 매일을 보냈었다.

이 무렵 나는 반대로, 독립을 얻은 나라의 한 인텔리로서 온몸에 중압감을 느끼고 어떤 새로운 반성을 문학에서 시도할 생각이었다. 내 호흡을 나누는 친구들도 적지 않았다. 물론 이는 여담이다. 하기야 젊었을 때의 이야기다. 그도 친구들도 그처럼 젊었었고 뭔가 하려고 무진 애를 썼었다. 요즘처럼 국민소득이 높은 때도 아니니, 우리 독자들이 과연 상상을 할까.

어쨌든 목월은 가고 세파를 겪고, 이제 묵상에 잠기는 목월을 어쩌다 만나듯이 『심상』에서 작품을 통하여 만나곤 하며, '여전하시군' 하고는 내 딴에 미소를 지어 가며, 그를 완숙해온 지난날을 회고하곤 했었다. 비단 같은 시인으로서 뿐만 아니라, 내가 24,5세 때 자리를 같이하여 그의 체취가 느껴지기 때문에 나는 여생 그를 잊지 못하리라. 목월! 구름에 달 가듯이 가신 나그네여…….

영원한 빛

허만하(許萬夏)

　목월 선생이 가셨다. 한지같이 부드럽고도 환한 시편들과 솜꽃같이 소박하던 사투리와 그리고 유난히 컸던 키 같은 것을 유실물처럼 남기시고 목월 선생이 어디론가 아득한 곳으로 가져버렸다. 생전에 인연이란 갈밭을 건너는 바람이라 하시더니 이제는 바람도 아닌 그 무엇이 되어서 구만리장천이 다한 또 그 너머 나라로, 우리의 슬픔도 닿지 않는 절대공간 속으로 사라져 버린 것이다.

　목월 선생과 나의 인연은 동난 뒤에 대구에서 시작된 셈이다. 53년을 전후한 무렵이었다고 짐작된다. 그 무렵 경북대학교의 신문이 나왔다. 그때 그 신문에 시 특집이 있었고 그 특집에 목월 선생이 작품평을 써주셨다. 지금은 언론계에서 일하고 있는 김윤환, 작년에 창작집을 낸 <포(泡)>의 작가 이규헌(李圭憲), 그리고 이재철(李在澈) 등이 시를 내었다. 나도 김윤환의 권유에 따라 시를 내었다. <동자상(瞳子像)>이란 제목의 작품이었다. 나의 시에 대한 이 대시인의 평을 나는 몇 번이나 몇 번이나 읽었다. 그는 정제미가 있는 작품이란 뜻의 이야기를 해주셨다. 이것은 그에게는 그의 기억에도 남아있지 않는 하찮은 일이었을 지도 모른다.

그러나 그것은 나에게는 거의 결정적인 계기가 되고 말았다. 나는 그것을 기점으로 자각적으로 시를 사랑하게 된 것이다. 이 무렵 목월 선생은 이미 서울에 돌아가셨으나 시를 강의하러 대구에 몇 번 내려오신다고 들었다. 그 후 곧 그는 이 어려운 일을 그만 두신 것 같다. 그래서 나는 끝내 목월 선생은 뵙지 못하고 말았다. 나와 목월 선생의 만남은 이렇게 엷게 시작되었다. 나는 언젠가 목월 선생에게 이러한 만남에 대해서 이야기 드리고 싶었으나 끝내 그러지 못하고 말았다. 그러나 어쩌면 워낙 자상한 어른이시라 이러한 일을 다 알고 계셨던 것 같기도 하다.

한 번은 태백산 산중에서 목월 선생을 만났다. 저녁에 책을 펼치면 책상을 덮는 나방이들 때문에 책 읽기가 어려운 곳이었다. 손을 펼치면 언제나 산새들 지저귐이 손끝에 닿았다. 그만치 자연은 나의 가까이에 있었다. 그러나 나는 고독했다. 나는 그때 시를 버리고 있었다. (『현대시』 6집에 <깡통소묘>란 것을 내고 난 뒤인 것 같았다.) 그때 그곳에서 덜컥 목월 선생을 만났다. 그도 무척 놀라신 것 같았다. 그는 일행과 함께 바쁜 스케줄에 묶여 있는 듯 했다. 우리는 잠시 동안의 이야기 끝에 헤어질 수밖에 없었다. 그러나 한참 후 목월 선생께서 기별이 왔다. 그것은 묶여있던 시간을 쪼개어 일부러 더 이야기를 하시기 위한 것이었다. 사진사가 함께 있었다. 우리는 함께 사진을 찍었다. 그만치 그는 자상하였다. 그리고 그는 시를 버리지 말라고 했다. 그리고 또 허 형 시는 어깨에 힘이 들어 있다고 했다.

그처럼 목월 선생은 언제나 돌연히 나타나셨다. 내가 게으름에 빠져있을 때 부드러운 채찍처럼 돌연히 나타났다. 내가 나의 첫 시집을 갖게 된 것도 그의 힘인 줄 나는 알고 있다. 그는 이 시집에 ≪점질(粘質)≫이란 이름을 지어 주셨으나 나는 그것을 지키지 못했다. 이 말의 아름다움을 나는 요즘 절실히 느끼고 있다.

목월 선생과 나의 싸락눈 같이 엷은 인연에도 불구하고 그는 나의 공허의 한가운데 영원한 빛[負債]과 같은 시의 꽃을 예비하고 가셨다.

목월 선생께서 떠나시던 날 밤 마침 우리 반도는 월식을 맞이했다. 나는 그날 밤 베란다에 나서서 달이 스스로의 모습을 감추는 것을 보았다. 나는 그것을 우연이 아닌 위대한 정신이 가지는 우주의 교감이란 것을 알고 있다고 국제신문에 썼다. 이 글의 허두도 사실은 '다시 시인이 되시옵소서'란 그 글의 것과 같다.

내가 그렇게 생각한 자잘한 이유의 하나로 내가 아는 젊은 박목월이 있기 때문이다. 그것은 <달은 魔術師>라는 그의 한 편이다. 내가 가지고 있는 1935년 1월호의 『學燈』이란 잡지에 이 시는 발표되어 있다. 남들은 이 시를 잘 모르고 있는 것 같다. 내가 네 살의 아이로 아직 토속적이던 대구에 있었을 때 젊은 목월 선생은 어디에서 이 달을 바라보고 계셨던 것일까.

달은 마술사

히멀건 어두움위에 달은 영상의 탑을 쌓고
여인의 남실거리는 별의 눈이 가느다란 테이프로
추억을 탑가에 구슬처럼 디룸이어-.

가느다란 바람줄기가 실실이 이마의 머리카락을 여리며 추억을 낚시질 하려하나이다.
　(달은 마술사. 뜻하지 않던 그 여인의 이름이 그리워지나이다.)

히멀건 이 어둠의 부드러운 파문 우에 달의 냉정한 웃음의 탑을 고이 실어가 버리나니
추억의 구슬들은 좌울거리며 까뭇한 별 속으로 사라져버리나이다.

●●●

두 갈래 길이 한스러웠던 선생님

김후란(金后蘭)

한국시인협회 사무실이 관철동에 있을 때였다. 상임위원회 회의가 있어 갔더니 좀 이른지 몇 사람밖에 보이지 않았다. 벽 쪽으로 붙여 놓은 책상 앞에 박목월 선생님이 앉으셔서 글을 쓰고 계셨다. 하도 열중해 보인 터라 인사도 못 드리고 난로 가에 둘러앉아 우리끼리 담소하며 기다렸다. 협소한 사무실에서, 우리에게 등을 보이고 앉아 집필중인 선생님의 뒷모습이 유난히 크게 보였다. 고독이 배어있는 무언의 암벽을 연상시켰다.

얼마 후 펜을 거두고 다 쓴 원고를 접어 봉투에 넣었다. 곧 가지러 올 원고라서, 하고 뒤늦게 우리 일행에게 미안해하시며 난로가로 옮겨 앉더니 "이리로 갈까 저리로 갈까, 인생은 한 가닥 길뿐이니……" 하고 중얼거리셨다. 프루스트 시 <두 갈래 길>을 생각하며 자신의 삶을 돌아보는 글을 쓰신 게 분명했다.

난 묻지 않았고 선생님도 그 이상 무슨 말씀을 하진 않았다. 허나 그날 선생님의 표정에서 진지한 '자문(自問)의 시간'을 감득할 수 있었다.

　얼마 후 어느 시문에서 그날 쓴 원고로 짐작되는 글을 읽을 수 있었다. 호구 때문에 교직생활을 못 버리고 문학과 교수라는 이원적 삶을 평생 지속해야 함을 한스럽게 여긴다는 인생노트였다.

　그 글엔 박목월 선생의 시인으로서의 영광 뒤에는 문학에의 준엄한 헌신과 집중 이외에도 교직생활이라는 또 하나의 엄격한 헌신이 요구됨으로써 "나의 생활의 방황과 갈등과 분열은 처참한 것이라 할 수 있었다."고 술회하고 있다.

　이런 대목도 있다.

　"대체로 낮에는 학교에 나가고, 강의가 끝나면 강의준비를 위한 독서, 그것이 끝나는 밤 9시에서 새벽 1,2시까지 집필ー이런 하루의 프로그램을 충실하게 이행하려고 노력하였으며 학기 중에는 교수생활에 역점을 두고 방학 중에는 창작에 악센트를 두는 생활의 역점을 교차적으로 교대해보기도 하였던 것이다."

　요컨대, 한 길도 먼데 두 길을 가지 않을 수 없는 현실과 그 현실에서 과감하게 한쪽을 버리고 하나의 큰 열매를 이루기 위한 적극적 헌신을 못한 채 인생의 황혼기에 이른 걸 후회하는 일정의 감회록이었다.

　원만하고 내실한 가정인이며 문학상의 업적과 교육자로서의 위치로 보아 다복한 분으로 알려진 선생께서 그토록 자격지심을 가지셨다는 게 나에게 감동스런 충격을 주었다. 그 글은 결코 남에게 보이기 위한 글이 아니라 스스로 반성하는 진실한 목소리인 것을 바랐고 그렇게 믿고 있다.

　기실 선생님은 너무 바쁘셨다. 창작과 교직생활 이외에도 신문, 방송, 강연 등 사회의 부름에 일일이 응하심이 후배로서 안타깝기도 했다. 나 역시 신문사 종사자로서 자주 선생님께 원고청탁을 번거롭게 해드리곤 했는데 언제 무슨 청탁이든 핵심을 찌른 글을 주시는 통에 매스컴 전반에서 좋은 필자로 잡고 놓지 않은 죄를 시인하지 않을 수 없다.

좋은 시인은 자중자애함에 엄격하고 사회도 함께 아껴주어야 한다. 그래서 잡다한 세속적인 영욕에 휘둘림이 없이, 시간과 노력을 산만하게 빼앗김이 없이 한 가닥 길에 기쁘게 정진할 수 있어야 한다. 불우한 많은 이 땅의 문학인들이 참으로 생계 때문에 풍족한 열매를 거두지 못하고 창백하게 살아야 한다는 건 국가대계를 위해서도 불행한 일이라 할 것이다.

3년 전 봄, 신서초 선생께서 작고하시자 박목월 신생께서는 "석초 나이 예순일곱인데 가다니, 너무 일찍 갔어……"하고 섭섭해 하셨다.

그런데 정작 선생님은 그보다 더 빠른 예순 둘의 한창 나이로 돌아가셨다.

건강하셨다면, 아니 건강을 해치신 이후에도 조금 회복기운만 있으시면 여전히 바쁘게 일 하시는 등 무리를 계속만 안 하셨더라면 이렇게 일찍 붓을 놓고 눈을 감지는 않으셨으리라 생각하니 애석하기 이를 데 없다.

가장 은밀한 음파에 이끌려

이명자(李明子)

햇빛이 너무 아름다워 슬프기만 하던 봄날, 학교 강의도 일찍 끝난 이른 오후였는데 나는 갈 곳이 없었다. 고향인 대전에서 서울로 대학 공부를 하러온 지 2년째 되던 1966년 대학 2학년 때였다.

나는 그날 왠지 박목월 선생님을 만나고 싶었다. 그냥 한 번 만나 뵙고 싶다는 이유 외엔 아무 준비도 의도도 없이 선생님 댁에 전화를 드렸다. 선생님께선 마침 댁에 계셔서 전화를 받으셨고, 만나 뵙고 싶다는 말씀을 드리니 원효로의 집 위치를 설명해 주시는 것이었다. 선생님 댁이 원효로인 것을 처음 안 나는 다행으로 생각했다. 서울지리도 아직 모르던 나는 원효로라면 친척댁이 있는 동네여서 쉽게 선생님을 찾아뵐 수 있었기 때문이었다.

나는 습작하던 시 3편을 들고 선생님께 갔다. 선생님께선 내 시를 읽으시고 나서 한 마디도 말씀을 하지 않으셨다. 나는 속으로 내 시가 좋지 않아서 아무 말씀 안 하시는가 생각하고 몹시 부끄러웠다.

고대 국문과 2학년이라고 말씀드린 관계로 선생님께선 조지훈 선생님의 안부와 병세를 물으셨다. (지훈 선생님은 그때 기관지천식으로 편찮으실 때였다.) 그리고 지훈 선생님께 시를 보여드리고 잘 지도받고 열심히 쓰라고 하시는 것이었다.

그때 물론 나는 지훈 선생님께 자주 시를 보여드리고 시 강의를 듣고 있었는데 지훈 선생님께선 천식으로 병환이 심해지던 터라 학교 강의도 자주 거르시고 학교에도 차츰 나오시는 횟수가 줄어들고 있었다.

그러하시니 자연 나는 지훈 선생님을 만나 뵙기가 어려웠다. 목월 선생님은 처음 뵈면서부터 근엄하신 지훈 선생님과는 퍽 대조적인 분위기였는데, 나는 자석에 이끌리듯 선생님의 음성에 이끌리고 있음을 느꼈다. 마치 안개 낀 수풀 속의 새와 같이 영 잡히지 않을 듯하기만 했다.

나는 이렇게 처음에 내 시에 대한 관심도 잊은 채 나직나직 시의 운율같이 읊조리는 듯한 선생님의 음성과 눈빛을 바라보다가 돌아온 것이다.

선생님께 다시 찾아간 것은 그 다음해 봄날이었으니까 1년이 지난 대학 3학년 때였다. 나는 여전히 선생님을 만나고 싶은 한 가지 마음으로 시 3편 정도를 정서해 가지고 갔다.

선생님께선 역시 내 시를 한 번 쭉 읽어보시곤 일절 아무 말씀도 안 하셨다.

지훈 선생님 건강이 어떠신가 하는 염려와 청록파 시절 얘기, 지훈 선생님을 처음 만나던 때의 추억 같은 것을 이야기하셨고, 나는 또 그냥 돌아왔고…….

그리고 대학 4학년 때의 봄날, 그러니까 1968년 5월 17일에 조지훈 선생님께선 타계하시고 말았다. 큰 충격과 슬픔으로 봄을 보낸 나는 6월말쯤 되는 어느 날 또 목월 선생님 댁에 갔다. 그때 나는 작품도 안 가지고 선생님을 뵈러 갔다.

선생님께선 그동안 왜 안 왔느냐고 하시면서 이제 지훈도 갔으니 자네 시를 보아주시겠다고 하시는 것이었다. 그러나 그때 나는 일찍 문단에 데뷔하고 싶지 않다는 엉뚱한 생각으로 시보다도 이론공부에 더 치우치고 있었다.

그 후 대학원에 다니던 1970년 봄이 되었을 때 나는 그동안 써오던 작품들을 정서해 가지고 선생님께 갔다. 선생님께선 작품을 한 번 읽어 보시더니 "내가 조용할 때 다시 읽어볼 터이니 시를 두고 가라."고 하셔서 나는 다른 얘기만 나누다가 돌아왔다.

다시 시를 찾으러 가야 한다고 생각하면서도 학교 리포트에 시달려서 미처 선생님을 찾아뵙지 못하고 두어 달이 지났다. 그리곤 여름방학이 되어 선생님께 가려고 하던 차에 어느 날 선배 오탁번 씨와 함께 현대시학지를 사서보고 내 시가 추천되어 실려 있음을 알았다.

낮은 음성과 맑은 눈빛 속에서 시를 느끼려고 찾아뵈러 갈 때마다 한 번도 잘 썼다는 말씀이 없으시더니 미리 아무 말씀도 않으시고 시를 추천해주셔서 나는 또 얼마나 당황했는지 모른다.

그 후에도 선생님께선 내 시를 좋다고 칭찬해주신 적이 한 번도 없었다. 묵묵히 보아 주실 뿐, 시를 쉽게 쓰려고 하지 말라고 하신 말씀이 내게 시를 가르쳐 주신 선생님의 유일한 시훈(詩訓)이었다.

시 추천을 받고 난 후에야 나는 비교적 선생님과 자주 만나게 되었다. 어느 눈 오는 밤에는 선생님 댁 서재에서 늦은 시간까지 앉아 지훈 선생님의 시의 자세에 대해 이야기를 들었고, 지훈 선생님이 꿈에 오셔서 묵묵히 서 계시더라는 꿈 얘기를 듣기도 하면서 나는 차츰 선생님의 음성처럼 선생님의 시에는 한국인의 가장 은밀한 음파가 담겨 있는 것 같았다. 그래서 나는 한 시학도로서 그 음파를 따라 선생님을 만나기 시작했던 게 아닌가 생각된다.

현대의 고전을 남긴 시인

박양균(朴暘均)

　내가 아직 학창시절에 선친께서 박목월 시인을 아느냐고 물으신 적이 있었다.

　만나 뵌 적은 없으나 이름만은 알고 있으며 우리나라의 시사에 남을 만한 시인일 것이라고 한 적이 있다. 문학과는 거리가 먼 선친께서 왜 물으시는가 하고 의아한 나의 표정을 읽으신 선친께서는 그때 나의 종제(從弟)가 시골 중학에서 목월 선생께서 근무하시는 대구 계성학교에 진학을 시키는 데 목월 선생의 신세를 지셨다는 것이다.

　그 후 몇 해가 지나 내가 대구에서 여학교 교원 노릇을 하게 되고 시단이라는 데를 나오고 해서 처음 목월 선생의 댁을 찾게 되었다. 평소 그의 시에서 풍기는 이미지나 목월이라는 아호에서 주는 인상을 막연한 대로 그려볼 수가 있었다. 깡말라 있을 것이다. 그러나 부드러운 얼굴 모습에다 그리고 맑고 큰 눈을 가졌을 거다. 그리고 흰옷을 즐겨 입으리라 하는 식으로 생각했다. 아니나 다를까, 내가 상상한 대로의 우연의 일치인지는 모르나 흰 양복을 입고 계셨고 맑고 큰 눈으로 언제나 웃을 땐 그의 얼굴 모습이 가냘픈 대로 사람을 끄는 힘이 있었다. 말할 때마다 유난히 큰 손으로 제스처를 쓰는 것이 퍽이나 소박한데가 있었다. 선친께서 들은 이야기지만 그는 사무적인 처리도 매우 정확하게 하더라는 이야기도 들었는데 현실과는 아주 먼데 사람 같기도 한 목월 선생은 또 그러한 일면도 지니셨는가 하고 의심이 가리만치 그의 모습은 철저하게 시인의 유형적(?)인 모습을 하고 있었다.

첫 대화가 아버님의 안부였다. 그 후 몇 년을 두고 만날 때마다 아버님의 안부를 잊는 일이 없었다. 20년이 훨씬 넘어서 만난 어느 날 아버님의 안부에, 돌아가셨다는 이야기를 하였더니 부고를 보내지 않은 것을 책망하며 얼마를 명복을 비는 듯한 엄숙한 표정을 지으셨다.

그저 대강 대강 해버리는 나의 일생 생활태도나 그저 그런 거지 뭐 하고 살아온 나로서는 목월 선생의 시인으로서 가지는 태도나 생활인으로서의 몸가짐을 여간 놀랍게 생각하지 않을 수 없었으며 배운 바도 적지 않았다.

초기 그는 한국시를 써 왔다. 현대의 고전을 남긴 시인이다. 한국어로 시를 쓰면 한국시임에 틀림없다. 그러나 목월은 그런 뜻에서의 한국시인이 아니라 한국의 빛깔, 한국의 정서, 한국의 슬픔, 한국의 토속, 한국의 얼을 아는 한국의 시인이었다. 중기에 들어서면서 그는 생활주면에 대한 관심이 짙어져 갔다.

6.25때 가족을 두고 단신 대구에 피란 온 때의 일이다. 상치쌈으로 점심을 먹다말고 그는 갑자기 목이 메인 듯 숟가락을 놓으면서 이것들(가족)이 어떻게 지내는가 하면서 울먹인 것을 보았다. 그 후 서울로 내가 아주 이사를 와서 자주 뵙지는 못하였으나 늘 생활에 대한 걱정 비슷한 얘기를 듣게 되었다. 그는 생활인으로서의 불안이 늘 있는 듯했다.

이러한 그가 중기 시에서 생활에의 관심은 불가피하였을는지도 모른다. 그러나 그는 결코 초기 시의 가작을 말기의 인생에 대한 근원적인 애착과 회의를 다루면서도 한결같이 놓치지 않은 것은 그는 시에 있어서의 소재의 변천을 가져왔다 하더라도 시에 있어서의 한국적인 서정을 끝까지 유지해왔다는 것은 그의 시를 연구하는 데 놓쳐서는 안 될 명제인 줄 안다.

그는 시인이면서도 생활할 줄 아는 알뜰한 인간적인 아주 인간적 단면을 지니시었다. 그는 대학의 행정을 맡으셨어도 훌륭한 학장이었다는 얘기를 들었고 가정도 잘 다스렸다고 알고 있다. 시인협회를 10년 넘게 맡아오셨는데도 한 마디 말썽을 일으킨 적이 없고 시잡지를 엮어 가면서도 그는 언제나 깔끔한 솜씨로 편집을 했었다. 그런가 하면 그의 시인으로서의 시의 업적은 새삼 설명할 겨를이 없을 줄 안다.

현대의 고전으로 남을 시인 박목월 선생 고이 잠드소서.

내가 만난 목월 선생님

조정권

　목월 선생님의 생애와 문학을 통하여 나는 나 자신의 모습을 비춰 주는 거울을 찾아 볼 수 있을 법하다.

　선생님의 갑작스러운 죽음은 선생님이 한 10여 년 더 사시면서 쓰셨을 시와 그것들이 보태어질 한국 시문학사를 연상할 때, 안타까운 심정이란 나만이 느끼는 것이 아닌 이 나라 시인 공유의 심정일 것이다. 결국 재작년 겨울에 나온 간소하고 담백한 장정의 시집 ≪무순≫이 생전에 내신 최후 시집으로 남아 있을 뿐, ≪산도화≫, ≪난 ·기타≫, ≪청담≫, ≪경상도의 가랑잎≫을 읽어보면서도 역시 주목이 되는 것은 ≪무순≫이요, 그 중에서도 나 개인적으로는 '이순의 아침나절'이란 부제 아래 수록된 일련의 시편들이다. 그중에서도 몇 편의 시들은 살아생전 목월 선생님께서 꽤 만족하셨다. 작품들로써 그것은 선생님이 앞으로 쓸 시에 대한 어떤 출발과 결의를 새롭게 암시하던 것임을 나는 기억한다. 그러니까 ≪무순≫ 이후 목월 선생님은 시인으로서 다시 한 번 출발을 가다듬고 계셨다. 시에 대한 열정 역시 대단하셔서 노인의 흥분을 연상할 정도였으리라고 기억된다.

목월 선생님의 추천으로 시단에 나와 근 10년을 선생님 가까이 있으면서도 내가 본 목월 선생님은 자신의 글 쓰는 일에 우선하는 것은 거의 없다고 단정할 만큼 시에 대해 성실하고 준엄하신 분이었다. 선생님 댁을 처음 방문했을 때 서재에 꽂혀 있는 수많은 노트를 보고 후에 안 일이지만 그것들이 모두 연필로 씌어지고 있는 선생님의 시라는 것을 알았을 때 그 충격은 아직까지도 신선하게 남아 있다. 부지런하신 분이셨다. 글자 하나를 헛놓지 않는 그 간결한 필체며 그 세심함은 매사를 처리하는 규범이 되어 있음을 나는 초기의 관철동 심상사에서 일하면서 보았다. 『심상』의 표지를 바꾸기 위하여 색종이를 사러 안국동 화방가를 선생님과 나는 이틀을 들렸던가, 한때 색종이를 찢어 만든 『심상』의 표지들이 나갔는데 그것들은 일일 선생님 손수 만드신 것이었다.

살아가면 살아갈수록 야속스러워지는 세정(世情)의 사정(私情)에 대해 담담해하시는 선생님의 모습을 주변사람들은 어느 정도 경험했을 것이다. 그러나 무척 괴로워했으리라 짐작된다. 고무신 뒤축 닳듯 모지라는 인간관계라고, 선생님이 표현하셨던가…… 선생님의 제자에 대한 애정은 육친의 그것과도 같은 정다움과 다정스러움을 느끼게 해주었던 것을 너나없이 경험했던 것 같다. 제자들이 좋은 시를 발표했을 때는 어린애같이 기뻐해 주셨다.

그러나 편애하시지는 않으셨다. 세월이 지날수록 자기 개인의 문학이나 인간에 대해 어느 정도 알게 되시고 그 개인의 시와 사색이 다다르는 길목이 어느 정도 바라보여지게 되는 것이지만 그럴 때마다 충고와 조언을 아끼지 않으신 선생님의 사랑을 나는 잊지 못하고 있다. 선생님은 제자들에게 격려와 용기만을 주신 것이 아니었다. 제자로 하여금 가져서 마땅한 정도의 긍지를 심어주셨고 그러한 긍지를 가다듬는 지혜까지도 베풀어 주신 것이다. 나에게 있어서의 목월 선생님은, 나와 같이 게으르고 둔한 시업(詩業)이 만났던 행운, 교의(交誼), 그 이상의 의미를 지니고 있다.

목월 선생님은 가셨다. 그러난 지난 10년간 내가 선생님을 통하여 스스로 심득한 것은 무엇일까, 시인으로서 마땅히 가져도 좋을 정도의 긍지와 자존심, 시와 시인의 양심, 양심, 양심…… 그것들은 결국 지키려 하는 이의 소유가 아니라 실제로 지키는 자만의 소유라는 것을……

목월 선생님은 그러한 산 교훈으로서 시인에게 남기고 가신 것이다.

인생과 예술의 도를 배우며

신규호(申奎浩)

머언 산 청운사
낡은 기와집

산은 자하산
봄눈 녹으면

느릅나무
속잎 피는 열두 구비를

청노루
맑은 눈에

도는
구름.

청록파의 한 분인 목월의 이 시를 나는 중학교 때부터 무척이나 좋아했다. 햇빛 따사한 봄날의 산 속에서 청순하게 사는 노루를 제재로 이처럼 아름다운 시를 쓴 분은 어떤 사람일까? 하고 몹시 궁금했다. 시 작품을 통해서 나는 목월이 얼마나 섬세한 정서의 소유자인지를 충분히 추측할 수 있었다. 한없이 피어오르는 상상의 날개를 타고 어린 나는 그의 시를 열심히 탐독하였다. 아직 때를 벗지 못한 소년의 정서에 고운 꿈을 안겨 주는 작품은 그리 흔한 것은 아니었다. 어떤 시인의 시는 거듭 읽어도 무엇을 노래했는지 이해할 수 없었고, 어떤 작품은 메말라서 흥취가 전혀 일지 않는 것이 사실이었다. 더구나 50년대 초엽 당시에 쏟아져 나왔던 전후 시들은 어린 나에게는 도무지 쉽사리 접근할 수 없는 난삽한 작품이기만 했다.

고등학교에 진학한 이듬해 문학동인 활동(鎭海의 向岸文學同人會)을 하면서도 나는 여전히 목월의 시를 좋아했으며 내가 쓴 당시의 시도 그분의 초기 작품과 흡사한 모방작이 대부분이었다. 말하자면 ≪청록집≫에 실린 목월의 작품이 나의 중고시절 문학수업의 귀감(龜鑑)이었던 것이며, 목월의 시작품을 통하여 나의 시심이 커 왔던 것이다.

대학에 진학해서 나는 비로소 목월을 스승으로 모시고 공부할 수 있게 되었다. 헌칠한 키에 스포츠형의 머리, 그리고 흑색 싱글을 즐겨 입었던 목월 선생의 중년모습에서 나는 그의 시에서 맛보았던 것과는 또 다른, 인간적인 매력을 느끼게 되었다. 일학년 때 목월에게서 문학개론을 배웠다. 그 시간은 목월의 열정이 폭발하는 시간이었다. 내가 알기로는 양주동 박사 이외에 혼신의 힘을 쏟아 열강하는 국문학 교수가 있다면 그분이 바로 목월 선생이 아닌가 한다. 메테르링크의 파랑새 이야기나, 라이너 마리아 릴케의 시를 강의하는 그분의 모습은 열정 바로 그것이었다. 3학기가 되면서 문학을 전공하는 몇몇 학생이 모여 대학생 동인회 '와우(臥牛)'를 발간하게 되었다. 비록 초라한 것이었지만, 우리의 정열과 문학에 의 꿈을 수놓았던 '와우'가 나오자 곧 우리는 목월 스승께 가지고 달려갔다. 칭찬을 받을 줄 알았던 우리는 날카로운 지적을 많이 받고 뒤통수를 긁으며 물러 나왔다. 우선 내 작품은 관념적이고 생경한 것이 흠이라고 했다. 그 후 나와 유승우는 원효로 언덕 중턱에 위치한 선생의 사택을 자주 찾아 시 창작 지도를 받았다. 우리의 작품은 항상 만신창이가 되어 나오곤 했다. 정성껏 수삼 일을 가다듬어서 제법 작품이 되었나보다 싶어서 정리하여 가지고 가서 선생께 뵈면 사정없이 북북 그어서, 오히려 낯이 뜨거울 정도로 무안을 당하기가 일쑤였다. 그러나 선생은 늘 우리에게 목월이나 또는 기성시인의 시를 닮은 작품은 쓰지 말라는 것을 강조하였다.

대학을 졸업할 때까지 끝내 추천을 못 받고 말았다. 군에 입대해서도 그러나 나는 계속 시를 썼고, 쓴 다음에는 몇 달에 한 번 정도는 선생께 뵈었다. 여전히 꾸중과 가혹할 만치 심한 지적을 받으면서도 그 일은 계속되었다. 각고 끝에 첫 추천작인 1966년 10월『현대문학』지에 실려 나오게 되었다.

생각해보면 오늘 내가 시단에 나와 어쭙잖은 작품이나마 쓰고 활동하는 것은 모두 선생의 가르침 때문이다. 지난날 이십여 년 간을 스승으로 모시고 살아오는 사이, 그 분의 따뜻한 인간미와 엄격한 가르침에서 나는 인생의 교훈과 값진 예술의 도를 배워 성장해 올 수 있었음을 그 분이 가신 오늘 새삼스럽게 다시금 절감하게 되는 것이다.

그날 있었던 일, 기타

박재삼(朴在森)

목월 선생이 별세한 것은 3월 24일 오전 여덟 시 무렵이었다. 내게는 청천벽력 같은 소식이었다. 그날 열시 무렵에 나는 집을 나가고 있었다. 처음에는 서울신문사 문화부에서 전화가 두 차례나 왔었다는 사무실의 전갈이어서, 그 신문에 쓰고 있는 바둑 원고에 혹시 착오라도 있어서 전화를 걸어왔나 생각했었다. 그러나 전화를 받은 담당기자는 바둑 때문에 건 것은 아니었고, 목월 선생이 운명하셔서 박성용 씨가 관련 기사를 쓰면서 걸었었는데, 이제는 다 알았다는 것이었다. 그러나 또 전화가 울렸다. 옆 삼일빌딩에 있는 김광림 씨가 했다. 목월 선생이 작고했다는 것, 열한 시에 모란봉다방에서 김시철 씨, 김영태 씨와 같이 만나서 상가에 가기로 했다는 것이었다.

정말 내게는 믿어지지 않았다. 이틀 전에 김광림 씨와 함께 심상社에 들렀었고, 그때 목월 선생을 만나 뵐 수 있을까 했었으나 뜻대로 되지 않았다. 그 전에 백병원이고, 한양대학교 부속병원 입원 중이실 때는 문병하러 갔었는데, 최근에 다시 한양대학교의 그 병원에 입원하셨을 때에는 퇴원 후에야 그 사실을 알았었다.

새벽 산책을 갔다가 돌아오시고 나서 '머리가 아프다'는 것이 마지막이었다고 한다. 새벽 산책 자체가 나쁘다고 할 것은 아니겠으나, 특히 고혈압 환자에게 있어서는, 아무리 봄날씨라고는 하지만 온돌방에서 자고 나서 급강하의 기온에 접하는 격이고, 또 방에 돌아온다는 것은 급상승의 기온에 접하는 것이어서, 기온의 급격한 변화가 몸에 좋지 않아서 그런 것이 아닌가 짚어 보았다. 두어 달 전의 겨울 날씨 속에서 내가 겪었던 것을 생각했다. 집 뒷산으로 아이를 데리고 산책을 갔다 왔는데, 오후가 되어서야 볼에 쥐가 내리는 것 같았다. 부랴부랴 침을 엿새째 맞고 한약을 지어 먹고 했었다. 그래서 차도를 느낄 수가 있었다. 나는 고혈압을 일찍 (서른다섯 살 때였다) 겪어서 웬만큼은 아는 셈이다. 그냥 혈압이 높을 정도는 넘어서 뇌혈관의 파열로 반신불수까지 되었던 것이다. 그런 것을 겪은 아내는 목월 선생이 고혈압으로 돌아가셨다는 것이 나 이상으로 충격적이었던 모양이다.

"오늘은 술을 안 하고 일찍 돌아와야 해요"

수화기를 타고 들려오는 아내의 말을 나는 지켜 주리라 했었다.

그런데 오후에는 조남철 씨가 와서는 한 잔 하자는 것이다. 오늘은 안 되겠는데요 할 수가 없었다. 목월 선생이 별세하기 하루전날 조씨는 처음으로 따님을 시집보내고 그 섭섭함을 달래기 위해서 술을 하자는 것은 아는 나로서는 슬며시 끌릴 수밖에는 도리가 없었다. 만취가 되어 귀가했더니 아내는 울고 있었다. 고혈압으로 선배 한 분이 돌아가셨는데, 심한 병을 앓았던 사람이 그럴 수가 있느냐는 것이었다. 당신을 바라보고 우리가 사는데, 당신이 그렇게 행동을 하면 우리가 어떻겠느냐는 것이었다.

지난 75년 목월 선생의 선시집이라 할 수 있는 ≪백일편의 시≫가 삼중당 문고로 나왔을 때 한 권을 내게 서명해 주셨다. 그때 한 시간 남짓 시에 대한 진지한 얘기를 하였다. 나도 솔직하게 목월 선생에게 말씀을 드렸다.

《청록집》 무렵의 것은 자연을 관조하는 민요조의 토속적인 가락이 마음에 들었고, 그 뒤의 《난·기타》, 《청담》, 《경상도의 가랑잎》을 통해서는 인간사 혹은 생활 주면에 시점을 돌려 노래했다는 것, 혹은 이미지라는 것을 실험적으로 끌어들이려고 노력했다는 것, 혹은 경상도의 방언을 대담하게 구사하여 폭이 넓어졌다는 것을 읽어 왔다고 했다. 다 시집으로서 남을 일을 했다는 것을 고백했다. 그리고 <사력질> 이후에 와서는 천공적(天空的)인 것을 사유하는 커다란 변모를 해 왔다고 했다. 그러나 작품으로서는 뒤에 오면서 차츰 어딘가 허하게 느낀다는 점을 말씀 드렸다. "시인이 자꾸 새로운 것에 눈을 돌리는 것은 좋은데, '작품으로서 완성한다'는 것이 따라야 하지 않을까 싶습니다" 나로서는 솔직했던 개진을 한 것이라 믿지만, 목월 선생은 다소 섭섭했을는지 모른다.

75년이면 목월 선생이 예순이었을 시기다. 노령의 선생에게 후배가 솔직한 불만을(후기의 작품 일부분만을) 터뜨린 것은, 문학이 가진 치열성 내지는 진지성으로 볼 때에는 얼마든지 할 수 있는 말이겠으나, 예의상으로 볼 때에는 용납할 수 없는 일인지 모른다.

그러나 내 나름으로는 거짓말을 안 하고 있다는 것을 목월 선생은 분명히 아시는 것 같았다. 그래서 순순히 후배를 대해 주셨다고 믿는다. 병이 와 있고, 죽음이 와 있는 노인임을 알았더라면, 또 목월 선생이 그렇게 갑자기 세상을 하직하실 줄 알았더라면, 섭섭한 말을 안 했을지도 모른다.

유명을 달리하신 목월 선생의 명복을 삼가 빌어마지 않는다.

●●●

세 번째는 헤어짐

목월과의 최초의 만남을 그의 첫 개인시집 ≪산도화≫였다. 노란색
표지에 몇 줄의 청색선이 그어져 있고 속에 제목이 쓰인, 4×6판의 양
장본이었다. 중학생 때였는가 보다. 거기에는 ≪청록집≫에도 수록된
작품들이 죄다 실려 있었으므로 그 한권의 시집이 나에게 주었던 소
중함을 대단한 것이었다. 나는 책가방 속에 교과서와 더불어 그 시집
을 넣고 먼 통학 길을 다니며 읽었다. 나의 통학 길 주변의 사물은
목월이 노래했던 것과는 조금씩은 다르고 훨씬 근대화되어 있는 세계
속에 있는 것 같았으나 나의 정서는 목월의 ≪산도화≫의 그것처럼
순수해져 가고 있었다. 그 시집이 나에게 심어준 커다란 영향이었다.

그 이후 고교에 진학해서 친구 하나가 간직하고 있던 ≪청록집≫
을 빌려 보았을 때 나는 ≪산도화≫를 읽었던 그때의 감명과는 비교
가 되지 않을 정도의 담담함이었다. 그때 이미 나는 박두진의 ≪해
≫, 조지훈의 ≪풀잎단장≫을 구해 놓고 있기 때문이었지만. 그리고
≪산도화≫도 ≪풀잎단장≫도 지금 내 수중에는 없다. 군대에 갔다

오고 직장을 옮기고 이사를 몇 번이나 하는 사이 그것들은 나에게서 떠나버렸던 것이다.

그리고 서울에 올라와서 나는 목월과 두 번째 만났다. 그를 만났던 것이다. 내가 서울에서 처음 만난 시인은 남수와 지훈이었는데, 두 분 모두 키가 늘씬 하여 두 거인이 어깨를 나란히 하고 걸어가는 모습은 아주 멋졌는데, 그 후 나는 목월과 남수가 나란히 걸어갈 때 그 멋진 뒷모습을 또 볼 수가 있었다. 지훈이 별세했으므로 세 사람이 나란히 걸어가는 모습으로 볼 수 없는 것이 아쉽기도 했었지만.

그것은 아마 제1회 시협 시화전이 신문회관 전시실에서 열린 자리였던가 보았다. 거기서 목월 선생을 만났다. 남수 선생이 "자네 목월을 모르는가?" 해서 고개를 들어보니 목월이 눈에 잔주름을 잡으며 웃으며 커다란 손을 내밀었다. 우선 나는 어렸을 때의 ≪산도화≫의 감명을 떠올리며 새삼스레 그의 모습을 눈여겨보았다. 50대의 그는 남수에 비해 몸이 여윈 편이고 구수한 경상도 사투리가 그의 부드러운 금속성의 음성과 더불어 친근감을 느끼게 해주었다. 남수 선생이 이지적인 인상을 주는데 비해 목월 선생은 인간적인 정다움을 느끼게 해주었다. 그런 첫 인상은 지금까지도 변하지 않는다.

목월에 대해 어떤 사람이 비난할 때도 내 마음 속에는 어떤 안타까움이랄까. 정다운 그림자가 그에게 향해 지는 것을 나는 부인할 수 없었다. 내 마음 밑바닥에 굳게 뿌리내린 그의 그림자 때문이리라. 그만큼 나는 그 분을 자주 만났고 신년하례에는 마치 부모에게 하례를 하듯 맨 먼저 그의 집으로 달려가는 것이 새해의 일과처럼 되어 있었던 것이다. 우리는 그의 집에서 만나서 함께 문단선배들을 찾아다녔고 하례를 하고 했는데 이제는 우리들의 출발지는 없어진 셈이다.

목월이 가고 없기 때문이다. 목월이 간 날은 시협 간사회가 소집되어 직접 그가 주재를 하기로 했던 날이다. 그만큼 건강이 회복되었다는데…… 목월이 간 날, 나의 유일한 친구인 주문돈과 나는 그의 이

층집에 앉아 착잡한 생각에 젖어 그의 명복을 빌었다. 한 사람의 중요한 시인을 잃었다는 애석함도 애석함이거니와, 우리들 시단의 대들보가, 우리들 마음의 정처가 무너졌다는 깊은 오열이 마음을 뒤흔들어 주고 있었기 때문이었다. 지금 이 나라 안에는 남수도 없지 않은가? 2층에서 내려다 본 한강변 아파트촌의 불빛은 저렇게 찬란한데도, 우리는 인생의 가장 참담한 쪽에 마음을 묻어두고 있었던 것이다.

우리는 밖으로 나왔다. 주문돈과 나는 술집으로 들어갔다. 그는 술이 취하고 싶다고 했고 나는 술을 마시고 싶지 않다고 했다. 우리는 소주를 마셨는데 아닌 게 아니라 술이 취하지 않고 마시고 싶지도 않았다. 마음속에는 목월이 살다간 집에서 들은 저 애틋한 통곡과 기도와 찬송가의 여운이 남아 어둡게 출렁이고 있었던 것이었다. 문돈이 그렇게 취하고 싶다고 하면서 그 역시 취하지 못하고 있는 것도 그 때문 이었으리라. 우리는 쉽게 헤어질 수 있었고 헤어지며 쓸쓸하게 이렇게 말했다.

"새해엔 누구네 집에서 모이지?"

"모일 수가 없지 뭐."

한 시간을 열 시간으로

신달자(愼達子)

친구와 둘이서 종로길을 걸어 가다가 우연히 선생님을 뵌 적이 있었다. 자주 찾아뵙지도 못하는 선생님을 갑자기 길에서 뵙게 되어 당황한 채 인사를 드리고 헤어지는 나를 지켜보던 친구는 꽤 의아한 표정으로 이렇게 말했었다.

"너 그분에게 죄 지은 사람 같애. 꼭 도둑질하다 들킨 사람같이 중심을 잡지 못하니—"

나는 그때 그 친구의 말이 조금도 틀리지 않았다고 말해 주었었다. 물론 죄를 범한 일은 없었다.

그러나 내게 있어 가장 부족한 것, 결여된 약점이며 부끄러운 것을 가장 잘 아시는 분 앞에서 죄인일 수밖엔 없었다. 가령, 앞단추를 열어 둔 채 길거리를 헤맸다는 수치감보다, 일등을 해내지 못한 열등의식보다, 그 무엇보다도 좋은 시를 써서 보여드릴 수 없었던 내 무능의 소치가 언제고 소화되지 않은 채 내 어깨를 누르고 있었기 때문에 우연히 뵌 선생님 앞에서 아니, 우연이 아닌 그 어느 자리에서도 나는 얼굴을 바로 들고 앉은 적이 없었음을 고백하지 않을 수 없었다.

그 친구의 말은 내게 적중했다. 나는 그만 선생님 앞에서 떳떳하게 얼굴을 들고 뵙지 못한 죄인이 되고 말았기 때문이다.

그러나 선생님은 이런 나의 죄인의식을 아셨고, 그런 허물을 따뜻하게 풀어주시는 격려와 분발을 놓치시지 않으시며 좋은 시인의 가능성을 약속해 주시므로 내 마음의 상처가 없도록 세심하셨음이 지금 나에겐 다시 가책의 고통을 안겨 주게 하는 일이다.

처음 선생님을 뵌 곳은 종로 어느 작은 다방이었는데 나는 그때 시인이 다 된 기분으로 원고를 선생님께 내어 밀었다.

"앞으로 공부를 많이 해야지요"

원고를 읽으신 후 첫 말씀이 너무나 막연하고 냉담하여서 나는 그때부터 선생님이 두려운 분으로 생각되었다.

그때부터였다. 나는 원고가 되는 대로 원효로 자택으로 선생님을 찾았는데 어찌나 엄격한지 나중엔 원고를 내미는 내 손이 달달 떨리고 있어 자신이 참 어처구니없게 비참해지기도 했다. 해서 나는 몇 번이고 시인이고자 했던 나의 결심을 포기했고 선생님의 그 완전한 문학에의 자세 속에서 해방되려 했었다.

그랬지만 그것은 더욱 불가능했다. 두 주일쯤 찾지 않은 나는 선생님에 대한 두려움과 엄격함, 또한 시인적인 향기를 그리워하고 있었다. 다시는 찾지 않으리라는 원효로를 찾게 되었을 때 선생님은 웃으셨다. 이 또한 선생님의 계획임을 나는 왜 미처 알지 못했는지―.

지난 2월이었다. 한양대학병원의 병실 문을 열었을 때 선생님은 침대 위에 누워 계셨다. 누워계시면서도 병문안 온 여러 사람에게 주스를 권하시는 친절을 잊지 않으셨다. 그러면서 계속『심상』과 시인협회와 학교 일을 걱정하시었다.

"선생님은 병실에선 환자로서만 충실하세요"라고 내가 말씀드렸지만 선생님의 시야는 언제나 자신의 육체를 떠난 다른 여러 곳으로만 보내고 계셨음이 안타까웠다. 그것이 선생님을 뵌 마지막 모습이었다.

"신군 여긴 그만 오고 시나 많이 쓰라."고 병실 문을 닫으려는 내게 일러주신 그 음성이 마지막이었다.

선생님이 사신 시간을 사과 하나에 비유한다면, 그 한 개의 사과엔 백 개쯤의 영양즙이 포함돼 있었음을 누구든 부인 못하리라. 한 시간을 열 시간으로 확대해 쓰신 선생님의 인간적인 체취는 아마도 오래오래 우리들 깊은 곳에 살아 계실 것이다. 절망하는 자에겐 재기를, 게으른 자에겐 오늘의 소중함을 일깨워주는 충실한 삶의 지휘자로 서계실 것이다.

우째 그래 주량이 작노

김종해(金鍾海)

한국시사를 장식하였던 수많은 시인의 별들 가운데 시인 박목월별은 유난히 푸르고 선열(鮮烈)하였다. 선생은 초원에 뛰노는 청노루의 눈빛보다 더 지순하고 안온하였으며, 아늑한 봄날 제일 먼저 피어난 목련의 새하얀 첫 봉오리와도 같은 높고 그윽한 향기를 늘 지니고 계셨다. 나는 그러한 선생의 온후하고 부드러운 품격을 사숙하며, 사모하였다.

살아가는 일이 어렵고 캄캄하고 적막할 때 선생을 만나 뵙는 일 하나만으로도 내가 가진 두꺼운 염증을 와해시킬 수 있었으며, 느리면서 온후하고 부드러운 선생의 음성과 미소를 뵙는 것만으로도 나의 딱딱하게 굳어진 자폐증은 스스로 문을 여는 것이었다. 선생은 내 정신의 벌거벗은 모습을 보셨고, 모두 이해해주셨고, 그리고 쓰다듬어주셨다. 시에서부터 인간에 이르기까지 우리는 만날 때마다 모든 것을 조용조용 이야기했다. 부자가 갖는 그런 친근감으로써, 사제가 갖는 그런 사랑으로써, 예술을 향한 뜨거운 열정의 한 혈연으로써 선생은 '우리'를 깊이 지켜보셨고, '우리'는 선생을 더없이 사모하였다.

1965년 1월 하순께 나는 선생을 처음 만나 뵈었다. 이미 1963년도 『자유문학』지 당선으로 문단 데뷔는 하였으나, 작품 발표의 기회를 얻지 못한 나는 다시 『경향신문』 신춘문예에 응모하여 또 한 차례 당선하였다. 이때 뽑아 주신 분이 박목월·조지훈 두 분이었다. 시상식과 당선자 축하 모임이 끝나고 나서 나는 박목월 선생과 처음으로 대화하였다. 대한극장 앞에서 택시를 잡으려고 서 계시는 선생을 붙들고 차 한 잔을 마시자고 했더니, 선생은 빙그레 웃으시며, 다음에 한번 집으로 놀러오라고 하셨다.

그 이후부터 나는 선생의 문하생 가운데 가장 당돌한 문하생으로 많이도 속을 썩여 드렸다. 선생을 모시고 시협 일을 해오는 동안, 그리고 『심상』지를 창간하여 그 일을 도와오는 동안 수많은 말썽을 일으켜 선생께 심려를 끼쳐드렸다. 그러나 선생의 깃털은 항상 온화하고 부드러웠다. 선생이 지닌 깊고 부드러운 사랑의 끈은 나를 꼼짝없이 사로잡았고 붙들어 매었다. 나의 시가 도덕성 쪽으로 강하게 기울어지자 선생은 몹시 이를 우려하셨다.

그러나 그 우려보다 더 넓은 포용력이 나의 예술적 신념에 강한 힘을 부어 주었다.

"시의 어느 한 패턴으로서의 획일화가 우리 시의 발전을 오히려 저해하는 거지. 얼마만큼 좋은 시를 써낼 수 있는가가 문제이지."

하고 선생은 나의 시의 도덕성 쪽에다 말씀하셨다. 선생의 시에 비하면 나의 시는 너무나 이질적이며, 이단적이다. 그러나 선생은 오히려 우리 시의 다양함 쪽을 더 원하였다.

선생께 끼쳐드린 말썽 가운데 평생토록 잊히지 않을 대목은 1971년의 어느 가을날 저녁 무렵이 일어났다. 지방에서 시협 세미나가 끝나고 서울로 돌아온 이틀 뒤에 박목월·박남수·정한모·김종길·김남조·김광림 선생 등 열 너댓 분과 함께 관철동 한국기원 뒤쪽의 중국 음식점에서 시협 임원들의 회식이 있었는데, 그 자리에서 나는 커다란 실수를 저지르고 말았다. 나는 점심도 거른 공복 중에 목월 선생이 따라주시는 큰 컵에 양주 한 잔을 받아 마시고, 또 목월 선생 앞으로 보낸 술잔을 선생은 연거푸 내게로 보내주셨다. 세미나 행사 때 수고를 많이 해서 선생은 특별히 내게 배려를 보내는 것으로 보였다.

마침 화제가 시국에 관련된 비판적이고도 적나라한 이야기가 쏟아지고 있었는데, 나는 시종 침묵을 지키고 있었다. 그러나 누군가가 내게 노래를 시켰다. 노래를 하기 위해 나는 벌떡 일어섰다. 그러나 그 때는 이미 나의 의식은 조금 전에 마신 양주 닷으로 완전히 정전이 되어 있었다. 이때부터의 나의 행동은 훨씬 뒤에 다른 사람을 통해 전해 들었다. 나는 일어선 채로 힘없이 털썩 주저앉으며 빙글빙글 회전하는 둥근 음식상을 주먹으로 쾅 치더라는 것이다. 음식 그릇들과 술잔들이 그 충격으로 튀었다. 주먹으로 음식상을 쾅 치고 나서 나는,

"목월 선생, 할 말 있소!"

하였다. 좌중은 경악했다.

"와 그라노? 할 말 있거든 해봐라."

목월 선생의 부드러운 말이었다. 다음 순간 나의 주먹이 음식상을 또 내리쳤다. 음식 그릇들과 술잔들이 또 튀었다.

"남수 선생, 할 말 있소!"

그 다음에 또 이어서 술잔들이 튀어오르며,

"한모 선생, 할 말 있소!"

……바야흐로 흥겨운 자리가 벌어지려는 때에 나는 이미 광견과도 같은 몰골을 남겨둔 채 나의 육체를 비우고 외출해 버렸던 것이다. 내가 했던 말은 전부 그 세 마디뿐이었다. 쓰러진 채로 주위의 부축을 받고 중국집을 나오는데 온화한 손길이 나를 받쳐주었다. 퍼뜩 눈을 떴다. 목월 선생이 빙그레 웃어 보였다. 그것뿐이었다. 망막은 다시 닫혔다. 목월 선생이 택시에 나를 태워 주셨더란다. 임영조 씨더러

내 집까지 바래다주라고 당부하셨다고 한다. 아직 이사도 가지 않은 상계동 집으로 나를 바래다주던 임영조 씨마저 결국 집으로 돌아가지 못하고 여관 신세를 지게 된 것을 다음날 아침에야 술이 깨고 난 다음 비로소 알게 되었다.

전날 일어났던 그 무례함과 추태는 나 자신으로서도 도저히 용서할 수 없는 모욕감을 주었다. 심한 위축감과 죄책과 숙취에 찌든 채, 아침에 원효로의 목월 선생께 전화를 드렸더니 목월 선생은 화들짝 웃어댔다. 그 웃음은 부끄러움 속에 꽉꽉 문을 밀폐해 놓은 나의 문을 활짝 열어 놓았다.

"그래, 닌 술을 고거밖에 못 마시나. 우째 그래 주량이 작노? 하하하……"

그것뿐이었다. 만언의 질책보다 이 한 마디의 웃음 띤 말씀은, 지금은, 목월 선생이 계시지 않은 지금은 더할 수 없는 슬픔으로 가슴을 메게 한다. 눈물을 잊고 탄탄하게 살아가는 이 나이의 나에게 복받치는 눈물로써 가슴을 메게 한다. 목월 선생이 계시지 않은 지금은……

미소와 보자기와 사랑

김영태(金榮泰)

　박목월 선생을 만난 해가 1957년으로 기억된다. 그때 나는 홍대 회화과에 갓 입학한 상고머리 소년티를 못 벗은 애송이였다. 기침을 쿨럭거리면서 백양 담배를 배우던 시절이다. 박 선생의 강의가 미대 시간표에는 들어있지 않았으므로 나는 교양학부 강의실에 가서 박 선생의 '문장론'을 경청하곤 했다. 그 이듬해 추천이라는 소정의 관문을 통과했으니, 말하자면 치기만만한 문학 지망생의 얼굴이 그 당시 앨범에는 버티고 있기가 십상이다.

　문장론 첫 강의를 듣고 내가 느낀 박 선생의 인상은 강의를 하실 때 간간히 새어나오는 경상도 사투리는 더할 나위 없이 구수하다 하더라도 입술 있는 부위가 꽤 많이 비뚤어진다는 결론 비슷한 것이었다. 그런데 나는 다른 교수들처럼 정색을 한 얼굴보다, 박 선생의 그 비뚤어지는 입모습(근육)이 여간 마음에 들지 않았다.

　당인리 변두리에

터를 마련할가 보다
나이는 들고⋯
한 4,5백 평(돈이 얼만데)
집이야 움막인들.
그야 그렇지. 집이 뭐 대순가.

<당인리 근처>란 자작시를 강의 끝머리에 낭독하실 때도 나는 비뚤어지는 입술의 묘한 그늘을 놓치지 않고 바라다보곤 했다. 어느 날 아침, 나는 목월 선생 흉내를 내면서 세면장 거울 넘어 잔뜩 내 입술 께의 근육을 죽였는데 그게 여의치가 않았다. 자연스럽지가 못했던 것이다.

박 선생에게서 또 하나 내가 발견한 것은 검은 보자기였다. 박 선생은 늘 두서너 권의 교재와 4·6판 크기의 작시노트를, 때로는 출판사에 넘길 원고뭉치를 예의 그 검은 보자기에 싸가지고 다니셨다. 57년 당시만 해도 홍대는 황량한 벌판에 대형건물이 몇 채 드문드문 서 있었다. 교수나 학생이나 신촌 로터리 버스 종점에서 내려 1시간에 한 번씩 다니는 당인리행 버스가 끊기면 대개 와우산을 넘어 다니게 마련이다. 가을이면 와우산에는 갈대들이 여기저기 허연 수염을 날리게 마련인데 나는 약간 굽은 키에 검은 보자기를 옆구리에 끼고 산비탈길을 천천히 내려가시던 목월 선생을 등 뒤에서 목격하곤 했다.

박 선생과 내가 좀 더 격의 없이 가까워졌다면 그것은 은행 근처의 윗골목에 심상사 사무실이 생기고 나서부터이다. 점심시간이 되면 나는 대개 심상사에 가서 일이 있든 없든 앉아 있곤 했으니까. 박 선생은 건청 형이나 종해 형이나 정권 형을 부를 때는 아무 아무개군 하고 해라를 서슴지 않으셨는데, 유독 내게만은 이름 밑에 씨자를 붙여 부르셨다.

"영태 씨, 이번 호에 그 꼼지락거리는 그림 좀 그려보지 않을래요?" "영태 씨가 그리는 사람은 모두 목이 허공에 떠 있어, 여간 재미나지가 않지요" "저 영태 씨 구두 좀 보래이. 꼭 무용화같이 생기지 않았소" 그렇게 말끝마다 존칭을 붙여 주셨다.

하루는 조정권 형에게 시지의 오자 때문에 벌컥 화를 내셔서 내가 무안해 구석백이에 앉았다. 문 쪽으로 슬금슬금 도망칠 기미가 보이자, 갑자기 박 선생이 웃으면서 문을 막고 내 앞을 가로막으셨다. "영태 씨는 아마 내가 화내는 거 처음 봤지요. 그렇다고 도망을 치면 내가 얼마나 섭섭해 하겠어요. 자, 우리 커피나 시켜 먹읍시다." 그러고 나서 박 선생은 유전다방으로 손수 전화를 걸어 차를 주문하셨다.

2년 전에 나는 정초 시무식에서 은행장이 표창을 할 거니 꼭 참석하라는 통고를 받고 의아했다. 정말 알다가 모를 일은 나 같은 촉새가 무슨 표창인지는 몰라도 표창을 받는다는 자체가 어색했고, 그리고 표창을 받을 만한 일을 추호도 한 적이 없었기에 미적미적 하다가 강당으로 올라갔더니 정말 표창장을 주는데(보상금도 약간 겸해서) 이유인즉슨, "귀하가 예금 유치에 공헌이 지대하였으므로……"였다. 내게는 정말 날벼락 같은 이유였다. 나중에야 알았지만, 박 선생이 나도 모르게 1년 정기 적금을 가입하시면서 권유자란에 내 이름 석 자를 기입한 것이 유공자로써 면모를 보인 것이다. 은행의 기라성 같은 예금 권유자들이 내 뻣뻣하고 기가 죽은 모습을 보고 얼마나 고소를 금치 못했을까, 생각만 해도 희극 같은 장면이다.

이건청 형이 아침에 사무실로 목월 선생의 임종을 알려주었을 때 나는 메뚜기처럼 발딱 의자에서 튕겨 올랐다.

"뭐라고요! 아무튼 곧 그리 달려갈게요"

내가 아는 박목월

유경환(劉庚煥)

한쪽 윗니가 덧니처럼 약간 길었던 것 같다. 그것이 기억에 남은 첫인상이다. 종로거리 한 서점 앞에서였다. 일본말로 '독구리'인, 터틀 털스웨터 검은 색을 입고 있었다. 6·25전이다. 중학 2년이면서도 계속 『소학생』 잡지를 보아왔는데, 어느 날 『소학생』을 사러갔다가, 『여학생』이라는 얄팍한 잡지를 알게 되었다. 그게 목월 선생이 내던 잡지였다. 『소학생』을 그만 보아야겠다는 마음이, 이 여학생용 중학생 잡지 『여학생』으로 해서 굳어질 수 있었다.

책방에 가서 『여학생』이 나오길 기다리다가, 우연히 목월 선생을 보게 된 것이다. 남자이면서도 『여학생』 잡지에 그렇게 끌렸던 것은, 그 편집과 내용과 더욱이 목월 선생의 글에 흠뻑 빠졌기 때문이다. 가슴만 두근거리고 다가가서 인사도 못하고 '저렇게 생긴 분이구나' 하고 돌아섰었다.

두 번째 본 것은 1·4후퇴 때 대구에서였다.

피난 중학교에서 박영준 씨의 장남 승열 군과 이효석 씨의 장남이우현 군과 한반이 되었다. 만나서 공부 대신에 문인 얘기를 더 많이 하곤 했었다. 어느 날 최정희 여사도 나오는 문인극을 보러갔었는데, 그때 목월 선생이 대구에 와 있다는 얘길 들었다. 국어 선생님이던 김소영 시인이 추천한 임시교과서는 목월 선생이 엮은 것이었다. 그래 꼭 만나보고 사인을 받고 싶었던 것이다. 얼마나 이런 생각에 집착했었는가 하면, 단기 4284년 8월 5일 발행의 영웅출판사간 박목월 편저 『여학생 문학독본』을 사서 늘 끼고 다녔을 정도였으니까. 그러나 다방에서 나오는 목월 선생을 또 놓치고 말았다. 붙잡고 사인을 해달라고 할 용기가 없었기 때문이었다.

나는 경상도 산골에서 자랐다. 초등학교 때, 간혹 서울 태생 선생님이 오셔서, 경사를 쓰게 되면 그 나긋나긋 상냥한 목소리가 황홀할 정도로 아름다웠다.

– 박영종.

그 선생님이 부르시던 내 이름이 아직도 귓가에 쟁쟁하다. 서울말씨는, 경상도의 폭이 넓고 굵고 부드러운 것과는 다르게, 은반에 구슬을 굴리듯 맑고 깨끗하고 상냥하다.

그 후 한 번은 서울에서 개나리꽃이 노오랗게 만발한 방송국 고개를 넘어가다가, 꾀꼬리처럼 아름다운 소리를 들었다. 소녀가 서넛 짝을 지어 걸어가며, 무엇에 놀란 모양, 셋이 간즈러히 '어어마'

조그맣게 외친다. '어어마!'도 '어마'도 '어 – 마'도 아니다. '어'자에 느낌표가 들어가는 '어어!마'이었다. 이처럼 아름다운 감탄사도 목소리도, 첨 들었다. 만일 그것이 경상도면, '아이구얏고' '우얏고' '아이고 엄마' 정도의 무뚝뚝한 것에 틀림없다. 그 후로, 나는 길을 가다가 문득 '어어마' 나 혼자 흉내를 내어 보군 하며, 늘 마음에 미소를 띠우게 된다.

이것은 내가 보관중이다 겉장이 다 뜯어진 피난 중학시절 국어 임시교과서의 한 부분이다. 제목은 '목소리·말·글', 끝에는 박목월이라고 찍혀 있다. 여기 인용하는 것은, 얼마나 목월 선생을 10대에 좋아하게 되었는지를 알리기 위해서이다. - 우스운 일이지만.

환도 뒤, 경복고등학교의 문예반장 시절, 목월 선생의 문학특강을 내세워서 목월 선생 모셔오기를 그렇게 애썼으나, 웬일인지 그때 선생은 "서울에 안 계시고 어딘지 시골로 방황을 하고 다녀 소식이 없다."는 말만 듣고 실망 끝에 돌아서 버리게 되었다. 이렇게 해서 문학청년시절 그에 대한 생각은 좌절되고 말았었다. 영종의 이름으로 발표되던 동시에서부터, 목월의 이름으로 편집해낸 문학독본들 속의 그 인상에까지, 완전히 반해있었던 것이 사실이다. 여학생이 아니었는데도 그러니, 여학생이었다면 어떻게 되었을까.

※

대학입시 준비와 대학신입생 시절엔 목월 선생을 잊을 수가 있었다. 대학엔 박두진 시인이 계셨고, 교내신문 기자생활에 시간을 쏟았고, 겉멋이 들어서 다른 차원의 책을 읽는다고 했었다. 이렇게 해서 초기의 목월 시세계에서 다른 궤적을 그리기 시작하게 된 것이다.

학교를 나와 첫 직장인 사상계사에 들어갔다. 그곳엔 박남수 시인이 상임편집위원으로 계셨다. 그것이 59년도였다. 얼마 뒤 박남수 씨가 자리를 떠나자, 실무가 편집기자들 차지로 돌아왔다. 이렇게 해서 조지훈 시인댁에까지 자주 드나들게 되었고, 추천 은사인 박두진 선생과 목월 선생을 다시 한 자리에 앉게 하는 편집을 구상했다. 이것이 아마 '백록파'라는 제목의 '청록파 시인 그 후의 20년'이라는 특집이었을 게다.

※

만 10년 전, 지금의 『조선일보』가 내는 주간지 『주간조선』과는 내용이 다른 첫 주간지를 창간 편집할 때에, 또 한 번 백록파의 한 자리를 시도했으나 그때엔 조지훈 시인이 이미 타계한 시기였기에, 2인 대담특집으로 묶어 놓고만 적이 있다. 구태여 청록파를 백록파로 제(題)했던 것은, 그분들의 머리가 60년대에 이미 하얗게 쇠었었기 때문이었고, 그것은 내게 슬픈 일이었기 때문이었다.

69년 어느 날, 그 구수한 목소리가 전화로 찾아왔다. "나 목월입니다. 근데 유형, 바쁘지 않음 잠깐 시간 좀 내입시다." 광화문 근처 다방에서 목월 선생은 이런 질문부터 했다. 눈매에 웃음을 짓는 웃음이, 스포츠형으로 시원스레 깎은 머리 밑에서, 주름살을 타고 옆으로 퍼졌다. 이때의 인상을 기억하는 이유가 있다.

"유형, 추천 받은 지 얼마나 됐지요?"

"만 10년입니다."

"그럼, 이젠 시집 하나 가질 때가 됐지 않습니까?"

동의를 구하는 질문이, 입을 벌린 채 말을 맺는 목월 선생 특유의 버릇대로, 정말 뜻 밖에 내 앞에서 대답을 기다렸다.

"…………"

"내가 추천했다문 얘기가 다르겠는데, 두진이 추천했으니까, 한 번 의논해보고 가부간을 알려줬으면 좋겠는데……"

이렇게 해서 사실상의 첫 시집 ≪감정지도≫가 삼애사 간행으로 69년 5월에 나왔다. 목월 선생은 두진 선생이 서문을 써 주겠노라 허락하셨다는 말에 아주 기뻐하셨다. 그러니, 내 어찌 이날을 잊겠는가.

※

사상계사에서 문인들을 자주 만날 때부터 새해 세배를 다니기 시작했는데, 이때부터 매년 원효로도 세배코스가 되었다. 언제나 목월 선생은 두진 선생의 근황을 내게 물었다. 그 뒤로는 길에서는 어디서든 그 도톰한 손등의 촉감을 남겨주었다. 길에서나 다방에선 늘 '동시가 버려지고 있다'고 걱정을 하였다. 사실 나는 그런 점에서 목월 선생을 더 좋아했었다.

70년대 초의 목월 선생은, 시협 얘기로 말머리를 꺼냈다간 늘 문인의 인간관계에 대한 괴로움을 살짝살짝 비치곤 했다. 그것은 내가 신문사에 있기에, 자신에 대한 세상의 반응을 기대하는 눈치로, 나는 자의해석을 했었다. 짧게 깎은 머리를 뒤쪽으로 긁적이다간 혀가 조금 말려 한 옆으로 올라가는 웃음으로, 너털웃음을 웃곤 얘기를 끊었다. 한 번도 타인을 비난하지 않았으나, 그 대신 언제나 '유형은 그 사람을 어떻게 생각하느냐'고 묻곤 했다. 이런 경우가 잦을수록 그의 가슴에 '혼자 괴로워해야 하는 무엇'이 고여 있다는 것을 짐작하게 되었다.

이런 일은 몇 년 전 잠시 외국대학으로 떠나갈 때까지 계속 되었다. 얼마만에 돌아와 보니, 처음 뵈올 땐 이 세상에 태어나지도 아니했던 사람들이, 어느새 유능한 젊은 시인들이 되어서, 그의 주위에서 맴돌고 있었다.

그때나 지금이나 볼품없이 조그맣고 못난 성격의 나는, 그런 경우, 쉽게 물러나고 만다. 그래서 자주 못 뵈었다.

※

그의 영혼이 승천하고 육신만 남은 빈소에서 고개를 숙인 채, 이런 생각을 했었다. '이제 목월 선생은 갔다. 진정으로 선생을 따르던 사람들이 누구였는지 이제부터 밝혀질 것이다. 가족 외에 누가 이 이름을 아낄 것인지…….' 72년 여름, '한국시의 방향'을 시협 활동과 연결시켜 목월 선생이 먼저 말을 꺼냈을 때, "선생님, 이젠 선생님의 시부터 번역하는 문제로 관심을 돌리시고, 시인들의 단체에선 초연해질 필요가 있지 않습니까?"했더니, 목월 선생은 눈만 껌벅이면서, "누가 번역 일에 가장 좋겠느냐?"고만 물으셨다.

지금 이 글을 쓰면서, 생전에 부드러운 호흡으로 역자와 나긋나긋 의논해가며 작품을 번역해 놓지 않은 일- 그 미뤄놓은 일에 대해서 원망스러움까지 느낀다.

하와이대학의 이학수 교수가 번역한 몇 편을 보여드렸을 때 기뻐하던 그 모습을, 이젠 다시 못 보게 되었으니 말이다. 한 4,5년 동안, 다른 일 다 밀어놓고 우리 문학의 창을 밖으로 내는 일에나 전념하였던들, 목월 선생은 혹시 새로운 세계를 안을 수 있지 않았을까. 이젠 헛말이 되고 말았으나, 누군가 해낼 것이라 믿는다.

자연스런 그 미소가 지금도

이재철(李在徹)

'만남'은 모든 것이 비롯되는 출발점이지만, 선생님과의 '만남'은 문학에 평생의 뜻을 두고 사는 나에겐 엄청난 사건이었다.

학도병에서 제대한 후 내가 다니던 경북대학교에서는 월간으로 『경북대학교신문』을 내고 있었는데, 1954年 3月에는 각 단과대학에서 시를 공부하는 여섯 사람(허만하·이규헌·김윤연·필자 등)의 작품을 모아 특집을 꾸민 일이 있었다.

그때 대구에 계시던 선생님께서는 '독후감'이라 제하여 장문의 평문을 기고하셨는데 내가 발표한 <산맥에서>란 시에 대해서 퍽 상세하게 언급하시면서 작품을 통하여 인품에 친밀감을 느낀다고 말씀하신 것이다. (뒷날 이 작품이 『자유문학』지에 추천되었다.) 그리하여 그것이 인연이 되어 만나보자는 전갈이 왔고 그 '만남'은 역전 근처의 '태양다실'에서 이루어진 것으로 기억된다.

그때 선생님의 첫 인상은 건장하신 체구로 사람을 압도하는 듯 하시면서도 예의 특유한 웃음 - 한 쪽 눈을 감는 듯한 자애 - 를 지으시면서 후진을 겸손에 가깝도록 부드럽고도 자애스럽게 대하시는 모습이었다.

'청록파' 시인을 처음 만난 기분에 패기 찬 백면서생으로 횡설수설 릴케를 들먹거리는 나의 대화에 선생님은 시종 웃는 표정으로 너그러이 경청(?)하시면서 이따금 공감도 해주시고 또 모르는 점을 깨우쳐 주시기도 한 것이다.

이래 선생님과는 그것이 계기가 되어 때로는 사제지간으로 때로는 선후배 관계로 허물없이 지내게 되었는데, 변함없는 선생님의 자세는 한결같은 그 너그러움과 보살핌이었다.

59년부터 경북대에서 시론을 강의하면서 선생님의 시세계에 더 접근할 수 있었지만, 63년 교대로 자리를 옮기면서 아동문학을 연구하게 되자, 선생님의 동시세계에 더 관심을 쏟게 되고 시단에서의 비중 못지않게 아동문학계에 끼친 공로가 얼마나 큰 것인가를 알게 되었다.

68년 5월에 신시 60년을 기념하는 시업의 일환으로 경주 황성공원에 '박목월노래비'를 건립하기 위해 김성도 선생과 뛰어다니면서 또 그것을 기념하기 위해 해마다 개최되던 아동시 백일장 관계로 선생님과 만날 기회가 잦았는데 그때 하신 말씀이 새삼 머리에 남는다.

"내가 죽으면 반월성 입구 언덕에 시비가 세워질 줄 알았는데 이형 동요비가 먼저 서게 되어 좀 어색하군요" 하시면서 "요즘 동시들을 왜 그렇게 어렵게 쓰는지…… 나는 시를 쓸 때에는 괴롭게 쓰지만 동시를 쓸 때에는 언제나 즐거운 마음으로 쓰는데……" 하시고는 노래비에 새겨진 <얼룩송아지>의 창작동기를 말씀하시던 일이다.

과연 그때 선생님의 말씀은 정곡을 찌른 것이었다. 60년대의 신예 동시인들이 오랜 동요의 구각을 깨뜨리기 위해 시를 지향하다가 외려 독자를 잃어버린 난해동시를 남기게 된 부작용을 미리 간파하신 것이다. 그래서 필자도 뒷날 연평에서 '얻은 것은 시요, 잃은 것은 동시다'라고 언급하기도 한 것이다.

116 박목월·순한 눈망울을 스쳐간 인연들의 회상록

71년 9월 계성동창회에서 가칭 '목월시문학상'을 제정하기 위해 기금을 모을 때 선생님은 선뜻 ≪박목월시선집≫의 판권을 내어 놓으셨는데 그때 필자는 그 간행을 위한 시선작업을 맡았다.

네 권의 시집과 뒤에 <사력질>이 된 연작에서 초선하는 작업은 그다지 어려운 일은 아니었지만 걱정이 앞섰다. 혹시 선생님께서 마음에 드시지 않으면 어떻게 하나 하는 생각 때문이었다.

그러나 책이 나온 뒤 선생님께서는 아주 잘 뽑았다고 또 너그러이 감싸주시어 마음이 홀가분했다. 그러나 지금토록 안타깝고 송구스런 일은 내 책임한계는 아니지만 그 고장 후진을 위한 상 제정이 아직도 실현되지 못한 일이다.

76년 상경한 이후에는 서울 정착 등 신상문제에 이르기까지 선생님은 두터운 배려를 해주셨는데, 76년 초『아동문학평론』을 창간하려고 할 때『심상』을 인수해서 해보면 어떻겠느냐고 간곡히 타이르기도 했지만 그 말씀만은 따르지 못했다. 그러나 그 때에도 선생님은 내 뜻을 너그러이 받아들이시고 오직 동석한 전처에게 돈 관리를 잘하라는 운영의 걱정까지 소상히 일러주시었다.

서거하시기 얼마 전에 한대에 출강중인 나는 복도에서 선생님과 마주쳤는데, 그때에도 선생님은 혈압 때문에 고생하시는 표정을 애써 감추시고 쉴 때가 마땅치 않으면 학장실에서 와 있으라고 말씀하시는 것을 잊지 않았다.

선생님의 하관을 지켜보면서 문득 느꼈다. '만남'은 헤어짐을 가져오지만 인자하신 그 미소의 '만남'은 영원히 내 가슴속에 남으리라고

책 출판에 얽힌 연연

신중신(愼重信)

내가 목월 선생과 연을 맺게 된 것은 ≪박목월자선집≫ 간행의 편집 실무를 맡게 된 때부터 비롯된다. 그전에 대학 강의실에서 시 강의를 2년간 배웠기 때문에 사제간의 연분은 가질 수 있었지만 친히 뵙고 가까이 모실 수 있었던 것은 10년이 더 지난, 그러니까 1972년 봄 무렵인가로 기억된다.

내가 재직하던 출판사에서는 그동안 선생의 저서를 몇 권 출판한 적이 있었다. 그러다가 선생의 전 작품 중에서 손수 자선한 에세이와 시를 묶어 10권의 전집을 내게 되었는데, 전집을 갖는 선생께서도 기쁜 일이겠지만 편집 교정을 맡게 된 나도 여간 다행스럽고 보람된 일이 아니었다. 대부분 이미 간행된 단행본을 주축으로 하여 거기에 새 원고를 덧붙여 권별과 단원별로 재구성하는 동안은 거의 매일 원효로 자택에서 같이 뵐 수 있었다.

그때 내가 받은 인상은 선생이 퍽 인자하고 자상한 분이라는 점이었다. 내 신상의 작은 일에도 관심을 가져 주시고 도움이 될 일이면 멀리 하지 않으셨다. 내가 전세방을 구하는 것을 아시고는 자택 인근으로 수소문을 해주셨고, 전세금이 부족할 경우를 염두에 두고 염려해 주시기도 했다. 마침 다른 동네에 쉬 방을 얻게 되어 홀가분했지만, 선생의 그 같은 걱정과 조력은 비단 나에게뿐 아니라 어려움에 빠진 제자나 친지를 방관하지 못하는 선생의 천성 때문이었을 것이다.

그 무렵에 또한 내 첫 시집이 햇빛을 보게 되었는데 이 역시 선생께 힘입은 바 컸었다. 바쁘신 중에서도 시를 읽어 주시고 쾌히 서문을 써 주심은 물론이려니와 작품의 배열에서 장정에 이르기까지 조언을 해주셨다. 출판기념회가 있자 집사람이 그날 입도록 한복 옷감 한 벌을 끊어 주어서 아내의 눈시울을 적시게 했던 일은 우리 내외에게 결코 잊을 수 없는 고마운 정이었다.

이러는 중에 해를 넘기고 이듬해 정월에 ≪박목월자선집≫이 간행되었다. 널리 알려진 사실인지 어떤지는 몰라도 선생의 편집에 대한 식견은 전문 편집인을 무색케 할 정도였다. 레이아웃, 색감의 조화, 장정의 품위 등 어느 하나에도 미치지 않는 곳이 없었다. 젊은 시절에 잡지를 발행 주재하며, 출판에 관여한 적이 있었다고는 하지만, 이순에 접어든 후에도 이처럼 안목을 여실히 갖고 있다는 것은 책에 대해서 항상 관심과 애정을 기울여온 소이가 아닐까 싶다.

그 외에, 선생의 전집을 만들면서 느낀 나의 감명은 선생편을 묶은 것인데, 그동안 시집으로 묶여져 나온 작품에 대해서도 몇 번은 거듭 되풀이 읽으면서 과감한 퇴고를 거듭하는 것이다. 언젠가는 목월시의 연구가에 의해 밝혀지겠지만, 한 편의 시가 발표된 원형에서 시집에 수록되고, 또 전집이나 문고판의 선시집, 혹은 여타 시선집에 재수록되면서 어떻게 형태가 달라졌는가가 드러나게 될 것이고, 그때 우리는 한 예술가의 새로운 면모와 각고를 거듭한 시인의 참모습을 대하게 될 줄로 믿는다.

이러한 퇴고는 비단 시뿐만 아니라 에세이에서도 마찬가지였다. 한 줄의 산문이라도 마음에 걸리면 고치고 지우고 해서 그냥 두어둔 채로 넘어가는 법이 없었다. 문학가의 윤리성, 활자화됨의 책임감을 보고는 깊은 충격을 받지 않을 수 없었다.

이렇게 책 출판으로 목월 선생은 가까이서 모시게 된 이래 이 인연은 줄곧 계속되었다. 내가 재직한 회사에서 문고판을 간행하게 되어 거기에 선생의 수상집『밤에 쓴 인생론』과『구름에 달 가듯이』, 그리고 자선시집 ≪101편의 시≫를 역시 내가 맡아 교정을 보았고, 전기『육영수 여사』를 간행함에도 교정을 도왔다. 뿐만 아니라 마지막 시집이 되고 만 ≪무순≫의 편집, 교정을 도맡아서 낸 것은 내가 편집 일에 종사해온 이래 가장 즐겁고 유익한 일로 남을 것이다.

단지 아쉬움이 하나 남는다면, 선생의 회갑을 맞아 기념논총을 펴내려 했던 책을 발간하지 못한 점이다. 간행위원회에서 원고를 묶어 나에게 넘어와 조판까지 했는데, 선생께서는 문학적 결벽증에선지, 미흡한 게 있어서였든지 그 간행을 사양해서 무산되고 말았던 것이다. 선생을 따르던 제자로서, 한 문단의 후학으로서, 이 일을 성취시키지 못한 데 대한 일단의 책임감이 이제 한없는 회한을 자아낸다.

선생님과의 대화

김준식(金浚埴)

1964년 4월, 원효로의 목월 선생님 정원엔 봄의 햇살이 따사로이 번지고 있었다. 지금의 집으로 이사하기 전 원효로 4가의 목월 선생님댁은 언덕바지에 자리한 일식 목조건물이었다. 집은 낡았으나 정남향한 정원은 꽤 넓었고 목월 선생님이 거처하시던 방에서 넘겨다보이는 정원엔 언제나 환한 햇살로 가득 차 있었다. 그리고 방안엔 목월 선생님의 나직하고 잔잔한 음성이 4월의 햇살보다 더욱 부드럽게 넘쳐흘렀다.

나는 64년 『경향신문』 신춘문예에 입선했다. 조지훈 선생님이 시를 선하셨고 목월 선생님은 시조를 맡으셨다. 나는 신춘문예만으론 미흡해 문학지 추천을 거치기 위해 목월 선생님을 찾아뵈었다. 가친과 친구 되는 곽종원 선생님의 소개로 원효로 댁을 찾았던 것이 4월이었고 나는 대학 4년에 진학한 직후였다.

"김군인가요 신춘문예 심사 때 작품을 읽었고 또 이름도 기억하고 있어요 곽 선생께 얘길 잘 들었어요 이렇게 만나니 반갑습니다."

그윽히 건너다보시며 웃음을 머금고 하신 첫 말씀이었다.

이렇게 뵌 선생님을 67년 추천이 끝날 때까지 3년 넘게 선생님 댁을 방문했다. 이때가 선생님을 가장 가까이 대한 때였으며 가장 많은 얘기를 나눈 때였다. 뵈올 때마다 선생님의 나직하고 부드러운 음성과 미소는 세월이 흘러도 한결 같았다.

문학은 무엇이며, 왜 해야 하며, 어떻게 해야 하는지를 진지하게 들려주셨는데 나는 그때처럼 자상하게 문학얘기를 들어본 적은 지금까지 한 번도 없었다. 그리고 뵈올 때마다 가친과 우리 가족의 안부를 물으셨다. 목월 선생님은 가친을 한 번도 보신 적이 없으시면서도 한 번도 빠짐없이 안부를 물으시던 자상한 분이셨다.

학교를 졸업하고 직장을 가지면서 선생님을 뵈올 기회는 차츰 멀어졌다. 신문사일로, 또 문인들의 모임에서 우연히 뵈올 기회가 있으면 선생님은 "김군, 왜 시를 쓰질 않지? 자네에겐 기대가 컸는데……" 그러면서 서운한 표정을 지으셨다. 그럴 때마다 죄송스러움과 부끄러운 마음은 가눌 수가 없었다. 그리고 그런 감정은 때로 며칠씩 계속되기도 했다. 선생님께 잘못을 저지른 듯한 생각은 지금까지 계속되고 그것을 이제 어떻게 보상할 수 있을는지 더욱 걱정일 뿐이다.

지지난해 10월 강릉에서 있었던 시협 세미나에서 선생님을 뵈었을 때만 해도 건강은 많이 좋아졌었다. "걱정 말게. 이렇게 다닐 정도는 되니……" 그리고는 다시 껄껄 웃으셨다. 그러시던 선생님을 다시는 이 세상에서 뵈올 수 없게 됐다.

선생님의 음성은 영원히 내 귓가에 살아있을 것이다. 그러나 그것은 나 혼자의 생각일 뿐일까. 부드럽고 자상스런 말씀은 선생님을 알고 있는 모든 이들의 가슴에 살아, 영원한 음성으로 들려올 것이다.

목월 선생을 그리며

장세경

나는 시인도 아니요, 시에 대하여는 문외한이나 다름없으므로 시인 박목월을 말할 수는 없다. 다만 같은 직장에서 14년간 모셨고 최근 1년은 직접 보좌하는 직책에 있었던 터이므로 학교에서의 선생의 모습을 적어 선생을 그리는 마음을 달래고자 한다.

선생을 생각하자니 선생은 너무 큰 나무라 그 그늘에서 지내오던 나로서는 선생의 참모습을 더듬기란 어려운 일이요, 선생이 안 계신 빈자리가 너무나 큰 데에 새삼 놀라고 있다.

선생은 한 마디로 청아 고결하게 한 평생을 사신 분이다. 조금도 굽히거나 흐트러지지 않고 남을 미워하거나 해치지 않고 사람과 자연을 사랑하며 예술을 사랑하고 믿음을 가지고 세상을 밝혀준 분이다.

선생은 특히 마음이 넓고 자애가 많았다. 몇 해 전 내가 국문과를 맡고 있을 때의 일이다. 어느 학생이 사고를 일으켜서 처벌을 하게 되어 내 방에서 잘못을 나무라고 있는데 선생이 들어왔다. 그리고는 "이놈 참 좋은 놈인데, 참 좋은 놈입니다."라고 한다. 나로서는 엄하게 꾸짖어야 될 판인데 선생의 말씀이 이러하니 참 딱하게 되었다. 얕은 소견에 선생이 야속하기까지 하였다. 그러나 가만히 생각해 보니 근본이 나쁜 사람은 없을 것이고 사람을 미워할 까닭도 없는 것이다. 선생의 깊은 자애는 나와 그 학생으로 하여금 인간의 진실을, 인간의 사랑을 느끼게 해 주었다. 그 학생은 뒤에 무사히 학교를 마치고 좋은 사람이 되어 있다.

이러한 깊은 자애는 많은 제자들을 이끄는 원동력이 된 것이다. 언제나 어떤 일에나 학생 편을 들고 학생에게 이롭게 되도록 배려하던 선생이다. 법이나 규칙을 어기지 않는 범위에서는 언제나 학생에게 이롭도록 처리해 왔다.

지난 겨울 문리대에는 근 30명의 교수가 전보되어 왔는데 선생이 환영하는 인사를 하였다. 그 때에 참석한 선생들은 모두 선생의 따뜻함과 부드러움에 고향에 돌아온 기분이라고 말했다. 선생에게는 이렇게 어버이나 고향의 품 같은 푸근함과 따사로움이 외모에서, 마음씀에서 풍긴 것이다.

선생은 또 만사에 세심하다. 겨울 퇴근길에 난로를 끄고 나왔는지 다시 들어가 확인을 한 일이 한두 번이 아니었고 대학 행정면에도 빈틈이 없었다. 특히 작품이 아닌 공적으로 발표되거나 새겨질 글은 으레 몇 사람에게 보이고서야 내놓았다. 맞춤법, 띄어쓰기, 표준어는 물론 어휘, 문맥에 대해서까지 몇 번의 검토를 거치며 젊은 사람의 말이라도 수긍하고 수정하는 데 서슴지 않았다.

선생은 남달리 부지런하다. 댁에서도 새벽에 글을 쓴다고 들었지만 아침 일찍 출근하면 퇴근할 때까지 대개는 글을 썼다. 건강이 나빠지면서 글을 덜 쓰시리라고 하였지만 "내가 글을 안 쓰면 무슨 재미로 살아요."라고 한다. 선생은 편찮은 동안에도 원고청탁을 거절한 적은 별로 없었던 것 같다. 젊은 사람도 따라갈 수 없는 정력으로 끝까지 붓을 들다가 가시었다. 선생은 60여 년 동안에 80년이 더 걸릴 많은 일을 한 것이다.

선생은 교육자로서, 학자로서도 매우 모범적이었다. 어쩌다 선생의 강의실을 지나게 되면 열의에 넘친 선생의 음성이 쩌렁쩌렁 울려 나옴을 들을 수 있다. 그만큼 선생은 강의에 열중했고 학생 지도에 희열을 느꼈다. 또 학문의 충실을 위해 전공분야의 서적은 물론이지만 인접 또는 관련되는 분야의 책도 많이 섭렵하였다. 특히 문학은 언어와 밀접한 관계에 있으므로 언어학에 대한 관심이 컸고 언어학 서적을 많이 읽은 것으로 알고 있다. 우리가 하나 아쉬운 것은 다년간 맡아 오던 『시론』이 출간되지 않은 것이다. 동료들이 그 출간을 권유했고 선생도 의향이 있었는데 끝내 빛을 보지 못하고 말았다.

선생은 어찌 보면 천진한 소년과 같았다. 항상 밝은 미소와 재미있는 말씀은 동료 교수들의 마음을 훈훈하게 해주곤 했다. 아침 출근하면 차 한 잔 마시는 것을 낙으로 삼았던 선생. 차를 마시며 그날의 할 일, 개인적인 일에 대하여 이야기하며 하루의 일과를 시작하였었는데, 이제 선생이 안계시니 그런 즐거운 시간을 다시 맛볼 수 없게 되었다. 사무실에 앉아 있노라면 학장실 문이 열리고 "장세경 씨 이리 좀 오소" 하는 선생의 모습이 자꾸 되살아나 더욱 선생이 그리워진다.

삼가 선생의 명복을 빈다.

(한양대 문리대 교학과장, 국어학)

박목월 선생의 눈 미소
- 회상 3제

조영서(曺永瑞)

· 만남의 뜻

시인과의 만남은 작품을 대하는 것과, 또한 자리를 같이 하는 데서 이뤄진다. 시인끼리의 대좌는 서로의 가슴을 털어 놓기가 일쑤다. 처음 미지의 시를 읽는 즐거움도 즐거움이거니와 가슴을 탁 턴 첫 대화의 기쁨은 길이 남는 것.

나는 소위 문단이란 곳에 얼굴을 내민 뒤 손꼽을 정도로 문단인을 만났을 뿐이다. 이는 나의 게으름과 비사교적인 성격에서 연유되지만, 외람하게도 '문단 오염'에 젖기 싫은 게 이유의 하나이다. 무엇 대단한 결벽벽보다 사람을 만나는 피곤함과, 사람을 만난 뒤에 오는 환멸 때문에 사람들을 스스로 기피해왔다. 어쩌면 인간과 작품과의 괴리에서 빚어지는 일종의 배신 같은 것이 나를 슬프게 한 일들이 한두 가지가 아니다.

그러나 목월 선생과의 만남은 그렇지가 않았다. 선생과는 그렇게 많이 만났다고는 할 수 없겠으나 만날 때마다 따사로움은 물론 선생의 눈에서 늘 시를 느껴 왔다. 목소리에서 흘러나오는 훈훈함을.

나는 선생의 시를 먼저 만났다. 중학생 시절의 일. 하학 길에 책방에서 발견한 시집 ≪청록집≫. 선생의 시를 읽으며 잠 못 이루고 가슴 설렌 밤이었다.

누가 말했던가. "북에 소월이 있었거니 남에 목월이가 있을 만하다."고

· 어느 밤의 첫 대좌

목월 선생을 처음 만난 것은 60년대 말 어느 중국음식점에서였다. 몇 사람의 발기로 한국시인협회 재건을 논의한 자리였다고 기억된다. 그날 밤 목월 선생에게 나는 처음 인사를 드렸다. 내가 무엇인가 말을 했을 때 옆 사람에게 "저이가 누구냐?"고 물어보는 선생을 옆눈으로 훔쳐봤다. 그때 마주친 선생의 눈, 선생의 눈은 웃고 있었다. 그날부터 선생은 시협회장직을 줄곧 맡았고, 시인들의 시집출간을 서둘렀다. 나도 선생의 배려로 첫 시집 ≪언어≫를 낼 수가 있었다. 처녀시집을 낸 시인들의 합동출판기념회에서 선생은 시종 웃고 있었다. 웃음에도 뜻이 스며있으리라. 나는 그 환한 웃음에서 어떤 보람을 읽었다.

· 광화문 산책

어느 날 오후. 목월 선생과 함께 광화문 거리를 걸었다. 선생은 이런 저런 이야기 끝에 "우리들 시인을 위하여 할 일이 없을까요?" 하고 물었다. 이를테면 한국시를 위한, 시인을 위한 일. 그런 일이 없을

까 하고 선생은 생각하면서 걷는 것 같았다. 나는 신통한 '아이디어' 라는 것도 없어 그냥 듣고만 있었다.

이렇듯 목월 선생은 시를 아꼈고, 시인을 사랑했고, 시 쓰는 보람을 갖게끔 시인을 뒷바라지했다. 이는 갑자기 생각해낸 것도 아니요, 하루 이틀에 그냥 그칠 생각이 아닌 게 분명했다. 그래서 『심상』을 내게 된 것 같다. 그전에도 『시문학』을 낸 일은 있지만.

그날 선생은 좋은 시를 쓰자고 악수를 나누면서 헤어졌다. 선생의 체온이 묻은 그때 그 손이 이따금 나의 가슴을 뜨겁게 하곤 했다.

· 귀경열차에서의 미소

광주에서 시협 세미나를 마치고 돌아오는 열차에서였다. 목월 선생과 동석한 H시인의 유모어 한 토막.

"목월 선생. 제가 고등학교 국어시간에 선생의 시 <나그네>를 가르칠 때의 일이었지요. 시 낭독을 끝냈을 때 한 학생이 느닷없이 '술 익는 마을마다 타는 저녁놀'에 나오는 마을은 밀주촌입니다.' 하고 말했어요. 폭소가 교실을 뒤흔든 것은 말할 것도 없었지요."

"그 학생은 양조장집 아들이었군 그래."

하고 선생은 한바탕 웃었다. H시인의 악의 없는 농담과 목월 선생의 즐거운 응수. 자리는 출렁인 웃음바다가 되었다. 그리고는 잔잔한 미소. 나는 선생의 웃음에서 새삼 동심을 봤다. 티 없는 마음을 읽었다. 차창 밖으로 웃음을 보내는 목월 선생의 눈, 흐르는 구름을 보는 것이었을까.

어질고 더없이 해맑은 눈. 뜻이 담긴 눈빛. 그 눈에서 비롯된 미소. 미소하는 목월 선생. 나는 웃음의 깊이를 헤아려 본다. 후에 저승에서 만나면 선생은 생전의 따사한 미소를 잃지 않으리라.

마지막 뵌 선생님

이건청(李健清)

    고등학교 2학년 때인 1959년 신창동의 낡은 2층집으로 선생님을 찾아갔다. 문예발표 행사에 선생님을 모시기 위해서였다. 9월말의 달 밝은 밤이었다.

    그날 40대 초반이셨던 선생님을 뵙게 된 것은 나로서는 하나의 사건이 아닐 수 없다. 그때 한 위대한 시인의 체취 같은 것에 접할 수 있었고 나는 시인이 되지 않으면 안 된다는 어떤 사명감 같은 것을 느꼈던 것이다.

    그 후 선생님의 품안을 떠나본 적이 없었다. 선생님을 따라 선생님이 계신 대학에 갔고 선생님 밑에서 오랜 습작기를 거쳤으며 선생님의 추천으로 시단에 나왔고 선생님의 『심상』 창간에 관여하여 오늘까지, 그리고 대학원의 지도교수로까지, 말하자면 선생님은 내 인생의 지표였다. 그리고 선생님의 품안에서 늘 나는 행복하였다. 내가 두 아이의 아버지가 된 지금까지도 "야, 이놈아 네 대가리가, 겨우 이거냐." 『심상』 견본을 제본소에서 가져다 보여드리면 스스럼없이 말씀하시곤 하였다. 어리던 날부터 20여 년간 지켜봐 주신 선생님에게 나는 언제나 소년으로 비쳤고 그렇게 봐 주신 선생님에게서 나는 육친의 정 같은 것을 느끼곤 하였다. 때문에 그렇게 스스럼없는 선생님의 말씀 속에서 자애로움을 느끼곤 했다.

운명하시기 전날인 23일 오후 2시, 한양대학교 문리대학장실에서 뵌 선생님은 매우 진지하신 표정이셨다. 그리고 시인에게 작품밖에 남는 게 뭐가 있겠느냐는 말씀을 하셨다. 영원한 것은 시라고도 하셨다. 그때 선생님은 오랫동안 맡아온 한국시인협회 회장직을 건네기로 작정하신 것이었다. 그리고 "이제 작품으로서의 마지막승부를 걸어야 할 때가 왔다."고도 하셨다. 그렇게 말씀하시는 선생님의 말씀 속에는 결연한 의지 같은 게 서려 있었다.

시인의 천분을 타고난다는 사실은 가장 복 받은 일이 아닐 수 없다. 그런 천분이 작품으로 승화되어 나타날 때 우리는 '위대하다'는 형용사를 감히 붙일 수 있다. 그런 '위대한' 시인이 바로 선생님이셨다. 그럼에도 운명을 불과 20여 시간 앞에 두고도 '마지막승부'에의 집념을 보이셨다.

그날의 선생님은 미력한 제자를 걱정해주시기도 하였다. "『심상』 만들어 내느라고 그동안 욕도 많이 먹었지, 지내놓고 보면 아무것도 아닌 일들을 가지고……" 잡지 만들어내는 과정에서 듣게 되는 밖으로부터의 질책, 그런 것들을 걱정해주시는 것이었다.

자리를 떠나 "다시 들르겠습니다."라고 말씀드리니 "또 와라." 말씀하시며 학장실 밖에까지 나와 주시었다. 그날엔 모처럼 바람도 불지 않는 따스한 봄날이었다.

그리고 이튿날인 24일 오전 9시 30분경. 임종하신 선생님을 마지막으로 뵈었다. 선생님은 이불을 덥고 누워계셨는데 매운 안온하신 표정이셨다. 나는 눈물이 앞을 가려 제대로 선생님을 뵈올 수도 없었는데 "마지막 선생님 모습이니 잘 봐두라."는 사모님 말씀을 듣고서야

오래 오래 선생님을 뵐 수 있었다.

아침 산책에서 돌아오셔서 잠시 잠이 드신 듯 그렇게 평화로운 표정으로 가신 선생님의 마지막 모습과 함께 '목월의 시'는 이제 우리들의 고전이 되었구나, 그런 생각들과 함께 더 큰 슬픔이 몰려왔다.

선생님의 부음을 알리기 위해 신문사의 전화번호를 돌리면서도 선생님의 임종이 실감되지 않았다. 커다란 나무의 그늘 밑에서 자란 풀에게 별안간 나무가 사라져버렸을 때의 허전함 같은 그런 적막감이 이제 우리들에게 남았다.

거목이셨던 선생님의 실체가 이제 또렷이 다가오고 있다. 한국어로 이루어낼 수 있는 가장 뛰어난 음률을 이루어내신 분, 그분은 이제 흙에 묻히고 그의 작품이 남아 그의 가치를 후세에 길이 전하게 될 것이다.

어리던 날의 나에게 시의 환희를 주셨고, 시로 영속하는 방법을 일깨워 나락으로부터 나를 건지게 해주신 선생님, 그분을 스승으로 모실 수 있었던 나는 행복한 사람이 아닐 수 없다.

넥타이 하나

손기섭(孫基燮)

지금으로부터 15,6년 전 내가 외과수련의로 대학병원에 있을 무렵이었다. 하루는 교수 한 분이 박목월 선생님께서 자기와 나를 저녁 식사에 초대했다는 것이었다. 그분을 도와 수술을 한, 며칠 전에 퇴원한, 내 담당 환자가 바로 목월 선생 사모님이었다는 것이었다.

그러나 약속한 그날이 되어도 선생님은 나타나시지도 않았고 그 교수에게서도 아무런 연락도 없었다. 그 당시 나는 신춘문예나 문예지에 열심히 투고를 거듭하고 있던 문학청년 시절이라 선생을 뵙지 못한 것이 그렇게 아쉬울 수가 없었다.

『한국문학』에 시가 당선되고 난 다음에 최원규 씨의 소개로 목월 선생을 처음 뵙게 된 것은 그로부터 12,3년이 지난 뒤였다. 전에 그 안타까웠던 심정을 말씀드렸더니 선생께서는 그런 나보다도 그 일을 더 애석해하시는 것이었다.

시 당선이 될 때까지 누구에게도 시작에 대한 지도를 직접 받아본 일이 없는 나에겐 그 뒤에 선생님의 여러 가지 시작상의 가르침이나 작품 발표의 주선이나 심지어는 문단 교우 등에 대한 조언 등 여러 가지 자상하신 보살핌은 더할 나위 없는 고마움이었고 영광이었다.

남에게 폐 끼치기를 싫어하시는 선생께서는 대전에도 가끔 예고 없이 오셔서 마음에 있는 한 두 사람과만 만나고 가시는 일이 있었다. 나도 그러한 사람들 중의 하나였다. 선생께서는 대전에는 비교적 자주 오시는 편으로 그런 때면 으레 사모님과 동행이셨고 대개 유성에서 묵으셨다. 호화판 호텔보다는 온천호텔 구관을 애용하셨는데 물이 좋고 운치가 있어서 좋으시다는 것이었다.

그러한 어느 날, 선생께서는 나에게 선물 하나를 주셨다. 넥타이었다. 푸른 바탕에 흰 다이아몬드 무늬가 박힌 내가 좋아하는 형이었다. 게다가 그때 막 새로 맞춘 나의 감색 양복에 안성맞춤이었다. 그것을 나는 지금도 아끼고 있으며 멋을 부리고 싶을 때만 한 번씩 매고 나가서 자랑을 한다.

대전에 오실 때면 나와 같이 목욕도 같이 하시는가 하면 이름도 없는 조그마한 퍼모스트집이나 소금구이집 같은 데도 서슴없이 같이 가셔서 함께 즐겨 주셨다. 만나면 언제나 가슴에 안정감을 안겨주시는 꼭 마치 육친과 같은 정을 풍기는 무척 소탈하신 그런 분이었다.

내가 두 번째 대학병원 원장이 되었을 때도 당신 일처럼 기뻐하셨다. 원장으로 취임한지 얼마 안 됐을 무렵이었다. 옥천 다녀오시는 길에 박재삼 씨와 함께 병원에 들르셨다. 그날이 마침 토요일 오후라 합류한 최원규·박용래 씨들과 함께 원장실에서 선생께서 준비해 오신 양주 한 병을 다 비우셨다. 그 후에 임기를 마치기는 했어도 원장직을 물러나 소침해 있던 나를 무척 마음아파 하셨고 좌절하지나 않을까 여러 가지로 타일러 주셨으며 위로해 주셨다. 만약 내가 원한다면 서울에 오도록 주선해주시겠다고 말씀 하셨으나 그런 일에까지 염려를 끼쳐드리고 싶지 않아서 사양하고 말았다. 그런 분이라고는 하나도 없던 나로서는 선생님의 그런 보살피심은 눈물이 나도록 고마운 일이었으며 그 음성은 지금도 귓전에 살아 계시다.

남들보다 많이 늦었으니 빨리 시집을 내라고 몇 번 말씀하셨으나 계실 동안에는 끝내 못 내고 말았다.

무슨 일에든 최선을 다하시는 분이라 어느 분의 전기 저술을 비롯하여 학장직, 시인협회의 일, 『심상』지 발간, 그 밖에도 많은 일들을, 지성으로 몸소 하시다가 기어이 쓰러지시고 만 것이었다.

선생님을 뵌 지는 4년도 채 못 되는 짧은 기간이었지만 마치 정을 들이기로 작정이라도 한 것처럼 나에게 고맙게만 하신 분이었다.

인젠가 한 번은 선생님께 내가 가상 좋아하는 시가 바로 선생님의 <나그네>라고 말씀드렸더니 좀 불만이신 것 같았다. 그러시던 선생님께서 기어이 구름에 달 가듯이 가시고 말았다.

그러나 나에게는 아무래도 실감이 나지 않는다. 지금도 어느 하늘 아래 강나루 건너 밀밭길을 성큼성큼 걸어가시고 있는 것만 같다. 남도 어느 마을 타는 저녁노을 아래 술 익는 주막집에서 기다리고 계실 것만 같은 것이다.

목월 선생께서 돌아가신 지금 나에게 뭔가 하나 빠져나간 것만 같아 견딜 수가 없는 것이다.

●●●

목월 선생님께

유안진(柳岸津)

오늘 용인 선생님 처소를 두 번째로 다녀왔습니다만, 미진한 마음 탓인지 문득 편지를 드리고 싶습니다. 참으로 오랜만에 선생님께 글월을 드리는 것 같아요 아마도 십수 년 전 추천받을 원고와 함께 올릴 때의 편지, 그 후 처음이 되겠지요 앞으로도 제가 사는 일에 바빠 용인으로 찾아뵙지 못할 때는 글월을 드리기로 저 혼자 작정해 버렸어요

선생님 홀로 찬바람 부는 산자락에 모셔두고 저희 모두가 돌아와야 할 때는 눈물이 펑펑 쏟아지더니, 오늘은 두 번째라선지 선생님이 사실 곳은 원효로 아닌 용인인 것이 한결 마음 가벼웠어요 '아무렴 원효로보다야 낫지. 소나무 숲을 거니시며 갈대울음 섞어 시를 읊으시고……' 저 혼자 중얼거려보니 가슴이 젖는 듯 다시 슬퍼집니다.

처음엔 하늘이 무너지듯 암담하고, 고아처럼 버림받은 듯 원망스럽기만 했는데, 다시 생각하니, 선생님은 저희를 버리신 것이 아니라, 저희 마음에 영원히 살아계시기 위해 가셨으며, 저희 또한 선생님을

빼앗긴 것이 아니라 시업을 닦는 일에 스승의 자세를 배우며 혼자 설 수 있어야 하기에 저희 일을 선생님은 미리 염려하셨음도 깨닫게 되었어요. 그래서 선생님은 송홧가루 날리는 윤사월을 즐기시며 청노루 맑은 눈에 어리운 구름을 탐내어 시를 쓰시며 천 년이 지나도록 60을 한두 해 더 넘기신 은발의 아름다운 모습으로 살아계실 것을 신앙처럼 믿습니다.

저희는 이렇게 스스로를 위로하며 3월 24일의 슬픔을 잊고 싶고, 입관을 지켜보던 참담함을 달래며 부활의 기적을 바라며 들어선 원효로댁에서 선생님의 영정만이 "유군 왔나." 맞아주신 그 허무를 애써 지우고 싶습니다. 길을 걷다가도 문득 안타까운 패배감, 마치도, 어릴 때 귀한 과자를 자랑하는데 힘센 아이가 빼앗아 버렸을 때의 거짓말 같은 제 빈손, 그 절망을 안겨주며, 신은 저희에게서 선생님을 빼앗아 갔다고 슬퍼했지만, 지금 생각하니 선생님은 저희가 언제고 찾아가도 뵐 수 있고, 이렇게 글월도 드릴 수 있는 가장 가깝고도 아름다운 선생님의 시의 세계에 사시며, 19문반의 고무신을 신고 구름에 달 가듯이 흰 옷자락 펄럭이며 용인장터에도 다녀오시고, 밀밭길을 걸어 이웃마을에 나들이도 하실 영원한 처소로 이사하신 것뿐임을 믿습니다.

어느 때는 양지바른 산기슭 비탈밭에서 흙 묻은 손을 털고 "유군 왔나"하고 맞아주실 테고, 때론 밭두렁에 앉아 시를 얘기하시고 신작도 보여주시며, 어디서 제 글을 읽었노라고도 하시겠지요. 또 어느 때는 밭일을 멈추시고 맨발로 교회당으로 걸어가시는 뒷모습을 보고, 몰래 따라서 가면 기도하시는 경건한 모습, 그 뒤에서 저도 무릎을 꿇고 싶어지겠지요. 선생님 기도에는 솔바람 갈대소리도 섞여, 들리기는 해도 알아들을 수는 없을 거여요. 그래도 괜찮아요. 선생님은 기도를 짧게 하실 테니까요.

맑은 가을날엔 선생님 댁 툇마루에 앉아 메밀묵을 내오라 하시고, 서울애기도 물으시겠지요. 선생님은 처음 저를 보셨을 때 얘기를 또 하시겠죠. 시작노트를 갖고 한양대학으로 선생님을 찾아가던 길, 왼편 오르막에 유난히도 희고 눈부신 찔레꽃무더기는 제가 얘기할 게요 그러면 선생님은 또 화신 뒤 설렁탕집에서의 얘길 하셔도 전 부끄러워 않겠어요 너무 부끄러워 선생님 앞에 있는 소금그릇을 끌어오지 못해 맨 설렁탕을 먹었던 저의 바보스러움을 제 첫 시집 출판기념모임에서 공개하셨을 땐 무척 원망스러웠다고 이제야 항의할 거예요 맨 설렁탕을 먹는 저를 보시고 "시인이 되겠다."고 생각하셨다니 왜 그렇게 생각하셨는지 알고 싶어요 그리고도 선생님과 함께 있고 싶은 걸 억지로 참고, 사모님의 못 마땅해 하시는 안색을 몇 번 더 살핀 뒤에, 슬그머니 일어서서 서울행 버스를 타러 좁은 길을 걸을 거예요 보랏빛 어리운 선생님댁 뒷산, 바윗돌도 몇 번이고 더 돌아보겠지요 차창 밖으로는 징검다리께까지 배웅 나오신 선생님이 그저 서 계시겠지요

그래서 슬퍼하지 않기로 굳게 마음먹었습니다. 자주 못 뵙는 대신 - 목련꽃 피는 날엔 그 꽃그늘에서 주신 시집을 펴 읽고, 손수 써서 표구까지 해주신 족자도 바라보고, 기러기 우는 가을 저녁답에, 또 눈 오는 겨울날엔 이별가를 부르지요 그러다가 심상사에 들러 우리 몇이 모이면 토요일 오후나 주일날 같은 때 용인의 선생님댁으로, 아니 시인의 영원한 처소로 뵈러 가지요 다음 글월 드릴 땐 서울 저희들 얘기를 쓰겠어요 선생님, 안녕히 - , 안녕히 계시옵소서.

유제자 안진 드림

어짊과 착함

유승우

　누구나 이승의 삶을 끝마치면, 그가 나긴 크고 작은 발자국들은 깨끗한 모래 위에 찍힌 그것처럼 환하게 드러나게 마련이다. 그런데, 사람들이 참말 크다고 생각했던 발자국도 쉽게 지워지는가 하면, 사람들의 눈에는 작게 보였으나 시간을 넘어서 길이 남는 발자국도 있다. 이런 것을 가리켜 위대한 것처럼 보이는 것과, 참말로 위대한 것의 구분이라고 하겠다.

　박목월,

　나는 지금 하느님 앞에 엎드려 빌었다. 이분은 나의 스승이었기에 '팔이 앞으로 굽지, 밖으로 굽겠느냐'는 식의 어리석음을 저지르지 않게 해달라고 빈 것이다. 누가 뭐란 대로 이제 나는 거리낌 없이 말할 수 있다. 참으로 큰 것은 어짊과 착함의 이김뿐이다. 사상이나 힘이나 재주나 돈이나 명예로 이긴 사람들, 나는 크다고 생각하지 않는다. 시인의 생애에 있어서는 더욱 그렇다.

　박목월,

이분은 내가 20년을 스승으로 모신 분이다. 물론 처음엔 이분이 시인이라는 데 끌려 이분의 제자 된 것을 자랑스럽게 생각했다. 그런데 세월이 흐름에 따라 나는 이분의 큰 품안으로 끌려드는 것을 느꼈다. 나도 이제 시인이라는 관사를 붙이고 있다. 그런데도 처음의 자랑스러움이 이제는 더욱 큰 자랑스러움이 되고 말았다. 이것은 그분의 사랑에 끌린 것도 아니요, 명예에 끌린 것도 아니다. 권력이나 돈에 끌린 것은 더욱 아니다. 다만 이분의 어짊과 착함에 끌려 이분의 큰 품안에 있어 온 것이 나에게 가장 큰 기쁨이요, 자랑이 된 것이다.

박목월,

이분은 어짊과 착함만으로 그 생애를 승리로 이끄신 분이다. 공자는 시를 정의하기를 '생각의 사악함이 없음'이라고 했다. 이분은 내가 20년을 가까이서 모시고 보아왔지만, 그 생각이나 행동이나 생활에 '어짊과 착함'밖에는 아무것도 없었다는 것을 거리낌 없이 말할 수 있다. 이 말은 곧 한 평생을 시밖에 다른 것을 이분에게서 찾을 수 없다는 얘기가 된다. 이분은 하느님께서 허락하신 모든 생명을 시에만 바치신 분이다. 시는 가장 깨끗하고, 순결한 것이니, 어짊과 착함, 곧 '사무사(思無邪)'의 일생을 보내신 분이다. 나는 사랑이나, 힘이나, 돈이나, 명예로 승리한 사람을 위대하다고 생각하지 않는다. 다만 '어짊과 착함'만으로 이긴 생애를 가장 위대하다고 생각한다. 그래서 가장 위대한 분이 나의 스승이었고 그 분의 품안에서 20년을 자랐다는 것이 자랑스러울 뿐이다.

스승님이 한대병원에 입원하고 계실 때였다.

"유군, 내 시에는 신들린 것 같은 접신의 경지가 없지. 나는 그런 것은 못한단 말야."

이런 말씀을 나에게 하시었다. 이 말씀을 듣고 나는 얼마나 기뻤는지 모른다.

"선생님, 선생님께서 주신 빛, 곧 목숨이 신인데, 온 목숨을 다 바처 시를 쓸 때 그것이 접신의 경지이지 접신의 경지가 따로 있겠습니까, 접신의 경지가 따로 있다고 생각하면 그것은 가짜입니다. 제 목숨에다 남의 옷 입히는 것이 되지요. 저는 선생님의 시관이나 시를 쓰시는 태도가 가장 접신의 경지인 것 같습니다."

이런 내용의 말씀을 드렸더니

"그럴 것도 같군."

하시더니, 어질고 착한 웃음을 웃으시며, 왕십리 쪽의 밤 불빛을 내다보시었다.

박목월

이 세 글자는 시만을 위한 것이었고, 그의 목숨과 빛을 시에만 바쳤기 때문에, 그의 생애는 '어짊과 착함' 곧 '생각에 사됨이 없음'으로 끝마치신 것이다. 그러기에 그분의 손으로 마지막 만드신 시집 《무순》에서는 "다시 생애를 허락받는 다면 가르치는 일도 잊고, 시만을 쓸 수 있는 생애를 바란다."는 내용의 말씀을 하시었던 것이다.

생활 속에 일화로 남기신 '어짊과 착함'이야 이루 다 말할 수 없지만, 시에 바치신 십자가로 인해, 영원히 지워지지 않을 큰 발자국을 남기셨다. 그분의 생활이 '어짊과 착함'이었기에, 그분의 시는 '사무사'의 경지였으며, 삶과 시가 한 자리에서 빛으로 만나, 거짓됨이 용납되지 않았다는 것을, 나는 확신할 수 있다. 이것이 바로 접신의 경지가 아니겠는가. 마지막으로 하나님 말씀을 바침으로써, 스승님의 하늘나라 가심을 축복하오며, 저의 슬픔을 거둡니다.

"태초에 말씀이 계셨으니, 말씀이 하느님과 함께 계시니, 말씀이 곧 하느님이라."

마포로 가는 전차가 내다보이는

함동선(咸東鮮)

　　내가 목월 선생을 처음 뵌 것은, 9·28 수복 후의 어느 여름날, 서대문 네거리에서 마포로 가는 전차를 내다볼 수 있는, 2층 다방에서였다. 지금도 그 근처를 지나가노라면 바로 저 건물이었는데 하면서도, 그때 그 다방 이름은 생각이 나질 않는다. 다만 어둡고, 침침하고, 그리고 조그만 다방이었다는 인상만이 또렷할 뿐이다. 헌데 어째서 서대문 그 다방에서 만나게 되었는가. 그동안 몇 번의 연락이 오고 갔지만, 그때마다 번번이 짜우가 맞질 않아 허탕을 치다가, 그날 목월 선생이 자주 출입하시던 출판사를 다녀오시는 길에 뵙게 된 것이다.

　　그제나 오늘이나 숫기가 없던 나는, "뵙게 돼서 기쁩니다."라는 인사말을 하고도 꽤 오랫동안 고개를 떨군 채 손을 비비고 있었다. 그리고 있는 내 손을 덥석 잡으신다. 따스한 손이었다. 온기가 전해올 때쯤 해서, 여러 번 연락을 받고서도 이렇게 늦게 만나게 된 것, 미안하다고 하시면서, 잡지 『중학생』에 투고했던 시 <하늘>을 칭찬하신다. 구수하고도 구성진 경상도 사투리, 그 사투리에 들린 듯이 고개를 들었다. 훤칠한 키에 반팔의 흰 남방을 바쳐 입은 깡마른 체구가 더 키를 크게 느끼게 했다. 그리고 눈에는 총기가 있었다. 그랬었구나. 시에서 번득이던 재주가, 바로 저 눈빛이었구나. 그랬었구나. 구수하면서도 구성진 경상도 사투리가 바로 저 미소 속에 담긴 성품이었구나. 이런 첫인상이 25년이 지난 오늘에도 잊히질 않는다.

이같이 목월 선생을 뵙기는 그때가 처음 일이었으나, 친분을 맺기는 그보다 훨씬 전의 일이다. 6·25전 내가 고향 연안(延安)에서 중학교 5하년에 재학하던 시절이라 생각된다. 그때 습작기를 벗어나지 못한 홍안의 문학소년이었으면서도, 제 딴에는 시인이나 된 것처럼, 동인지를 펴내고, 펴낸 동인지를 옆구리에 끼고, 밤새 연안거리를 쏘다니던 때였으니 말이다. 이러던 어느 날, 『중학생』이라는 문학 교양지가 서울에서 나오게 되었다. 이 『중학생』 잡지가 내 문학의 길잡이가 되어, 목월 선생과의 만남을 주선해 주었다. 그때 선생은 그 『중학생』 잡지의 '독자투고란'에 시선(詩選)을 하셨고, 나는 그 독자투고란에 시를 투고하게 되었던 것이다.

그로부터 몇 년이 지났을까, 내가 제주대학 국어국문학과 교수로 부임했을 때, 선생은 한 걸음 먼저 제주에 오셔서, 얼마동안을 지내셨다는 것이다. 아는 이 없는, 자나 깨나 파도 소리만이 들려오는, 섬의 객사에서, 선생의 소식을 듣고 꽤나 위안이 되었던 모양이다. 수소문해서 선생이 사시던 바닷가의 납작한 초가집을 찾기까지 하였으니…… 그리고 선생과 한 직장에서 노소동락하며 만난 것은, 내가 64년도 서라벌예술대학 문예창작학과로 자리를 옮기면서다. 그로부터 일주일에 하루 아니면 이틀거리로 만났던 것이다. 그럴 적마다 함형, 하고 인사 대신 불러놓고, 그 커다란 손으로 따스한 온기를 전해주시는 악수가 계속 되었다.

그런 악수가 끊어진 것은 아마 75년 2월이 아니었나 싶다. 예년과 같이 선생이 원하시던 요일과 원하시던 시간에 시간표를 짜고 연락을 드렸더니, 뜻 밖에도 건강이 좋지 않아서 그러니, 시간을 **빼달**라는 것이 아닌가? 처음에는 이미 시간표가 다 짜여 있어 그럴 수 없다고 하다가, 사정이 그러시다면 이번 학기만이라도 채워주십사 하고 떼를 썼다.

그리고도 마음이 놓이질 않아서 그 걸음으로 원효로 댁으로 찾아뵈었다. 누워계시었는지 이부자리를 한 편으로 밀어붙이고 맞아주신다. 부석 부석한 얼굴을 대하니 괜히 섬찟해진다. 그렇게 격조했던 것도 아닌데, 겨우 겨울 방학 동안 소식이 끊겼었는데, 그 사이 선생한테는 많은 변화가 있었구나, 하니 세상이 허무해만진다. "함형, 그 애들한텐 나도 정이 더 갑니다. 근 20년이 아닙니까?" 근 20년을 문학의 명문 문예창작학과에서 후학을 기른 보람과 기대가 어느 때보다도 더 컸다는 것이다. 그러시면서 내친 김에 몸을 추슬러야겠으니, 함형이 양보를 해주어야 않겠느냐는 것이다. "이번 학기만이라도 그 애들을 떠맡기려 왔습니다만, 제가 양보하겠습니다. 허나 그 애들과 정을 영 끊으셔서는 안 됩니다. 그 애들한테는 동리 선생의 정이 한결같으시고, 미당 선생의 정이 한결같으시고, 그리고 목월 선생의 정이 한결같지 않습니까?" 하고 나는 자리에서 일어났다. 베갯머리에는 마지막 교정지이었는지, 고친 글이 별로 없는 교정지 여러 묶음이 있었다. 후에 알게 됐지만, 그것이 육영수 여사의 전기 교정지가 아니었나 생각된다. 선생은 고혈압으로 자리에 누우시고서도 그 전기의 교정을 손수 보신 거다.

선생이 우리 대학의 연례행사인 '문학의 향연' 초청 강연에서 하신 말씀이 기억난다. "젊었을 때 겪은 물질적 생활에 불안감을 가지고, 생활을 위해 한때나마 문학을 소홀히 한 것이 후회스럽다. 그러나 지금부터라도 시만을 위해 보다 더 좋은 시를 쓰기 위해 노력하겠다." 이 말은 "내가 만약 다시 태어난다면 결코 시와 교직 두 가지는 겸하지 않겠다"는 격언 그것이었다.

목월 선생은 정녕 '구름에 달 가듯이' 떠나갔다. 그러나 선생이 남긴 향토적 정서로 빚어낸 민요풍의 서정시는 이제 한국근대시사의 완숙을 기하는 초석이 되었다. 선생은 살아서 몇 차렌가 시의 경향을 달리했지만, 그 시의 진가는 선생의 초기 시에 있다. 나는 그것을 선생과의 처음 만남에서 본 선생의 눈의 총기에서 읽을 수 있었다. 그래서 나는 선생의 초기 시를 좋아한다.

햇고추장을 주시며

김영준(金榮俊)

박목월 선생의 부음을 신문지상을 통해 듣고 한동안 나는 멍멍해지는 정신을 가눌 길 없었다. 너무도 충격적인 사실이라 반신반의를 하면서 신문기사를 읽고 또 읽었다. 그렇게도 정정하시던 분이 갑자기 유명을 달리하시다니? 선생의 근엄하면서도 다정다감한 음성이 자꾸만 귓전을 울리는 것 같아 나는 동료 K씨와 함께 나도 모르게 술잔을 기울이는 외로움을 짓씹어야 했다.

돌이켜보면 선생과 나 사이에는 너무도 긴 사제의 정이 엉켜 있다. 선생을 알게 된지 어언 20년. 짧다면 짧고 길다면 너무도 긴 세월이 아니었는가? 선생을 처음 뵌 때가 1959년 5월인가 싶다. 서라벌예대 복도에서 나는 선생을 뵙게 되었고 인사를 드렸더니 반갑게 맞아주시며 이것저것 물으시고는 객지에서 고생이 많겠다고 하시며 시간 있는 대로 댁으로 한 번 놀러오라고 하셨다. 지방에서 신문이나 잡지, 또는 시집을 통해 어렴풋이나마 알고 상상했던 선생에 대한 내 나름대로의 생각이 현실로 이루어졌다는 그 기쁨을 형용할 길 없었다. 더욱 열심히 시를 써서 언젠가 꼭 선생댁을 방문하리라 마음속으로 다지고 있었다.

당시 같은 과에 있었던 백인빈 형과는 아주 단짝이었는데 우리는 자리에 앉기만 하면 백형은 소설을 하다 보니 김동리 선생 이야기를 즐겨 하였고, 나는 박목월 선생에 대한 이야기로 시간가는 줄을 몰랐다. 누가 빨리 추천을 받아 문단에 등단하느냐가 그때 우리들 화제의 중심이었던 것 같다.

그러던 어느 날 나는 선생댁을 방문하기로 결심하고 그동안 습작한 작품 중 몇 편을 골라가지고 원효로 산중턱에 위치한 댁을 찾게 되었다. 그날 나는 두근거리는 가슴을 안은 채 시에 대한 많은 말씀을 들었고, 가지고 간 습작품에 대해서도 자세한 평을 들었다. 선생은 한 행 한 행을 직접 읽으시면서 잘못 된 곳을 지적해 주시었고, 또 어떤 행에 대해서는 구체적인 예까지 들어가며 칭찬의 말씀도 아끼지 않으셨다. 나는 선생의 말씀을 들으면서 마음속으로 더욱 시에 대한 공부를 해야겠다고 다짐하고 있었다.

그런 후 나는 한 달에 한 번 정도 선생댁을 방문했고, 좀 더 좋은 시를 쓰리라는 각오로 문학서적을 닥치는 대로 읽었고 시작에도 더욱 몰두하게 되었다.

1960년 4월경인가 싶다. 그날도 습작 여러 편을 가지고 선생을 뵈었다. 마침 옆에는 사모님께서도 계셨다. 나는 불쑥 이런 말씀을 드렸다. 외국인들은 시와 소설을 병행하는 분들이 많은데 선생께서도 소설을 쓰시고 싶지 않으신가 하고 여쭈었더니, 사실은 꼭 소설을 쓰고 싶기는 한데 생활에 쫓기다보니 그럴 시간의 여유가 없다고 하시었다. 10여 년이 지난 뒤에도 어느 좌석에서 소설을 쓰고 싶다는 말씀을 하시던 것을 나는 기억한다.

한 번은 무척 오래도록 문학에 관한 말씀을 듣고 돌아가려고 일어서는데 무언가 양은그릇에 담은 것을 종이에 싸서는 가져가라고 주시는 것이었다. 나는 선뜻 받기를 주저하며 무엇이냐고 선생께 여쭈었더니, 김군 고추장이야. 며칠 전에 햇고추장을 담았는데 맛이 어떨지 먹어보라는 것이었다. 당시 자취를 하던 나로서는 참으로 고맙고 송구스러워 어쩔 줄을 몰라 했다. 이렇듯 자상하게 마음을 써 주시던 그때 그 선생의 모습을 영영 잊을 수 없었다.

1975년 8월에 처녀시집을 내기 위해 졸고를 정리하여 선생을 뵙게 되었다. 이건청 형과 함께 하였는데 김군의 첫 시집이니 멋지게 내어야 되지 않겠느냐면서 서가에 꽂혀 있는 많은 시집들을 내어놓고 장정, 제본, 활자의 호수까지도 일일이 조언을 아끼지 않던 그 세심함에 나는 무엇이라고 감사의 말씀을 드려야 할지 모를 지경이었다. 아마 내가 알기로는 벌써부터 고혈압에 시달리고 계셨는지 음식물에까지도 퍽 신경을 쓰고 계신 것을 그날 비로소 알게 되었다.

그 이듬해인 1976년 1월에 회갑연이 있다는 연락을 받고 상경하였더니 고혈압이 악화되어 백병원에 입원하고 계신다기에 오세영 형과 함께 병원으로 찾아 뵌 것이 선생을 마지막 뵙게 될 줄이야 어이 꿈엔들 알았으랴.

지금 생각하니 좀 더 자주 찾아뵙고 더 좋은 말씀을 많이 들었을 것을 하는 후회가 가슴을 미어지게 할 뿐이다. 우리나라 시문학사상 가장 찬란한 꽃을 피워주신 선생께서 수없이 많은 할 일을 뒤로 미루어 주시고 홀연히 떠나신 선생을 생각하면, 한편으로 원망스러운 마음마저 들 뿐이다.

끝으로, 선생님의 영전에 명복을 빕니다. 부디 편안히 잠드소서.

1978년 4월 13일 부산에서

시인이라는 이름이

강우식(姜禹植)

이 땅의 시인들 중에서 '시인'이라는 이름이 가장 잘 어울리는 분을 한 사람 들라면 나는 단연 목월 선생을 꼽고 싶다. 목월 선생은 항상 소탈하신 그의 인품으로 보나 작품으로나 시인이라는 이름에 조금도 손색이 없는 분이시다.

나는 목월 선생을 작고하시기 전에 그중 가까이서 마지막으로 만났던 사람의 하나이다. 작고하시기 일주일 전 나는 회사의 일로 선생께서 근무하시던 한양대학교 문리대 학장실로 찾아 갔다.

선생께서는 몇 년 전부터 건강이 좋지 않으셨다. 하지만 그날 뵈었을 때에는 생각보다도 무척 건강해 보였다. 그래서 내가 근무하는 회사에서 만드는 아동물에 대한 집필을 의뢰했다. 선생께서는 그 바쁘신 중에서도 쾌히 승낙을 해주셨다. 그러면서 나에 대한 걱정도 해주셨다. 출판사라는 곳이 안정된 직장이 아니어서 이곳저곳 떠돌아다니니까 걱정이 된다는 것이었다. 무엇보다도 생활이 안정되어야 좋은 작품을 쓸 수 있을 텐데 하는 걱정이었다.

목월 선생은 늘 이렇게 인자하신 분이셨다. 시단으로 보나 인생 경륜으로나 까마득한 후배인 나에게 한 번도 대가연하거나 하지 않고 자상히 걱정해 주시고 보살펴 주시는 분이었다. 또 일생을 시에 대한 열정으로 선생만큼 불태우신 분이 없으신 줄로 나는 알고 있다.

내가 현암사에 근무할 때이다. 선생께서 『문장의 기술』이란 책을 펴내게 되었는데 내가 그 진행 책임을 맡게 되었다. 책 출간관계로 가끔 선생을 다방 같은 데서 뵈면 그 바쁘신 중에도 나와 앉아서 한 시간씩이나 시에 대한 이야기를 한 적도 있었다.

내가 마지막으로 선생을 뵌 날도 금번 처음으로 실시되는 『심상』 작품상 문제로 심려하고 계셨다. 이번 새로 만드는 작품상만큼은 어떤 일이 있어도 대한민국에서 가장 공정하고 상다운 상을 만들고 싶다는 것이었다. 그 상의 공정성을 위하여 대가급의 매달 실리는 시를 잘 안 읽는 분들보다 젊고 시를 열심히 읽는 사람들로 심사위원을 하고 싶다는 자상함까지 보이였다.

그런 선생께서 갑자기 떠나셨다. 지금 이 글을 쓰는 순간도 믿기지 않는다. 이럴 줄 알았다면 생전에 선생님 살아계실 때 내가 잘못한 일을 사죄나 할 것을 하는 생각이 든다.

내가 동서문화사에 있을 때의 일이다. '딱따구리'라는 아동용 문고를 내게 되었다. 그때 그 책의 선전용 팜플렛으로 선생님의 유년시절에 대한 글을 받은 적이 있다. 그런데 이 글이 신문 전면의 광고용으로 선생의 사진과 함께 실린 것이다. 고료를 많이 드린 것도 아니었다. 그런데 본래의 청탁과는 다르게 사용되었다. 이것으로 해서 얼마나 돈을 받고 그런 글을 써주었느냐는 둥 하는 사람들도 있었다. 내 마음과는 다르게 선생의 이름에 누를 끼친 것이 되고 말았다. 그러면서도 나는 정식으로 이 일로 하여 사과하러 댁에 한 번도 들르지 못하였다. 정말 이렇게 떠나시고 보니 미안하고 지울 수 없는 일이 되고 말았다.

언제나 후배의 허물을 따뜻이 덮어주시고 인정 많으시던 목월 선생님. 이제 그 따뜻하고 온화한 음성과 인자한 마음씨를 다시는 느낄 수 없게 되고 말았다. 이 세상에서도 시인이었듯이 저 세상에 가서도 시인이실 선생님의 명복을 빌 뿐이다.

생의 핵심을 살다 가신 목월 선생님

추명희(秋明姬)

나는 그분이 노래를 부르시는 것을 들은 적이 없습니다. 딱 한 번 어느 망년회 때 청에 못 이기셔 부르신 <송아지>를 기억하는데, 그 것은 노래가 아니라 낭독이었습니다. 또한 난과 같은 화초를 따로 사 랑하시거나 낚시와 같은 취미 생활을 따로 즐기시지도 않으셨고 어떤 이들과 같이 수집에 집착하지도 않으셨습니다. 이런 것들에 매달리지 않고 오직 시인만으로 사는 용기를 가지셨습니다. 대부분의 사람들은 마음의 허허로움을 메우려거나 자기 일의 심화를 위하여 취미생활과 같은 사유욕을 즐기기도 합니다. 선생님은 이런 사유욕을 완전히 거 절하셨습니다. 세상의 어느 누구보다도 천분의 시인이셨던 그분은 세 상의 허다한 꽃, 풀 중에서 세상의 아름다움 중에서 가려가며 사랑하 고 가려가며 가지는 일이 오히려 세상 것들을 사랑하지 않는 것이라 여겼다고 말씀해 주셨습니다.

시 오직 그 자체에만 몰두하시여 세상의 잡다한 취미와 상관하지 않으시며 인생의 핵심을 살다 가신 목월 선생님. 그분 시의 많은 변모도 시에만 몰두하신 작업의 결과라 생각됩니다. 나는 그분이 새벽까지 글을 쓰시다 잠드시는 침대가에 빛깔과 베일을 전혀 고려하지 않은, 마구 던져지듯 꽂힌, 몇 종류의 꽃의 몰취미를 숙연한 심정으로 떠올립니다. 시 속에서 고독을 향유하시며 오직 시 속에서 삶을 파악하셨던 선생님. 당신의 동요 <송아지>도 음정에 맞지 않을 만큼 시에만 그 자신을 용해하셨던 선생님의 엄숙함을 기억합니다. 때로는 너무나 서정적인 당신의 문장을 정신에 스미지 못하는 살갗을 스치는 글이라 생각도 했었던 것은 사실이나 그것은 당신이 어쩔 수 없는 천분의 시인이셨기 때문이지요.

봄은 우리를 목마르게 합니다.
자연의 숨 가쁜 변화에 비해 아, 우리는 여기 맨손으로 서 있을 때, 봄의 따뜻한 햇살 속에서 잃어버린 사람의 두터운 손길을 생각할 때 우리는 세월의 흐름 속에 담긴 한계를 절감하며 목말라합니다.
꽃가루 꽃가루
아아 목 말러라, 목 말러
숨 막히는 갈증을 느끼게 해주는 선생님의 시, 선생님은 정신적으로 감정적으로 모두가 목말라 하는 봄날, 이 안타까움을 뒤로 하고 가셨습니다.

뜨거운 애정을 가지셨던 선생님. 그 후박한 마음으로 누구도 의심하실 줄 모르시고 상대의 전인격을 받아들이셨던 선생님. 어느 자리에서나 당신께 드리는 어떤 청도 거절하실 줄 몰라 때로는 용렬한 이들의 말 소재가 되기도 했으나 그것은 그분 천성의 너그러움 때문이었습니다. 어떤 처지의 사람이거나, 진실만을 보여주시던 선생님. 그 두텁고 따스한, 유난히 손등이 두터운 손을 주시고 혀를 잠깐 내밀으시며 웃어주시던 그 천성의 천진함은 그분이 계셨던 곳이면 어디나 넓고 투명하게 만드셨습니다.

그러나 선생님은 진정으로 아끼는 제자에게는 눈물나오게 엄격하셨습니다. 제자의 보람을 위해서 매운 채찍을 주셨고 오래 지켜봐 주셨습니다.

새롭고 다채로운 시적 변모를 위해서 그것을 위한 삶을 위해서 사시던 선생님. 어제의 바람과 오늘의 바람은 다르다고 말씀하시는 선생님. 강의실에서, 길을 가실 때에도 선생님은 소홀히 지나치시는 일이 없으셨습니다. 칠판을 손바닥으로 문지르시며 '감각'이란 낱말을 말씀하실 때 손바닥이며 양복저고리에 온통으로 묻어 있던 하얀 분필가루 그 성의로운 강의.

"야 곱다."

아름다움을 말씀하실 때 쓰시던 사투리의 묘하게 부드러운 여운, 영원한 소년이셨던 선생님을 그리워합니다.

시만을 위해, 진정으로 인생의 핵심을 살다 가신 목월 선생님, 당신이 남긴 시사의 봉우리는 값진 우리의 보물입니다.

●●●

산아방(山雅房)

김요섭(金耀燮)

매주 한 번 정도는 목월 선생의 자택으로 찾아갔다. 해방 후 목월 선생이 잠시 몸을 담고 있던 대구 계성고등학교 사택이기도 한 그 집 뜰에는 커다란 목화나무가 서 있었다.

일본 다다미가 깔려 있는 응접실, 벽에는 연필글씨로 몇 줄 안 된 시가 적힌 하얀 원고지 한 장이 붙어 있었다. 목월 선생은 시고를 벽에다 붙여놓고는 시를 깎고 깎고 또 깎아가면서 다듬어 갔다.

세상은 한없이 어수선하고 급한 물결이 흘러가던 때다. 정전이 잦은 때라 어둑한 호롱불 밑에서 세상 이야기 시 이야기를 조용 조용히 이야기를 하셨다. 이때 내가 이용악의 시에 대해서 한 번 이야기를 꺼낸 적이 있는데 용악은 너무 말이 많다고 했다.

1948년의 8월인 것 같다. 목월 선생은 해방 후의 자기 자세를 스스로 표현하기를 하나의 돌이 되고자 한다면서 조금도 흔들리지 않는 <석상>을 하나의 이미지로 내세웠다.

그 뒤 한 번은 스스로를 가리켜 아직 떠나지 않은 나루터에서 조금씩 흔들리고 있는 나룻배라고도 했다. 이 이야기는 해방 후의 혼란한 세상을 배경으로 한 이야기다.

그때 대전에 살고 있던 박용래 형도 이따금 목월 선생을 찾아왔다. 내가 처음 박형을 만나게 된 것도 목월 선생의 응접실 호롱불 빛이 비치는 토요일 밤인 것 같다. 1949년 여름방학 때 목월 선생은 서울에 갔다 오더니 대구를 떠나게 되었다고 말했다. 이화여고로 일터를 옮기게 되었다는 것이다.

그때 나는 낯선 대구에서 목월 선생뿐만 아니라 사모님은 물론 선생님댁의 가족들과도 친숙하게 되었다. 목월 선생 일가와의 헤어짐은 마치 가까운 일가와 떨어지는 듯한 쓸쓸함을 씹어야 했다. 목월 선생인들 어찌 내가 쓰린 마음인 것을 모르랴 "요섭 씨 서울 갑시데이 나와 같이." 나는 아무 말도 못했다. 그가 한 말이 그냥 지나가는 말로 한 것이 아니고 진정으로 한 말이기 때문이다.

나는 석별의 정을 나눌 길이 없어 대구역까지 우마차에 실은 이삿짐 뒤를 목월 선생과 같이 따라 나갔다. 이듬해 3월 목월 선생께서 서울로 올라오라는 연락이 왔다. 내가 기다리지도 않던 뜻 밖의 희소식이었다. 서울에서의 목월 선생은 지난날 그의 응접실에서 조용히 스스로를 이야기하던 <석상>도 아니고 '그 나루터에서 조금씩 흔들리고 있는 나룻배'도 아니었다.

목월 선생은 이화여고에만 나가고 있는 것이 아니라, 음악대학 강의로 문총의 사무국장으로 또 '산아방'이란 출판사를 광화문 지금의 국제극장 자리에 있던 빌딩 속에 차려놓고 폭발적으로 일을 하고 있었다. 이때 누가 분주하게 움직이는 목월 선생을 가리켜 발에서 요령소리 나도록 뛰어다닌다고 했다. '산아방'에서는 『여학생』, 『중학생』, 그리고 『시문학』이란 잡지를 내고 있었다. 『시문학』의 편집방법이 독특했다. 편집위원이 형식적으로 있는 것이 아니다. 1호는 목월 선생, 2호는 조지훈 선생, 3호는 이한직 선생 편집으로 표지에서 집필자 결정에 이르기까지 자기 취향대로 자유스레 편집을 했다. 3호는 모더니즘 특집이었다. 불행히도 6·25의 불을 맞아 3호는 제본까지 되고 세상의 빛을 못보고 말았다.

5월 어느 날, 김기림 선생 곁에 가서 다정한 여학생처럼 가지런히 앉은 목월 선생은 시 이야기만 했다. 의외에도 목월 선생의 이야기는 모더니즘을 긍정하는 내용이었다. 김기림 선생은 주의 깊게 듣고 있다가는 "참 어렵지요!" 하는 말을 몇 번씩 되뇌던 것이 기억난다.

이 만남이 있은 후 김기림 선생은 박목월 선생을 '시에서 읽은 대로의 사슴 같은 시인, 시인다운 시인'이란 말을 내 친구한테 한 것을 듣게 되었다.

'산아방'의 경영이 어려워지자 목월 선생은 울적해졌다. 사무적인 일 이외에는 별로 이야기할 기회가 없던 목월 선생이 하루는 내가 쓴 시를 보자고 하시면서 충무로에 나가 차까지 사주었다. 참 오래간만에 대구 호롱불 밑에서의 분위기와 같은 이야기를 하게 되었다.

다음 일요일에는 집에 와 달라고 했다. 베를 떠왔는데 와이셔츠를 맞춰주겠다는 것이다. 그 다음 일요일이 6·25가 터진 날이 되고 말았다.

십여 년 전의 일이다. 하루는 다짜고짜로 명동으로 가자는 것이다. 따라갔더니 명동성당 앞 맞춤와이셔츠점에 들어섰다. 그러나 목월 선생이 눈여겨본 와이셔츠는 나가고 없었다. 자기가 본 감으로 한 벌, 내 마음에 드는 감으로 한 벌, 두 벌을 맞추라고 하면서 맞춤권을 내 호주머니에 넣어주었다. 나는 이때 6·25 며칠 전 그의 이야기를 다시 생각하지 않을 수가 없었다. 내가 시협 사무국장을 내놓을 때는 반지를 내 손에 끼어주기도 하고—.

목월 선생과 마지막으로 만난 것은 올해 정월 서울신문사 신춘문예 시상식에서였다. 수상자들은 저만치 하고 둘이서만 이야기를 하고 싶어 했다. 이때 목월 선생은 『심상』에 어린이를 위한 시의 월평을 꼭

쓰도록 신신당부하고 자기 시의 비밀 같은 것을 이야기하고는 헤어졌
다. 3월 어느 날, 학교에서 시 강의를 하다가 느닷없이 목월 선생을
기리며 내가 쓴 시 <모과>를 낭독했다. 며칠 뒤 목월 선생의 죽음
을 만나게 되었다. 모과, 모과.

계성중학을 다니며

권국명(權菊命)

　목월 스승님에 대해서 한마디로 무엇을 말한다는 것은 대단히 어려운 일이다. 그 분은 그만큼 크고 깊고 넓으신 분이었다. 내가 유년시절 선생님의 그 꿈과 같은 동요를 읽었을 때부터, 그리고 계성중학에 다니면서 선생님의 ≪산도화≫를 읽고 외로운 날 혼자 내 마음속에 그리던 선생님의 모습은 한없이 깨끗하고 깊고 넓으신 그런 분이었다. 선생님에 대한 이러한 나의 생각은 차츰 어떤 선험적인 힘으로 나를 지배하였고, 또 내가 나중에 선생님을 직접 만나게 되었을 때 나의 그러한 생각이 조금도 틀림이 없다는 것을 알게 되었다.

　나는 내가 목월 선생님을 처음 뵌 날의 기억을 잊을 수가 없다. 1964년 여름이었던가. 내가 현대문학지에 선생님의 추천을 완료하고 두서너 번 선생님에게 회의와 자기모멸의 치기가 가득한 편지를 올리고, 그러면서 점점 더 가혹한 고독감과 결벽증의 늪으로 빠져들어 가면서 고독과 결벽이 내 시를 위해서 가장 순수한 정신의 행로인 것처럼 생각할 수밖에 없던 암담하던 시절이었다. 그해 가을에 한국문인협회 주관으로 무슨 문학강연회 같은 것이 대구에서 열렸는데 선생님께서 내려오셔서 문학은 '깊은 삶을 사는 일'이라는 뜻의 강연을 하신 그날 저녁 중앙통의 어느 허름한 여관에서 선생님을 처음 뵙게 되었다.

선생님을 뵌 그날 저녁이 나에게는 어떤 충격과도 같은 경험이었고 그 느낌은 무엇이라고 할까, 해맑은 이슬을 가득 머금은 것 같은 말할 수 없이 깨끗하고 순수한 그런 무엇이었다. 선생님의 음성과 온몸에서 번져 나오는 분위기는 시인이 가져야 할 그런 정결함과 아득한 깊이가 있었고, 특히 나에게는 중학의 후배로서 또 그분이 사랑하던 고향 가까이 사는 사람이라는 그런 다정함으로 나를 감싸주었다.

그때처럼 무슨 열병과도 같이 세계와 생에 대한 방황과 자신의 시에 대한 부끄러움과 그리고 괴로운 빈한(貧寒)에 몸을 떨던 나로서는 선생님의 애정에 가득 찬 따뜻한 손은 참으로 큰 용기와 자신감을 일깨워 주는 그런 것이었다.

그 뒤 나는 선생님을 자주 뵙고 가까이 모시지는 못했지만 선생님은 참으로 나에게 많은 영향을 끼쳐 주었다. 그것은 시에서도 그랬고 눈물겨운 우리의 생활에서도 그랬다. 그런 생각을 하면 내가 생을 살아가는 데 목월 선생님과 같은 분을 스승으로 모시게 된 것이 참으로 다행스러운 일이 아닐 수 없었다. 그러나 안타까운 것은 선생님이 세상에 살아계실 때 이런 뜻을 전하지 못한 것이 내게는 또 한이 되는 일이다. 미련스러운 일이라면 미련스러운 일이 아닐 수 없다.

《산도화》 이후 《이순의 아침나절》에 이르기까지 목월 선생님은 우리 시의 한 절정을 걸어갔다. 그분은 끊임없는 내적 탐구를 통해서 자신의 세계 공간을 변화 심화시켜 왔다. 동서의 모든 위대한 시인들이 그의 생을 일관하여 뚜렷한 세계관을 추구해갔듯이 선생님도 고뇌하고 탐구하면서 세계를 보는 독특한 길을 열어 놓았다.

그분의 시가 그랬듯이 그분의 삶도 또한 그랬다. 시를 사랑하고,

친구와 후배들을 사랑하고, 그리고 진실하게 살려는 사람들을 사랑했
으며 무엇보다도 그분 자신이 진실한 생을 살다가 가셨다. 시를 사랑
하면서 진실하게 살려는 사람들은 이제 먼 곳에서 밝게 빛나던 등불
을 하나 잃었다.

내 영혼의 샘터

이 중(李中)

목월 선생님, 그분은 지금 내게 있어서 '뉘우침'의 대상이며, 두고 두고 나의 목마른 영혼에 물을 대어줄 '샘터'이다.

이 겨레의 가장 빼어난 민족시인, 내게는 누구도 대신할 수 없는 유일의 스승, 육친의 정으로 모셨던 선생님에 대해 삽화 중심의 얘기를 펴 나간다는 것은 현재로서는 전적으로 불가능한 일이다.

선생님은 정이 깊고 두터우신 분이다. 경상도 기질의 투박한 것이지만, 그 배려는 늘 자상하시고 섬세하셨다. 그래서 그분의 사랑을 받은 후배와 제자는 많다.

그러나 그분의 사랑을 유일무이의 것으로 자신의 삶에, 전인격에 직결시키는 경우는 흔치 않을지도 모른다. 행인지 불행인지 나는 그런 유에 속한다.

시단 생활이 활동적이지 못하고, 비사교적이기까지 한 나로서는, 1959년 시 추천을 계기로 선생님을 만나게 된 이래로, 나의 시작에 관심을 가져주시는 유일한 분으로서, 나의 시작을 끈질기게 독려하시는 또 한 분의 스승으로서, 어쭙잖은 내게 그래도 기대를 버리지 않으시고 보살펴주시고 거두어주시는 그 눈물겨운 노심과 배려 앞에 다시 환생하신 육친으로서, 목월 선생님을 모셔왔던 것이다.

몰아란 말이 있다. 선생님이 일하시는 것을 가까이서 보면 몰아의 경지, 그대로이다. 어떻게 저렇게 자신의 육신을, 기력을, 여유를, 또 한 치도 아끼지 않고 남김없이 깎아 먹으며 일하실 수 있을까 하고, 처음에는 존경이, 다음에는 두려움과 미움 같은 마음이 솟구치는 것을 나는 여러 번 겪은 일이 있다.

선생님이 근년에 건강을 해치신 것도 자신에게 주이진 일에, 책임에, 그 전인적인 성실성 앞에 스스로를 불태우신 결과이겠다.

세속적인 판단으로는 귀중한 일과 하찮은 일이 확연히 구별된다. 그러나 선생님 앞에서는 그 모두가 똑같은 비중으로 무게를 같이 한다.

근래 건강이 현저하게 나빠지신 선생님을 좀 더 알뜰하게 모시지 못한 것을 지금 뉘우친들 어떡하겠는가, 그렇게도 나의 시작품을 보기를 원하시고, 요즘에는 만날 때마다 채근까지 하셨는데, 앞으로는 영전에야 그것들을 바치게 된 것을 또 한스럽게 뉘우쳐서 어떡하겠다는 건가.

그러나 이런 뉘우침은 아주 작은 뉘우침일 뿐이다. 지금의 내 뉘우침은, 스승의 지극하신 사랑을 받아온 나 자신에 대한 뉘우침이요, 차라리 선생님을 알게 된, 박목월, 그 이름과의 '만남'에 대한 근원적인 뉘우침인 것이다.

시인에게도 육신이 있었단 말인가. 나로서는 몰랐던 일인 것 같다. 시인은 목소리와 영혼만 있으면 되는 것이 아닐까, 선생님의 육신을 용인 땅 한 모서리로 떠나보내고 난 이제 어쩔 수 없이 피어오르는 이 뉘우침은, 선생님의 육신을 잃고 난 아픔과 허허 그것은 또 아닌지, 그래서 선생님은 두고두고 내게 뉘우침의 대상이요, 미래의 나에게는 더더욱 큰 의미로서 새롭게 발견되고 성장되는 살아있는 인격체라는 확신 – 이런 위로도 없이는 나는 견딜 수가 없다.

육친의 만남과 헤어짐이야 한낱 숙명이다. 내게 있어 목월 선생님은 육친으로 오셨고, 그렇게 가셨다. 그래서 원효로 집 현관에 놓인, 신발문수가 제각기 다른 동규, 남규, 문규, 신규가 내게는 형제이다.

작년 추석날, 나는 우리 집 꼬마들을 데리고 원효로에 갔었다. 그날 우리 애들의 가슴과 일기장엔, 박목월 할아버지를 만났고, 다정하게 얘기를 나누었다는 것이 소중하게 기록되어 있다. 그것이 우리 애들이 선생님을 뵌 마지막이었지만, 아빠의 스승, 우리의 모국어를 누구보다도 사랑하셨고 빛내셨고, 그럼으로써 후대에 불멸의 시인으로 남을, 자랑스러운 박목월 그분은 자라는 우리 애들의 가슴에서도 살아가실 것이다. 바로 이것은 내가 애들에게 줄 수 있는 최고 최대의 자산이기도 하다.

근래 『심상』지에서 선생님의 작품을 읽으면서 "선생님의 시는 이제 완전히 정점이야, 이렇게 쓰실 수가 있을까, 선생님께서는 요즘 시가 조금 풀어지는 것 같아 하고 말씀하시지만, 아니야, 시인으로서, 시로서 정상이야, 건강이, 건강이 문젠데……"하고 언젠가 아내에게 말하면서 나는 애써 태연하려 했다.

오세영 형이 알려주는 선생님의 부음 – 그날 나는 대전에 있었다. 원효로와 대전은 너무나 멀고 먼 거리였다. 이제 이 거리를 좁히기 위해서 나는 새롭게 박목월을 공부하고 박목월을 발견하고, 목월 선생님을 배워갈 뿐이다.

그분의 그 묘한 눈빛과 입술과

성춘복(成春福)

참 이상한 일이었다. 더러 다른 사람에게도 그런 예가 있는지 몰라도, 느닷없이 어딘가로 떠나자는 것이었다. 한 번만의 예외가 아니라 몇 번을 거듭 이런 요청 비슷한 것을 받았을 때, 그것도 뚜렷한 이유를 내세우거나 목적지가 있어서가 아닌 그야말로 막연하게 던지는 말이었다.

그 말도 꼭 그러자는 것이 아니라, 그렇게 했으면 어떠냐는 투의 말이었다. 종로에서건 어떤 사무실에서건 아무 생각 없이 다른 얘기로 한참 열을 올리다가, 갑자기 어떤 사물에 관심을 가질 때의 그 묘한 눈과 입으로 그렇게 말하는 것이었다.

묘한 눈과 입이란 "그 있잖아요…… 그게 참 묘하다 말이야. 어때, 참 재미있지." 할 때의 눈 꼬리가 살짝 쳐지면서 동공이 확대되고 귀가 앞으로 갑자기 치켜세워지면서 오목하게 입을 다물 때의 목월 특유의 표정을 일컬어 하는 말이다. 마치 철이 덜든 어린 것이 신기한 세상의 하나에 온 신경을 집중시키듯이, 선생은 사물이 되었건 언어가 되었건 표적을 발견하게 되면 으레 그런 모습으로 진지해지곤 하는 것이다.

그날도 마찬가지였다. 특별한 휴일이 다가왔거나 짜증스런 일이 있는 듯도 하지 않는데, 우연히 거리에서 만나자마자 "성형, 우리 어디 여행 떠나지 않으려나"하는 식이었다.

사실 그분은 그분대로 나는 나대로 일정하게 하는 일이 때로 있어서 평일에 한갓지게 훌쩍 어디로든 차를 탈 만큼 그리 큰 여유를 지니지는 못하는 형편이었다.

그런데 차라도 마시면서 얘기해 보자는 것이어서 뒤를 따를 수밖에 없었다. 이를테면 찻집만 해도 맛이 괜찮다든가 분위기가 썩 어울린다든가, 하다못해 미녀라도 있는 곳을 생각지 못하고 되는 대로 길을 잡는다. 따를 수밖에 도리가 없는 노릇이었다.

뭔가 좀 가리다가도 이쯤 표정이 굳어 가면 인사불성이라 맛이고 분위기고 주위랑 아랑곳없다. 그래서 우리는 무작정 차를 타기도 했고, 닿은 곳이 찻길의 마지막인 부산이었고, 거기서 더 나갈 수 있는 하단이란 곳, 다대포란 곳을 마구 쏘다녔다.

동래의 금강원이란 유원지에도 올라가 바다를 내려다보고, 이러니 나로서도 좀체 그분의 마음을 종잡을 수가 없는 노릇이었다. 또 나도 그런 것이 얼마쯤은 좋아 맹종 비슷이 되어 있기도 했다.

나중에, 그것도 ≪경상도의 가랑잎≫이 엮어지면서 다소 해명이 되긴 했지만, 그 뒤에도 몇 번을 그런 경험을 한 셈이다.

여간 깔끔하고 치밀한 분이 아닌데, 앞서 얘기한 어린애 모양의 허탈할 정도가 되어 무언가 잡으려는 그런 자세나 다를 바가 없었다. 그것은 1968년에 이 시집이 간행되어서이니 적어도 3,4년 전쯤의 일로 기억된다.

갈밭 속을 간다

젊은 시인과 함께
가노라며
나는 혼자였다.
  (중략)
나의 음성은
내면으로 되돌아오고
어쩔 수 없이 나도
흔들리고 있었다.
  - <동행> 일부

아무튼 몇 차례의 여행을 목월 선생과 하면서 심정적인 얘기는 아무것도 없이 시에 관하여, 인간에 관하여, 사물에 관하여, 우주에 관하여, 참 많은 것을 토로하는 걸 보았다.

그런 뒤 나는 목월의 실상과 같은 벗은 모습의 선생인 그분과 나란히 찻잔을 받아놓고 있으면, 반드시 내 잔 속으로 들어와서 뚫어지게 나를 지켜보고 있는 것을 거듭 경험했다.

지금은 가고 없는 분이다. 그러나 차를 받아 놓고 앉았노라면 꼭 떠오르는 것이 있다. 그때 이후 별로 숨길 것도 없는 사이라서 그런지는 몰라도, 묘한 눈과 눈빛과 입술이 그분의 숨길을 내게 던져두는 것은 나도 시를 하기 때문만은 아닌 것 같다.

●●●

월남에 갈라카나

김종철(金鍾鐵)

한식 성묘 날, 당신의 유족과 한 사람의 목사와 그리고 평소 선생을 존경해 왔고 늘 가까이서 대화를 나누었던 다수의 문인들이, 아직까지 채 마르지 않은 당신의 무덤을 방문했었다.

그날은 바람이 불고 있었다. 단순히 바람만 불고 우리는 찬송가와 몇 잔의 소주를 나누었다. 그날 나는 당신을 처음 뵈옵던 때를 기억해 내려고 애썼다.

우리가, 대절한 버스를 타고 서울의 입구, '여기부터는 서울입니다'의 문으로 돌아올 때까지 나는 당신도 여느 때 시협 세미나나 야유회에서 돌아오듯 함께 차 속에 있음을 알 수 있었다. 그러나 정확히 말해서 서울의 입구에 이르렀을 때 우리 중의 한 사람, 우리의 눈과 귀와 입을 갖지 않은 한 사람이 소리 없이 내려 다시 용인 쪽으로 걸어가고 있음도 나는 알 수 있었다.

나는 쉐난도를 소리죽여 불렀다. 쉐난도를 오랜만에 불러보며 비애의 무거운 배를 건져 올렸다. 차창 밖에는 봄을 재촉하는 찬비가 한

둘 떨어지고, 당신이 눈을 감은 그날 밤에 내린 비가 다시 내리고 있음을 나와 사람들은 보고 또 보았다.

"처라(철아 – 필자 이름의 끝 글자), 참말로 월남에 갈라카나."

선생은 발톱을 깎다 말고 걱정스러운 듯 육군 일등병이었던 나를 들여다보았다. 나는 데우지 않은 정종을 맥주컵에 가득가득 채워 선생댁의 술만 축내었다.

그날 저녁에도 선생과 나는 이른 봄비에 귀를 기울이며 선생님이 발톱을 다 깎으실 때까지 묵묵히 술만 마셨다.

"뭐할라꼬 지원했노?"

선생은 나에게 연거푸 몇 잔을 따라주었다. 그때가, 나와 선생의 상종이 마지막처럼 느껴졌고, 나는 그렇게 진지했었다.

한 번 소리내어 울어보고 싶었다.

그 후 제대를 하고 나는 몇 군데 직장 생활을 했지만 오래 있지 못했다. 직장다운 직장이 아니어서 그런 것으로 알고 어느 날 선생님이 직접 큰 출판사에 취직을 시켜 주셨다. 그것도 그쪽 사장과 중역을 만나 틀림없는 사람이니 써달라고 며칠이나 얘기를 나눈 끝에 취직이 되었다. 그때 그쪽 사장과 중역은 나를 대단하게 취급해주었고 나는 성실로써 선생에게 빚을 갚기로 다짐했었다.

그런데 행인지 불행인지 몰라도 그쪽 회사 직원과 중역의 압력 틈바구니에 끼어 나는 그들의 눈총을 받게 되었고 중역 한 사람과 다툰 탓으로 사직서를 내었다. 그날 선생님은 내가 사직했다는 말을 듣자마자, 나에게 연락을 보내 만나자고 했다. 나는 나의 정당성만 말할 줄 아는 사람이기 때문에 내가 보고 느낀 대로만의 이유를 말씀드렸다. 그때 귀를 기울이시던 선생님은 무릎을 치며,

"그래, 자알 했다. 원 그런 나쁜 사람이 있나, 자알 했다. 젊었을 때는 그 정신이 필요하다. 때로는 불 같은 성격이 나쁘기도 하지만 우리는 아니, 내가 젊었을 때는 너처럼 그랬다. 그래 자알 했다."

선생께서 자리를 박차고 당장 그 출판사로 달려가시던 뒷모습이 오늘 따라 유난히 눈에 선하다.

선생이 작고하신 후, 나는 그 동안 너무 많은 빚을 지고 있었음을 깨닫게 되었고, 그 빚을 이제는 빨리 잊어야 되겠다는 슬픔이 더욱더 잊히지 않는 것으로, 더욱더 화가 치밀어 오르는 것으로 강하게 떠오르는 것은 무엇 때문인가.

'고향에 가서 살란다' 시더니

서영수(徐英洙)

선생님이 가신지 벌써 한 달이 가까워 온다. 그러나 아직까지 참으로 바로 들리지 않던 그 급보가 여전히 의심스러울 뿐이다. 해마다 5월이면 경주행사(노래비 건립기념 백일장) 관계로 분주히 오르내렸던 봉투 속의 말씀이 곧 나의 집 대문을 두들기며 '편지요' 하고 찾아들 것만 같다. 아니면 수화기만 들면 서울서 하시는 말씀이 그대로 나의 방을 가득 채워 올 것만 같은 느낌이다.

"야 내다. 서군 내다. 별일 없었제."

너무도 부드럽고 언제나 정에 넘쳐흐르던 그 잔잔하고 따뜻하던 육성이 머리맡 전화기 속에 고여 있다는 착각이 든다. 이제 영원히 가셨다니 정말 들려오지 않을까.

선생님은 나를 무척이나 아껴 주셨다. 그러니까 한 25년 전 내 까까머리 중학시절 제2회 학원문학상의 심사를 맡으셔서 나의 고사리 같은 작품을 뽑아주신 후부터 가까이 알게 되었으니 참 오래 되었다.

그러나 내가 대학 재학시절 선생님의 강의를 들으면서 보다 자주 모실 수 있었다. 동향의 후배라는 데서도 정담이 두터웠지만 진정한 문하의 애제자로서 선생님을 대했으며 따라서 선생님은 너무도 알뜰하게 내 시의 길을 열어주셨다. 한때 글 쓰는 일을 게을리 하고 황망한 벌판에서 두리번거릴 때 호통치시던 그 음성은 잊히지 않는다.

"너는 그 어릴 때 맑은 서정이 어딜 갔어, 너의 선천적인 서정의 목소리를 왜 자꼬 어설프게 변질시킬라카노 너의 거는 너가 찾아야지……쯧쯧" 하시며 못내 마땅찮게 생각하시던 얼굴—.

한동안 눈을 지그시 감으셨다가 뜨시며 미소를 지으셨다. 그 호통 후에 나타난 소리 없는 웃음을 지금도 나는 알 수가 없었다.

그래저래 하다가 문단의 문턱에서 엉거주춤하여 먼 산만 보고 있을 때 이래선 될 놈이 아니라시면서 그동안 작품 노트를 죄다 받아 가신 것이 7년 전 경주에서 일이었다. 그리하여 초회 추천을 걸어 놓게 하시곤 줄곧 작품 보내라는 전갈로 하여 정말 쓰고 닦지 않으면 못 견디게 만들어 어중간한 나의 문학 수업을 숨 가쁘게 하시던 선생님이셨다. 어릴 적부터의 문우 장윤익 형이 자극제로 지어 부르고 다니던 별명 '어중 선생'을 선생님께서 개조시켜 주셨던 것이다.

그리하여 3년에 걸친 3회의 추천과정이 끝나는 날, 선생님은 "이제 마음껏 써 봐라. 눈치 볼 필요 없고, 성미 맞출 필요 없이 니 맘대로 니꺼 있지 왜, 그거 내 안다. 마음 놓고 줄줄 써라 응—"하시던 말씀, 웃음에 가득 싸서 던져주시던 목소리가 새삼스레 쟁쟁히 들려오는 듯하다.

몇 해 전부터

"이제 나도 고향에 가서 살란다. 느거 서군 이군 정군 다 있제. 우리 그때 좋은 얘기 많이 하제이—"

덥석 손을 잡으며 헤어지기를 싫어하시던 선생님. 석양의 망향을 앞에 두시고 도시의 소음을 그렇게 꺼려하시던 모습을 작년 봄 마지막 귀향길에 채우시더니 그렇게 갑자기 가시다니 아무래도 참말 같지 않다. 믿어지지 않아……

등불을 밝혀주신 스승

임홍재(任洪宰)

"홍재야, 늬 친구들 이제 장가 다 갔나?"

"다 가고 딱 하나 남았습니다."

"누구고? 그래 그래ー. 오죽 잘났으면 여태 못 갔노? 이제 다들 잘 살제?"

선생님은 만나면 늘 우리 서라벌예대 문창과 동문(始月同人會) 소식을 먼저 물으셨다. 선생님으로부터 시 강의를 받은 우리 동문 중에서 시를 쓰는 사람은 나 하나뿐이지만 선생님은 그 많은 제자들 중에서도 변변치 못하고 주변머리 없는 우리 동문들을 끔찍이 사랑하셨다. 우리 동문들은 13년이 지나도록 10여 명이 한 달에 한 번씩 만나 우정을 나누고 문학 이야기를 꽃펴왔다. 그리고 기금도 모아왔다. 이런 소식을 풍문으로 들으시고 선생님은 언제나 나를 만나면 너희들 얘기를 꼭 한번 써서 세상에 알려야지 하시며 대학 출신들도 우리 같은 모임이 있었으면 좋겠다고 늘 말씀하셨다. 선생님이 우리를 그렇게 생각해주시고 사랑해주신 이유는 우리 동문들이 나를 비롯해서 하나

같이 가난하고 매략매략하고 주변머리가 없어서가 아니었던가 생각된다.

이 세상에 선생님처럼 인자하시고 제자를 사랑하시는 분이 계실까? 어찌 제자뿐이랴. 목월 선생님께서 주례를 서주시면 아들딸 잘 낳고 산다는 말은 누구나가 다 알고 있는 사실. 그래서 그런지 누구나 선생님께 주례를 부탁드리러 몰려들었다. 우리 동문들도 거의 주례를 서주셨다.

결혼식을 마치고 선생님을 뵈러갔을 때 선생님은 숟가락 몇 개 밥그릇 몇 벌뿐으로 신접살림을 꾸미신 얘기부터 하시고 남편과 아내가 서로 한 몸이 되어 하늘처럼 떠받들고 성실하게 살면 반드시 행복한 가정이 이뤄진다고 말씀하셨다.

목월 선생님께서 나를 처음으로 기억하시고 부르신 것은 대학 1학년 때였다. 『사상계』에 작품을 응모했는데 선생님께서 심사를 하셨단다. 시 창작시간에 칠판에 시를 쓰고 설명을 하고 났는데 내 어깨를 토닥이며 교수실로 오라는 거였다.

"늬 시가 신선하더구나. 그래 나는 당선작으로 밀었느니라ㅡ. 뭐하노? 놀러오지 않고, 가끔 놀러 온나ㅡ."

그해 당선작은 나오지 않았다.

그 당시 나는 누구를 찾아다닐 주변머리도 없었고 그럴 생각도 없었다. 늘 고개를 비꼬고 어깨를 늘어뜨린 채 좌절의 언어만 나열하고 있었다. 이런 내가 몹시도 측은한 모양이셨다.

어쩌다 오라고해서 가면 엄마(사모님)야 용래 왔다. 용래ㅡ 하시며 반겨 주셨다. 나중에 안 일이지만 대전에 나와 같은 박용래 선생님이 계시다는 걸 알았다.

"늬같이 티 없이 맑은 애가 어찌 살아갈꼬?"

선생님은 가난하고 병들고 나약한 이들을 사랑해 주셨다. 나와 같은 주변머리 없는 사람들을 두루 사랑해 주셨다.

"티켓을 끊어야 하니라. 차를 타고 달리는 중에 자기세계를 발견도 하고 형성시키기도 하니라-."

문학지에 추천을 해주신다는 것도 마다하고 신춘문예 그것도 다른 부문만 계속하다 7,8년을 헛보낸 걸 보시고 하신 말씀이다. 그러다 선생님께서 심사를 하시지 않던 그해에 신춘문예로 나왔다. 그때 선생님은 누구보다도 제일 기뻐해주셨다.

"저놈이 찌그러졌어도 앞으로 큰 물건 될끼다. 물건-"

"시는 감동의 표현이야. 성실성이 없는 시는 허수아비의 수작과 같은 것이야. 시를 쓰려면 말을 아끼고 사랑해야지. 말이 곧 생명이야. 한 편의 시에는 자기가 내세울 수 있는 가장 뼈대가 되는 절구가 있어야지. 그 한 구절만으로도 한 편의 시에 대신할 수 있는-."

나는 지금도 이 말을 새기고 시를 쓴다.

목월 선생님. 새봄이 오면 너희들끼리만 놀러가지 말고 함께 가자시더니. 어찌 선생님은 뜰의 목련도 피기 전에 떠나십니까? 만발한 꽃송이는 이미 그 절정에서 무너지고 있다고 노래하신 선생님, 더욱더 무르익을 시의 꽃을 피우실 시기에 가시다니, 이 땅의 목마른 사람들은 어찌합니까. 선생님 삼가 명복을 비옵니다.

●●●

내가 아는 목월 선생

전재동(全在東)

"언제 우리같이 함본 고얭(고향)에 가 보입시더!"

"그랍시더, 장로님만 시간쯤 내시면 지야 언제든지 가지요!"

"요새도 한창 오봉산(건천과 아화 사이의 높은 산)에 꽃 마이(많이) 피겠데이!"

"마이 피고 말구요, 샘골쪽이든지, 돔실골짜기든지, 산성 안이든지 그 어디든지 진달래 한창일낍니다!"

"그래요! 참 고내(꽃내-花川)는 언제 갔등기요?"

"예, 지는 거게 선산이 있어서 가끔 갑니더, 장로님 집안도 거게 누구 계신다캤지요?"

"예! 거게 우리 고모 한 분이 고내 전씨 가문에 출가 안했능기요! 와 알끼시더, 입새 둔덕에 사과밭 하나 있지요? 거게 고모님 산소가 있임더."

"그래요!"

"그런데 을매전에 그 산소를 이장한다캤는데 다 못가심더."

"바쁘실 텐데, 운제 가시겠능기요!"

이런 대화는 고향냄새가 물씬거리는 박목월 장로님과 나의 단둘이 자주 나누던 이야기 한 토막이다. 경주출신의 문인 중에 김동리 선생, 고 이종환 선생이 계셨고 젊은 세대로는 정민호·이근식·서영수 형들이 있지만 목월 장로같이 고향을 끔찍이 지키고 도는 마음씨가 드물다 할 것이다. 최근에는 어떤 분과 협조해서 고향에 전문학교나 대학이라도 하나 신설하여 고향의 어린 후배들의 교육문제로 적극적인 관심을 보여주신 분이다.

그분의 그 좋은 서정시들이 대개는 고향인 경주를 두고 창작된 것은 두 말할 것도 없고 몸은 대구에서, 서울에서 살았으나 마음은 항상 건천이나 경주 일대의 산야에 맴돌고 있었던 것으로 생각된다.

함께 귀향하시라던 이야기가 실현을 못했고, 한 3년 더 살아 종교시집 하나쯤 내시겠다던 말도 뇌일혈이 가져가고 말았다. 그러나 그분의 최근 일 년 사이의 작품을 정리하면 충분히 종교시집 한 권은 될 줄로 믿는다. 다만 고향을 두고 용인 땅으로 가신 것이 나로서는 한없이 서글픈 일이다.

"전목사임, 기도를 우예 하면 잘 하능기요?"

"기도요? 그냥 안하능기요!"

"적어가 해도 되능기요?"

"그게 진짜 기도지요! 같은 말 반복되지 않고 조용히 정말할 말을 엮어나가는 거 그기가 진짜가 아잉기요!"

"요 다메 교직원예배 때는 한번 잘 정리해얄가!"

"좋심더! 마침 다음 달이 문리대순서가 되네요!"

"벌써 그래 되능기요?"

그 후 과연 기도문을 굵직한 사인펜으로 흑색으로 진하게 원고지에 써오셔서 경상도 사투리의 억양으로 기도시간에 읽어내려 갔다. 많은 사람들이 이 시간에 한국의 저명한 노시인의 진실한 기도에 감동을 받았다.

어느 날 병실에서 오후 느지막한 시간에 나는 장로님과 단둘이 마주 앉아 있었다.

"오늘은 좀 에떻기요?"

"혈압이 마이 내렸임더! 전목사, 머 드리끼요? 쥬스나 과일?"

"마 나뚜이소! 별로 생각없심더, 일어나시지 말고 그냥 누워 기시소!"

"게얀심더! 쫌 일어나능 게 핀할 거 같으이, 나뚜이소!"

"개학날이 다 되어가는데 어제 그 걱정하셨지요! 가마이 있어도 괜찮으실겁니더!"

"그래가 내일쯤에는 퇴원해 가 집에서 쪼매 쉴랍니더. 으사(의사)선상임이 허락해 줄란지 몰래?"

"요새도 빌로 치료하능게 아이고 안정만 하라카능긴데, 집에서도 담당 의사 양반이 시키는 대로만 하면 안 되겠능기요. 지가 말씀 드려 볼게요"

그리고 『심상』지 문제, 시협 문제 등도 이야기에 나왔다. 주로 고향과 신앙에 대한 말을 많이 하셨다. 조금 정리를 따로 해서 '목월 선생과 더불어'라는 글을 준비하고 있다. 여기서 나는 종교문학에 대한 그분의 견해와 작품을 중심으로 다루어볼 생각이다.

그분을 마지막 보내는 영결식을 본인이 집례한 것은 생전에 이미 약속되어 있던 순서를 진행했을 뿐이다. 농담 삼아 하시던 그 일을 집례하고 행렬이 대학을 나갈 때 내 앞에 비가 몹시 쏟아졌다.

경주, 그리고 박목월 선생

김규동(金奎東)

1949년 가을이 아니었던가 싶다. 내가 근무하는 학교를 찾아온 김 기림 선생은 문학과 생활에 대한 이야기를 비롯하여 문단에 관계된 이야기를 간간히 하시면서 여러 가지 여건으로 보아 문필활동으로 생 활을 떠받쳐 나가는 일이 얼마나 고된 일인가를 한탄 비슷이 하는 것 이었다.

선생은 특히 문학하는 사람은 순수한 교우관계를 토대로 몇 사람 모여서 같은 마음이 되어 행동할 필요가 있다면서 글 쓰는 사람이라 면 아무나 다 상대해서 어울릴 것이 아니라 그 중 몇 사람을 택해야 한다는 것을 강조하였다. 당시만 해도 나로서는 우왕좌왕하던 시절이 라 은사가 은근히 걱정해 주시는 뜻이 과연 어떤 것인지 실감이 나지 않았다. 내가 당시 어울리던 친구 가운데 기림 선생이 좋게 보지 않는 사람이 몇 있었고 그 작품 경향도 기림 선생의 성미와는 매우 동떨어 진 것이어서 은근히 선생이 내게 침을 놓은 것이 아니었던가 싶다.

그러면서 아주 만족한 것이 될지는 모르지만 박목월·김경린·장만영 제씨와 더불어 책을 낼 계획을 세우고 있으니 적당한 기회에 이분들과 어울리는 것이 좋겠다고 했다.

이때의 명단 가운데는 김광균과 조병화, 박인환도 포함되어 있었다고 생각된다. 김기림 씨가 특히 박목월 선생을 내게 강조한 진의는 과연 무엇이었을까. 그것은 곧 목월 선생의 인간됨과 그 진실성이 아니었던가 싶다. 이런 점으로 보더라도 문학하는 사람이란 작품이 완전한 경지가 못되더라도 그 문학하는 태도와 인간적 성실을 선생께서 어느 정도 중히 여기고 있는가를 엿볼 수 있겠다.

이런 일이 있은 다음해에 6·25사변이 터지고 기림 선생은 가족을 데리고 한강백사장까지 나갔다가 도저히 도강할 길이 없어 이화동 집으로 돌아왔다가 다음날 사범대학 나가던 노상에서 피랍되었고, 나는 1·4후퇴와 더불어 부산으로 피난을 갔다.

부산 '금강'다방에서 처음으로 박목월 선생을 만났다. 나는 물론 그때에 기림 선생 이야기를 했고, 목월 선생은 기림 씨가 해방 후에 몇 가지 작품과 문학가동맹관계로 그를 못살게 구는 친구들이 있었으나 자신이 극구 변호하여 그분을 도왔다는 것을 자랑스럽게 이야기하였다.

'금강'에서 나눈 그 때의 이야기를 지금도 기억하고 있다. 시인이란 지나치게 예민한 것이므로 때로 진보적인 발언을 하게도 되며 남들이 막연히 넘어가는 일에 대해서도 기어이 밝히고 지나가려는 욕구를 안고 있는 불행한 인간이라는 그 숙명론 말이다.

지훈에 비하면 목월 선생은 이런 면에서는 놀랍게 너그러웠다. 그리고 모더니즘에 대한 이해가 지훈이 훨씬 문제 안 되게 넓고 진지했다.

이 무렵 우리는 '후반기' 동인회를 만들고 여러 가지 계획을 짰다. '청록파'에 대해서 매우 비판적인 우리 동인들이 좌충우돌로 일방적인 공격을 가하던 시절이다. 어떤 터무니없는 공격에 대해서도 지훈은 다만 모르는 척하였고 목월 선생은 전연 그렇지 않았다.

"김형, 내가 경린 보구도 이야기했지만 김형들이 하는 집단운동은 좀 지나칩니다. 문학과 중상을 혼돈하고 있어요. 좀 진지해 지십시오"

노상에서 만나자마자 격한 어조로 이런 충고를 선생은 하는 것이었다. 한 쪽 겨드랑이에는 원고뭉치가 든 보자기를 끼고 그 훤칠한 키에 약간 상기된 얼굴로 선생은 금강다방 쪽으로 황급히 사라지는 것이었다.

그로부터 30년의 세월을 가까이서 멀리서 나는 선생을 존경하며 그의 업적을 사랑하여 마지않았다.

"김형!" 하고 정답게 부르던 그 음성이 지금 이 글을 쓰고 있는 내 귓전에 시슴없이 뜨거운 울림을 긋고 간다.

나는 때로 그의 태어난 곳인 경주의 하늘과 산들을 생각하며 그가 살다간 일생을 떠올려 본다. 보랏빛으로 노을 져 가는 그 어스름 황혼과 그 가운데를 담백한 색채처럼 물기 먹은 하나의 아름다운 리듬이 통과하는 것을ㅡ.

그 밋밋하게 원을 그리며 퍼져가는 비전속에서 선생의 예술은 완만하게 그리고 향기에 넘쳐서 절정을 향하고 있다는 확신을 경주를 회상하며 떠올려 보는 것이다.

내가 아는 박목월

문덕수(文德守)

　나는 내가 엮은 『세계문예대사전』(성문각, 1975)에서 박목월 씨에 대하여 첫째, 자연 친화를 주제로 한 토속적, 서정적 자연주의의 시풍을 개척했고, 둘째, 관념을 제거한 이미지의 평면적 나열과 그 순수성을 극단적으로 추구한 경지를 보였고, 『심상』의 간행과 한국시인협회 장으로서 시단 육성에 노력했다고 적었다. 이 사전이 수정되어 재판이 나올 때에는 그의 평가도 좀 더 완벽하고 정확하게 되리라고 생각한다.

　그는 지난 3월 24일 절세했다. 10여년은 거뜬히 덜 살면서 우리 문단과 문학을 위하여 힘을 써 주리라고 생각했는데 뜻밖의 부음을 듣게 되었다. 무던히도 고생을 하여 장만한 원효로 4가의 자택으로 문상을 하고 나올 때, 평소 대문까지 나와서 "문형, 잘 가이소" 하던 다정한 목소리를 나는 이날따라 영원한 침묵으로 들었다. 그의 육성은 이제 나의 가슴 한 구석에 메아리처럼 살아남게 되었다.

　그의 아끼는 제자 중에는 나의 제자가 되는 시인도 두세 사람 있다. 한국 현대시인협회가 생기면서부터, 박목월 씨는 한국시인협회 쪽이고, 나는 현대시인협회 쪽이기 때문에, 그들에게는 처세에 다소 난처한 점이 생기게 되었다. 나는 나의 제자가 되는 젊은 시인들에게 아직도 한국시인협회를 버리고 현대시인협회 쪽으로 옮겨 오라고 말한 적이 한 번도 없다. 설령, 그들이 현대시인협회 쪽으로 자리를 옮겨 온다 치더라도 나는 그들을 만류했을 것이며, 박목월 씨 역시 속으로는 좀 섭섭하게 생각할는지 모르나, "왜 현대시인협회로 갔느냐" 하고 나무랄 사람이 아님을 나는 너무도 잘 알고 있었다. 한국 시단이 한국시협과 현대시협으로 나누어졌다 하여, 이것으로 인해 박목월 씨에 대한 나의 존경이 조금도 금가지 않았다.

내가 이문동에 살 때, 내 아버님이 별세했다. 그때, 박목월 씨는 정중히 조문을 해 주었다. 나는 가끔 원효로 자택으로 세배도 갔고, 용무가 있으면 방문하기도 했다. 그가 재작년 백병원에 입원했을 때, 신세훈 형과 함께 문병을 갔다. 내 큰놈이 작년 초가을에 결혼했을 때, 그는 축하를 잊지 않았다. 단체의 소속이 다르다 하여, 그에 대한 나의 존경과 나에 대한 그의 사랑이 변한 적이 없었다.

가끔 거리에서나 회합에서 그를 만나는 때가 있었다. 서로 안부를 묻고 헤어질 무렵이면, "문형, 시집을 내드리지 못해서……"하고는 늘 말끝을 흐리곤 하였다. 한국시인협회에서 시리즈로 시인들의 시집을 낸 일이 있는데, 거기에 나를 빠뜨린 것을 늘 후회하는 말이었다. 내가 한국시인협회 회원이 아닌 바에야, 거기에 들어가지 못한 것은 당연한 일인 데도, 그는 그것이 늘 마음속에 걸려서 하는 말이었다.

나는 내 혼자 마음속으로 '현대시협과 한국시협이 통합되어야 할 텐데……'하고 생각할 때가 가끔 있다. 이런 생각이 박목월 씨는 더욱 절실했던 것으로 생각한다. 백병원으로 문병 갔을 때에도, 그는 병상에서 통합문제를 꺼내었다. 시단의 인구가 급격히 늘어나고, 또 그가 가고 없는 오늘에 있어서는 두 단체의 통합은 더욱 어려운 입장에 놓이게 되었다. 시인단체야 두 개건 세 개건 모두 친목 단체이고 보면, 여야가 있을 리 없고, 서로 협조하여 해나가면 오히려 한국 시단의 발전에 더 플러스되는 것으로 생각된다.

인간적으로나 시인으로서나, 박목월 씨만큼 원만하고 곱게 살다 간 사람도 드물 것이다. 일본말에 '세와야키'라는 말이 있다. '남의 일을 잘 보아주는 사람'을 일컫는 말이다. 그의 절세는 '한국 시단의 아버지' 한 사람을 잃은 셈이 되었다. 남을 도와주기를 좋아하고, 모나지 않는 성품, 자상하고 다정하고 온화한 성격. – 그의 이모저모는 뜯어볼수록 흠 잡을 데가 별로 없는 인품이었다.

사람이 죽으면 별이 떨어졌다고 생각할 때도 있고, 봉우리가 하나 무너졌다고 생각할 때도 있고, 꽃이 떨어졌다고 생각할 때도 있다. 그의 절세는 한국 문단의 별이 떨어진 것이다. 아니, 별이 떨어지고, 봉우리가 무너지고, 꽃이 떨어진 것을 전부 합친 것이라 할 수도 있다.

● ● ●

여성적이면서도 강인한 인간

쓸쓸한 주제다. 그것은 이것이 나와 이승의 삶을 공유하는 생자에 대한 글이 아니라 이미 이승을 떠나 저승으로 돌아간 사자에 대한 글인 때문이다.

"홍형, 또 놀러 오시오"

언제나 다정히 손을 잡으며 나의 생활의 무명을 염려해 주시던 그 너그러운 모습 진실한 인품도 이제는 다시 접할 수 없게 되었다는 이 엄연한 진실이 그러나 아직은 실감으로 오지를 않는다.

지난 3월 24일 아침방송으로 선생의 타계소식에 접했을 때 일시에 세상이 와그르르 무너지며 눈앞이 캄캄해오던 충격, 그리고 허둥지둥 버스 정류장을 향하여 뛰면서도 그것이 정녕 오보였기를 바랐던 심정 그대로 역시 선생의 오늘의 부재가 사실로서 믿어지지가 않는다.

그런 산 자의 희망과는 관계없이 죽음은 냉엄한 것, 선생은 간 것이다. 이제 나는 별 수 없이 한 시대를 살고 거기 찬연한 업적을 남기고 간 한 인간, 한 시인에 대하여 쓰지 않으면 안 된다.

그와 동시대인으로서 그와 가까운 거리에 있던 자의 이 역사적 인물에 대한 솔직한 증언 즉 생전의 그로부터 받은 인상이나 일상적인 느낌 또는 지식 따위 소견을 술회한다는 것은 다음으로 전승되어 가는 역사를 위하여 필요한 것이기 때문이다.

내가 아는 한 그는 시인으로서나 인간으로서나 가장 존경할 만한 분이었다. 나는 20년 가까운 이분과의 교섭을 통하여 그것을 직접 보아왔고 또 피부로 느껴 왔다. 그리하여 많은 것을 이분에게 배웠다.

선생은 나의 이른바 강단의 스승은 아니다. 그러나 선생과 접촉하는 동안 아무것도 아닌 듯 지나가는 말처럼 몇 마디씩 던지는 평범한 문학 이야기라든지 그 밖의 일상생활에 대한 이야기 속에서도 나는 나 나름대로 많은 의미를 스스로 추출할 수 있었고, 또 많은 격려를 받을 수 있었으며 가난한 가운데서도 좌절하지 않고 이 어려운 시대를 살아갈 수 있는 지혜를 터득했던 것이다. 그는 그만큼 겸허하면서도 평범한 이야기나 일상의 행동 속에 많은 의미를 함축하는 은자와도 같은 분이었다.

그런데 선생은 안타깝게도 만년에 들면서 미안한 일로 세인의 구설수에 빠지기도 했던 것이 사실이다. 그러나 그것도 내가 알기로는 그분의 타고난 예의 겸허한 성품과 자기대로의 확고한 이유 확고한 소신, 누가 뭐라 하든 그 소신에 의한 것이었다. 여기서 그 옳고 그름은 역사의 판단에 맡기자. 그러나 단 한 가지 분명히 말할 수 있는 것은 일부 인사들이 억측하고 있듯 적어도 그것이 그의 어떤 사적인 이욕이나 동기에서 출발된 것은 결코 아니라는 사실이다.

일제시대 이 땅의 유수한 지식인들의 다수가 적에게 협력, 조국과 민족을 유린하고 있던 당시의 시인 박목월의 전원에의 귀거래를 우리는 알고 있다. 그가 칼을 들지 않은 것은 그가 투사가 아니요 시인이었기 때문이다. 비록 칼을 들지는 않았지만 '산이 날 에워싸고 밭이나 갈며 살아라 한다'고 그가 노래했을 때, 시인으로서의 그의 높은 양식과 지조 그리고 얼른 겉보기에 여성적이며 약한 것 같으면서도 그가 실은 인간으로서도 얼마나 강인한 정신의 소유자인가를 우리는 쉽사리 읽을 수 있었던 것이다. 그것은 단순한 좌절감의 토로가 아니라 밭이나 갈며 묻혀 살지언정 결코 불의와 타협하거나 불의에 가담하지 않겠다는 피맺힌 양심의 자기 고백이자 선언이었던 때문이다.

그의 초기 대표작 <나그네>를 예로 들더라도 마찬가지다. 망국의 한을 안고 도포자락을 날리며 '구름에 달 가듯이' 암울한 이 산야를 정처 없이 방황하면서도 그는 적과 타협하기보다는 차라리 그럴 수밖에 달리 도리가 없는 조국의 현실, 그 절망적인 상황을 제시해 그려 보임으로써 이 나라 이 겨레를 그렇게 만든 자의 불의를 암시적으로 고발하고 있는 것이다. 이로 보더라도 선생은 사심이 없는 분이었다. 사심이 없고 보매 또한 사심이 있을 수 없다. 차라리 어린애처럼 담박한 심성의 소유자였다.

인간 박목월, 그는 그런 아름다운 성품으로 이 그지없이 어려운 시대에서 누구보다 절제 있게 현명하게 처신했고, 부지런히 일하며 자신에게 주어진 인생 그것을 가장 성실하게 그리고 열심히 살고 간 분이다.

20년을 모시다가

김제현(金濟鉉)

20년 전의 일이다. 내가 홍익대학 신문학과에 입학했을 때, 기뻤던 일은 박목월 선생님이 국문학과에 계신다는 사실이었다.

이름만 듣고 글로만 익혀오던 박목월 선생님에 대한 환상은 적어도 반백 이상의 중노인이었다. 그러나 깜장싱글에 반쯤 고개를 기울이고 교정을 걸어오는 선생님은 한창의 중년이었음에 놀라지 않을 수 없었다. 선생님을 맨 처음 보던 그날 그 길로 선생님의 뒤를 따라 강의실로 들어갔다. 그 시간은 문학개론 시간이었다. 신문학과의 강의시간을 빠져 나와 문학개론 아니, 박목월의 강의를 도강한 것이 선생님과의 말없는 첫 대면이요 인연의 비롯됨이었다.

그 후 문학개론 강의도 시론 강의도 도강은 계속되었다. 그 나직한 음성, 경상도 억양도 인상적이었지만 정열에 찬 강의는 진지하기 이를 데 없었다. 그 깊은 지식들을 내가 다 이해하고, 그 내용을 지금 기억하지는 못하지만 '야, 참 명강의구나!' 하는 안으로의 감탄은 지금도 그대로 간직되어 있다. 이것은 나만의 찬탄은 아닐 것이다.

그 후 여러 대학에서 강의를 들어도 보고, 또 어쭙잖은 강의나마 해보고 있지만 그런 좋은 강의는 들어볼 수도 흉내조차 낼 수도 없어 늘 안타깝더니 이제는 후진들조차 그 좋은 강의를 더는 들을 수 없게 된 것이 아쉽기만 하다. 명교수 명강의는 이를 두고 이르는 말일 것이다.

강의가 끝나면 나는 교수실까지 따라가 작품? 지도를 청했다. 그럴 때마다 빙긋이 미소를 지으시며 나직이 일러주시는 모습은 그렇게 인자하고 자상할 수 없는 것이다. 그러나 절대 작품에 대한 칭찬만은 아끼셨다(아마 내 글이 형편없기 때문이었을 것이다.) 작품을 두고 하시는 말씀 이외에는 모두 다 따스한 인정에 싸인 걱정이요 선생님의 삶을 통한 체험적 삶의 보살핌 그것이었다.

그러나 오직 작품에서만은 냉엄한 평가를 하시며 그대로 넘기는 일이 없었다. 수십 번 글을 써 가도 한 번도 됐다는 말씀이 없자 한 번은 기성시인의 작품과 내 글을 같이 적어간 일이 있었다. 실은 나의 수준을 비교적으로 알아보고 싶어서였지만 선생님은 얄팍한 요령을 부린다고 꾸지람이 이만 저만이 아니셨다. 선생님께서 크게 노하신 모습을 처음 본 나는 그만 등줄기에 땀이 흐르지 않을 수 없었던 것이다.

그러한 일이 있은 뒤에도 당돌한 나는 계속 글을 써 가지고 선생님을 찾아뵈었다. 그 보람으로 이듬해 신춘문예에 입선이 됐고 그리고 입대를 하고 제대를 해서도 선생님을 찾아뵙지만 늘 내 글에는 불만이셨다. 한정 없는 문학 수련만 계속 쌓게 한 것이다.

이러한 사제의 연으로 20년을 모시는 동안 또 한 번 있었던 실수를 합쳐 선생님께 두 번의 실수를 저질렀다. 선생님은 그래도 조용히 타이르면서 "두 번까지는 용서한다. 아무리 해도 나는 너를 미워할 수가 없구나. 그러니 나머지 한 번의 실수는 영원히 없도록 노력해라." 하시는 것이었다.

모든 사람들을 안으로 감싸며 따뜻한 인정으로 세상을 살아오신 데는 더러는 밑지고 용서하시면서 사신 것이다.

한 동안 직장을 따라 부산에 갔다 올라오니 집을 옮기신다는 것이다. 그 언덕바지의 낡은 집에서 평지로 내려오고 싶으신 것이다. 그러면서 여러 가지 걱정을 하고 계셨다. 이튿날부터 착공이었다. 그때까지 별로 준비된 자재가 없었다. 하여, 선생님을 뫼시고 비를 맞으며 벽돌을 사러가고 또 파이프를 구하러 다녔다. 자기의 일을 절대 남에게 맡기는 법이 없이 손수 심혈을 기울여 이루어가는 모습을 역력히 볼 수 있었다.

결국 선생님은 대소간의 어떤 일이든 자기에게 주어진 일은 자기가 책임을 지고 수행하시는 분으로 오늘의 비극도 일을 좇고 일을 이루려다 적어도 수 년의 수명을 단축시킨 것이 아닌가 하여 답답하고 마음이 아프다. 20년 동안 한 번도 잘 모셔 보지 못한 채 그만 여의고만 오늘 길이 선생님의 명복을 빌 뿐이다.

차내에서의 마지막 대화

장수철(張壽哲)

목월과 마지막으로 만나서 대화를 나눈 것은 작년 가을 택시 차내에서였다. 세종아동문학상의 최종 심사를 끝내고 한국일보사 앞에서 택시를 잡아 함께 승차했던 것이다.

원효로에서 목월은 하차하고 나는 그대로 사당동 집까지 직행했거니와 한국일보사 앞에서 원효로까지의 차내에서의 대화가 목월과의 마지막이 될 줄은 꿈에도 몰랐고 그때의 인상이 그토록 오래 남을 수가 없다. 왜냐하면 그때의 인상은 퍽이나 피로해 보였고 또 퍽이나 고독해 보였기 때문이다.

목월과 단둘이서 차를 타고 가면서 대화를 나눈 일은 재작년에도 한 번 있었다. 역시 문학작품 심사관계로 문화공보부에 모였다가 돌아오는 길에서였다.

그리고 미당 등 몇몇 사람과 문예 강연 차 청주, 공주, 대전 지방을 3,4일간 여행했을 때에도 목월과 많은 얘기를 나누었다.

또 목월의 대지가 나의 집과 인접해 있어서 무슨 문제가 생기면 연락해서 직접 만나거나 전화로 얘기를 나누곤 하였다.

그 여러 차례 만났을 때의 인상과 작년 가을에 마지막으로 만났을 때의 인상과는 너무나 판이했던 것이다. 그것이 나를 적이 놀라게 하고 지금까지도 잊지 못하게 하고 있는 것이다.

목월은 차내에서 나의 손을 잡으며(물론 성품이 싹싹해서 전에도 그랬지만) 그날따라 유난히 기운도 없이 낮은 소리로 그러면서도 다정하게 이런 말을 하였다.

"장형, 이번 세미나에는 꼭 같이 갑시다. 내가 회장으로서 안 갈 수도 없고 젊은 사람들하고만 상대를 하려니까 힘겨워 장형이 가면 모든 일은 그 사람들에게 맡기고 우리 둘이서는 온천에서 목욕이나 하고 조용히 얘기나 합시다."

가급적 참석하겠다고 대답을 하자 목월은 잠시 무엇인가 생각하고 나더니 역시 낮은 소리로 혼잣말처럼 이렇게 말하였다.

"요새 젊은 시인들은 선배들에 대한 예의를 전연 모르는 것 같아, 아주 무시하는 건지 경원하는 건지……"

이 짧은 말에서 느낀 것이 앞에서 말한 피로와 고독 같은 그런 것이다. 그전에 목월에게서 느껴보지 못했던 인상이었다.

목월은 비교적 명랑하고 농담도 곧잘 하였다. 그리고 지방여행 때의 일이지만 연변의 풍경을 가리키면서 즉흥적인 시작론(詩作論)으로 열을 올리곤 했던 것이다. 일부러 반박을 하면 고집을 부려서 자기의 시론을 굽히지 않는다. 그 곧은 인상들은 다 어디로 가고 이토록 피로해 보이고 고독해 보였을까.

물론 목월은 그동안 가장 많은 일들을 하였다. 의욕이 너무 많아서 무리한 탓일까, 아니면 벌써 늙었다고 생각하기 때문일까. 늙었다고 생각했다면 그것은 잘못이다. 문예사전에 실린 대로라면 오히려 나보다도 한 살 연하이기 때문이다.

목월은 그 피로감과 고독감에서 신앙심을 더욱 두텁게 한 것 같다.

그것은 『신앙계』라는 종교잡지에 근 2년 동안이나 매호 신앙의 시를 썼고 자기의 병을 오로지 주님만이 고칠 수 있다는 글도 썼다. 그런 것으로 보아서 모든 것을 주님에게 맡기고 주님만을 믿고 주님만을 의지한 것을 알 수 있다. 그만큼 믿음이 굳어지고 두터워진 것이리라. 그리고 마침내는 장로의 장립(將立)까지 받지 않았는가.

목월은 지금 모든 피로와 고독을 잊고 주님 곁에서 편안히 지내고 있을 것이다. 그 독특한 매력적인, 그리고 다정다감한 미소를 띠고 말이다.

이 글을 쓰면서도 차내에서의 마지막 대화가 더욱더 생생하게 떠오른다. 우리 집에 인접한 대지에 집은 언제 지을 것인가 하고 재촉하면,

"좀 더 있어야겠어, 그 대신 땅을 누가 훔쳐가지 않는지 잘 봐줘요"

하고 농담하던 음성이 아직도 잊히지 않는다.

"너무 늙어보여서 앞으로는 모임에도 나가지 말아야겠어." 하던 말도 나에게만은 잊히지 않는다. 그러더니 먼저 가버린 목월이다.

함축에서 여유 거쳐 원만까지

박성룡(朴成龍)

구름에 달 가듯이 갔는가. 목월이 갔다. 달같이 곱던 마음 접어두고 나그네처럼 훌훌 가버렸다.

강나루 건너서
밀밭 길을

구름에 달 가듯이
가는 나그네

길을 외줄기
남도 삼백리

술 익은 마을마다
타는 저녁놀

구름에 달 가듯이
가는 나그네

　시인 목월은 흡사 한가위 대보름달과 같이 세상을 살다 갔다. 우리
말을 옥돌처럼 다듬는 솜씨며 집안을 원만하게 다스려 가던 생활태도
며, 그리고 또 모나지 않고 둥글둥글하게 세상을 살아가는 대인관계
가 모두 그러했는데……. 그래서 나무 위에 떠 있는 달—목월이라
했던가. 이승의 나이 예순두 해. 떠나기엔 아직 이른 나이라 보내는
마음은 애통하다.
　그의 자택으로 자주자주 그를 만나러 갔었다. 안뜰에 한 그루 감나
무가 서 있고 어떤 날은 가지위에 목월처럼 둥근 달이 걸려 있었다.
근년 들어 조금 피곤해 보이더니 죽음에 이르도록 안 좋던 몸인 줄은
몰랐다.
　달을 좋아하면서도 달같이는 한가하지 않던 목월. 그는 고혈압으로
몇 번씩 쓰러지면서도 항상 붓을 놓지 못하고 글을 썼고 학교강의를
나갔다. 시지 『심상』도 꾸몄고, 여러 가지 출판물에 손도 댔다. 늘 밖
으로 나가 늦게 귀가했다. 찾아간 후배가 달을 보며 잊어버리고 기다
리지 않으면 안 될 만큼. 시인의 아내로 마음 쓰며 애타하던 유익순
여사를 기어코 미망인으로 만들고 그는 가버렸다.
　조지훈과 박두진, 그리고 목월이 함께 '청록파'로 불린다. 사슴이
세 사람 시 속에 비교적 많이 나오기도 했지만, 그 당시(8·15전후)에
푸른 사슴처럼 날렵하고 참신한 '이미지'를 그들은 갖고 있었다. "≪
청록집≫의 문학적 성과나 업적보다도 우리 세 사람에게 더욱 귀중
했던 것은 우정이었다."고 목월은 늘 강조했었다.
　시인 목월의 시세계는 대체로 3가지 경향으로 구분할 수 있다.
　초기의 ≪산도화≫(≪청록집≫의 작품 포함)는 형식적인 면에서
외재적 가락이 중시되고 시어를 극도로 응결시켜 짧고 단순한 표현으

로 함축미를 꾀했던 것이 특징이었다.

그러나 6·25사변을 거쳐 ≪난·기타≫에 이르러서는 절박하게 응결하기보다는 한결 서서히 가락을 풀어 보려는 너그러운 형식을 얻어 여유를 가지게 되었다. 언어 선택에 대한 과민한 편벽도 누그러졌으며 '리듬'도 상당히 내면화되었다. 또 이 무렵의 목월의 시세계는 자연에서 인사 쪽으로 기울어 목월 자신의 내면에의 성찰력도 꽤 깊어졌다. "그러다가 거리를 구르는 '버스'의 중고 '타이어'처럼 내 발바닥은 생활로 인해 닳게 되었다."고 그는 말했었다.

지상에는
아홉 켤레의 신발
아니 현관에는 아니 들판에는
아니 어느 시인의 가정에는
알전등이 켜질 무렵을
문수가 다른
아홉 켤레의 신발을
내 신발은 19문반
눈과 얼음의 길을 걸어
그들 옆에 벗으면
6문3의 코가 납작한
귀염동아 귀염동아
······

그처럼 지애(至愛)의 가족애를 지녔던 시인 목월. 그는 생활인이면서도 꿈도 많았다. 이런 생활의 수렁창 속에서 우러러보는 하늘을 노래한 것이 시집 ≪청담≫(64년) 시절이었다.

그 후 시집 ≪무순≫(76년)을 낸 말년에 이르러서는 보다 완숙한 시편들을 써냈다. 모든 인간사를 섬세하고 선량하게 관찰하며 살다간 목월은 아무리 각박한 일을 당해도 조금도 당황하질 않았다. 목월 시인의 원만함은 그런 시정신에 연유한 것이었다. 시와 가정과 사회를 생각하며 열심히 살아온 목월의 연륜이 법열서린 자국들을 만들어 놓고 갔다.

그러나 그가 세상을 하직한 오늘도 목월처럼 침착하지 못한 우리는 그를 잃은 당황함에 설음이 앞선다. 남은 이의 마음속에 '구름에 달 가듯이……' 하늘을 가고 있을 그를 못 잊어 한다.

시인협회의 회의를 소집한 날 아침. 이른 아침 산보길에서 돌아와 그는 조용히 쓰러졌다. 의사에게 임종을 맡기지도 않고, 고통과 두려움으로 다가오는 죽음에게 쫓기지도 않으면서 평화롭게 떠나간 시인. 이 영원히 돌아오지 못하는 나그네 길을 떠나기 위해 그는 시인들을 소집했던 것일까. 시우들에게 넋을 거두어 받기 위해서 이날 목월은 먼 길을 떠났나 보다.

> 달포가량
> 앓고 처음 잡아보는 만년필의
> 펜촉의 촉감이
> 너무나
> 미끄럽고 익숙하다.
> 이제 살아났군
> 펜촉이 속삭인다
> ……
> 흘러내리는 잉크를 따라
> 샘솟는 생명감

'이순'의 나이를 이렇게 노래하던 목월, '이제 살아났군' 하며, 미소 머금고 다시 오진 못하려나. 통곡보다 짙은 오열이 온다.

요즘 받은 엽서

권명옥(權命玉)

목월 선생님을 나는 한 해에 한두 번쯤 찾아뵈었다. 정초의 세배 때와 무슨 직장관계 같은 급한 일이 터져 도움을 구할 때와 간혹 길 거리에서, 혹은 잡지사 편집실 같은 데서 우연히 마주칠 때도 있었다. 그럴 때면 흔히, "너 이제 나하고 담 쌓았나?" 하셨다. 선생님을 뵙자면 꼭 댁으로 찾지 않더라도 무슨 시협 세미나나 총회, 그 밖에도 많고 잦은 모임에 나가면 되었었다. 그런 모임에 한 번도 얼굴을 내밀지 않음을 탓하시는 것이었다. 내가 괜스레 미안해서 어쩔 줄 몰라 하다가 틈 보아서 그 자리를 뜰 때면,

"그래, 가자." 혹은 "그래, 가거래이" 하셨다.

"너무 생활에 매달리지 마라. 작품에 전념하거라. 지나 놓고 보니 다 후회스럽군. 아나, 아나?"

마지막 찾아뵌 자리에서도 이 말씀을 되풀이하여 들려주시었다. 지난 3월 초순이다.

지리에 퍽 어두운 편인 나는 댁으로 방문할 때마다 언제나 친구들

에게 원효로로 가는 길과 버스 노선을 물어야 했다. 화신 앞과 광화문 교육회관 앞에서 버스와 택시로 가곤 하던 기억들이 뒤엉켜 통 실마리가 잡히지 않곤 하였다.

지난 2월말, 바람이 몹시 부는 날 밤에 방문한 적이 있다. 차에서 내리니, 갑자기 원효로 4가 일대가 정전이 되고 있었다. 돌아서야지, 돌아서야지 하면서도 어느새 나는 선생님댁 대문 앞에 와 있었다. 탕약(湯藥)을 들고 선생님이 막 잠 드셨다고 그래 그날 밤은 불 꺼진 대문 앞에서 그냥 돌아섰다.

어쩜 이제는 불 꺼진 밤이 된대도, 또 친구의 도움말이 없대도 혼자서 찾을 수 있을 것도 같다. 주무시나 하고 다시 가보고 싶다.

사모님께 전해들은 목월 선생님 얘기 중에는 아는 사람은 다 아는 그 건망증 얘기도 있다. 선생님이 젊었을 때인데, 한 번은 제자들의 방문을 받고는 "박목월입니다. 박목월입니다." 하고 한동안 자기소개를 계속하시더라고

내가 특히 사랑하는 얘기는 절제의 이야기이다. 모임 가운데에 나가서, 다른 사람들이 열중하는 게임이나 오락에는 전혀 끼어들지 못하신다는(안 하신다는) 것, 외출 중이다가 집 안에 들어서시면 집안의 라디오나 전축 소리 따위를 모두 끄도록 하셨다는, 그런 감정의 절제를 거의 평생 동안 유지해야만 시는 쓰여지는 것이라고

이런 일면을 언제나 나는, 젊은 시절 목월이 마주앉은 사람들의 흥미 없는 얘기에 홀로 고개를 돌리고 휘파람 불기를 즐기곤 하였다는 이야기를 아름답게 포개어보곤 한다.

선생님은 가끔씩 제자들의 직장에도 찾아주셨다. 졸업을 하고 나는 고향에 내려가 직장을 가졌는데, 그때의 강릉상업고등학교로 찾아 오셨었다. 그날은 '스승의 날'인가로, 아이들은 다 돌아가고 교직원 파티가 도서관에서 열리고 있었다. 초여름이었다. 사동(使童) 아이가 연락해 주어 나가보니, 목월 선생님이 현관 앞 잣나무 아래 와 계셨다.

"교정이 참 좋군, 구경 안 왔더냐." 하셨다.

또 한 번은 문교부에 근무할 때로, 그때에도 무슨 볼 일로 왔다 들르셨다며, 나의 손을 이끌고 상사들이 모인 방으로 데리고 가시었다.

순정-. 무엇 하나도 해 드릴 수 있는 걸 가지지 못했던 나는, 순정 그것만으로 따르던 자의 배신과 쓸쓸함을 씹고 있다. 여러 해 전, 한 노인과 만난 이 세상에서의 어떤 날 저녁들이 가까운 엊그제 저녁보다도 가까워지는 그런 연결 속에서.

나는 목월 선생님이 주신 엽서 한 장을 가지고 있다. 십여 년 전 강릉 시절에 받은 것이다.

못 만나고 그냥 돌아와 섭섭하다.
좋은 작품 꼭 보내주기 바란다.
기회 있거든, 서울 올라와 놀다 가게.

이 짧막한 3행의 엽서를 나는 오늘 저녁답에 받은 것으로 하겠다. 엽서의 '서울'을 '여기- 천국'이라 고쳐 읽으며.

다한 말, 다 못한 말

정대구

내가 목월 선생님과 인연을 맺어온 것은 불과 10년도 안 되는 세월이다. 더 오랫동안 더 많이 옆에서 모시고 선생님의 지킴 속에서 텄어야 했을 것을, 이렇게 일찍 선생님을 여의다니 지금 이 글을 쓰는 순간에도 가슴이 떨린다.

내가 선생님의 비보를 접하고 달려갔을 때는 까만 헝겊을 두른 선생님의 영정만이 말없이 나를 맞이해 주셨다. 전 같으면,

"음, 정 선생 왔어요. 거기 앉아요"

부드럽고 은근하게 자리를 권하실 바로 그 응접실 그 마루에서 이제는 선생님의 따뜻한 음성을 더는 들을 수가 없다니 울컥 뜨거움 같은 것이 복받쳐 오름을 금할 수가 없었다.

내가 목월 선생을 처음 뵙기는 내가 문단생활을 시작하기 전인 70년 여름방학 때가 아닐까 기억된다. 그 당시 내가 봉직하고 있었던 시골학교에서 국어과 연구발표를 하는데 선생님의 말씀을 듣는 특강 순서를 마련하고 선생님댁을 찾아뵙게 되었다. 그때까지 나는 선생님

을 직접 뵙지는 못했지만 중학교 때 선생님의 ≪청록집≫을 보았고 고등학생에게 선생님의 시를 가르쳤으며 ≪난·기타≫와 ≪청담≫ 등의 시를 읽었고 또 '토요일의 밤하늘' 등에서 듣던 구수한 인생 안내, 인간적인 너무나 인간적인, 생활적인 너무나 생활적인 이분의 음성을 직접 듣고 싶어서였던 것이다. 특강 승낙은 받아내지 못했지만 나는 목월 선생님을 처음 뵙던 순간의 감격을 언제까지 잊을 수가 없다. 짧은 기간 동안 대학에서 양명문 선생님으로부터 시론을 배운 이래 현역이신 그것도 내가 오래도록 동경하던 시인의 존안을 뵙기는 목월 선생이 거의 처음이었다 싶다.

선생께선 나에게 음성뿐만이 아닌 전신으로 말씀하고 계셨다. 그 훤칠한 키가, 그 지순한 눈동자가, 그분의 두꺼운 손과 어떤 발가락의 움직임이 나에게는 많은 말씀으로 들려왔다. 이 댁 뜰에 돋아난 풀잎을 스치고 지나가는 바람까지도 그때는 분명히 나에게 어떤 신비한 속삭임이었다. 말하자면 나에게 있어 선생님은 영적인 존재였다. 그 후로 나는 선생님을 자주 찾아뵙고, 이러한 감동을 더욱 심화시켰다. 마침내 선생님께서는 내가 1972년 신춘문예를 통하여 시단에 새로이 태어날 산파역까지를 맡아 주셨다.

어느 일요일 오후였던가, 선생님은 바른 손 둘째손가락을 펴서 나의 무릎께를 살며시 문지르면서 말씀하셨다. "시는 바로 이거다." 멍청한 나는 더욱 멍청히 선생님을 바라봤다. 선생님은 말씀을 이으셨다. "시는 감각입니다. 감각ㅡ자연에 대한 감각, 역사의식의 감각, 사회적인 감각 모두 감각이지요." 또 언젠가는 머리를 크게 끄덕여 보이면서 "시는 바로 이런 것ㅡ깨달음이지요. 인생에 대한 크든 작든 어떤 깨달음, 바로 그것이 시입니다." 지금도 나는 듣는 듯하다. 시에 대한 이야기, 혹은 선생의 시에서처럼 소박한 생활에 대한 이야기를, 선생은 섬세한 시정을 보듬으면서도 가정에 충실하고 직장에 충실한 철저한 생활인으로서의 귀감을 보이셨다. 나는 선생님의 이러한 점이 좋았다.

어쨌든 나에게 있어 선생님은 거의 암시적 존재였다. 그 암시를 잘못 수용하여 때로는 선생님의 오해를 사는 결과를 빚은 일도 있었지만 나는 한 마디도 변명하려 들거나 입장을 밝히려 들지 않았다. 그것은 선생님의 지적 그대로 내가 우직하고 촌스러워서 선생님의 사랑을 그대로 키우지 못한 데 그 원인이 있다는 스스로의 반성이 앞서기 때문이다.

제3자를 통하여 나에 대한 선생님의 이야기를 듣는 때가 있다. 칭찬의 말씀, 때론 핀잔의 말씀을. 그러나 나는 칭찬에 대한 고맙다는 인사도 드리지 못했고 핀잔에 대한 사과를 드리지도 못했다. 그것은 선생께서 나에게 주려는 정이 너무 컸기 때문에 나의 하찮은 말로써는 다 갚을 수도, 다 해명할 수도 없다고 여겼기 때문이다.

간혹 나는 선생의 측근으로부터 선생을 비난하는 소리를 듣는다. 그때마다 나는 평시에 너무도 대범하신 선생의 성품과 건전한 생활양식을 이들이 잘못 받아들인 데서 오는 틈이라고 본다. 모두가 크신 품 안에서 생기는 작은 물결로 보였다.

선생은 가셨다. 나에게는 너무도 짧게 사시다 가셨다. 그러나 선생님은 영원히 나에게 살아 계시리라. 선생님의 시가, 선생님의 음성이 그리고 선생님의 생활이, 선생님의 다정함이―.

지성과 동심이 어울린 표정

김시철(金時哲)

한국시인협회가 관철동으로 옮겨오면서 나는 자주 목월 선생을 만날 수 있게 되었다. 그전까지만 해도 나는 한낱 한국시협의 회원 된 자격으로 간간히 더러 뵈었을 뿐, 그리고 선배 시인에 대한 후배 된 도리와 대우 정도로만 접하였을 뿐, 실상 이럴 만한 친교는 없었다. 그러던 차에 시협이 공교롭게도 나의 사무실 바로 이웃으로 이전해 오면서 목월 선생과 나는 비교적 잦은 접촉을 갖게 된 셈이었다. 더욱이 시협이 세든 건물의 건물주가 평소 나와 지면이 있었던 사이(낚시꾼)였던 만큼, 나는 그 사무실 임차문제 까지도 이편에 서서 상의하곤 하였다. 그렇잖아도 그 무렵 관철동 일대엔 성춘복 씨와 내가 터줏대감처럼 행세(?)하였고, 이웃 외환은행에는 김광림과, 김영태 씨, 한국기원 쪽에 박재삼 씨가 있었던 관계로 우리는 거의 하루를 건너는 일없이 다방이나 나의 사무실 아니면 시협 사무실에서 얼굴을 맞댔다.

그 무렵 목월 선생은 『심상』을 준비하셨고 광림은 목월 선생을 도와 그 산파역을 맡았었다. 그때 시협 사무국장이던 정한모 씨가 예의 그 무골호인다운 얼굴로 자주 모습을 보이게 됨으로써 관철동 바닥이 하루아침에 시협을 중심으로 시인들 집합소가 돼버렸다.

김종해 씨와 이건청 씨가 『심상』의 편집 스탭이 되고 편집위원이며 평소 목월 선생과 혈육지간처럼 우애가 두터웠던 박남수 선생, 그리고 이형기·황금찬·이탄·오세영·김후란·허영자·이경희·김여정·함혜련 씨 등 여류들도 자주 그 모습을 보이게 되자 금관다방과 유전, 모란봉다방은 언제고 시인들로 붐비었다.

『심상』이 창간되면서 목월 선생은 하루도 거르지 않고 조석으로 편집이며 제작 판매 광고에 이르기까지 심혈을 기울였고, 웃으시길 잘 하시는 사모님께서는 이 큰 역사에 깊이 빠진 목월 선생의 움직임을 그림자처럼 뒤따르면서 그의 심경의 헤아림은 물론 건강을 살피기에 여념이 없었다.

"김형, 좀 건너오시오. 차나 한 잔 나누며 얘기나 합시다!" 가끔 시협 사무실에서 걸려온 선생의 전화부름을 받고 나는 곧장 뛰어가길 잘 하였다. 그러나 본시 '나'라는 사람의 성격 됨됨이가 그 누구에게나 그랬듯이 살살이로 비위나 맞추고 아부나 하는 그런 유형과는 달라서 때로는 도에 넘치는 직언 같은 것을 예외 없이 불사하였지만 선생은 그쯤 나의 속 깊이까지를 이미 다 헤아려 놓고 계셨는지 한 번도 표정을 굳혀보는 일 없이 언제나 지성과 동심을 한데 어울려 빚은 그런 표정으로 웃어넘김으로써 때로는 이쪽이 도리어 무언가 죄스러운 감을 받을 때가 많았다.

저녁이면 시협 사무실은 볼만 하였다. 청요리 한 접시에 백알 한 잔 기울이는 주석이 빈번하였고, 또 하루가 멀다 하고 심심풀이 십원짜리 포커판도 열렸다. 광림이가 곧잘 소집하였고 정한모 씨도 나도 거기엔 한사코 빠지질 않았다. 그러나 목월 선생은 그런저런 우리의 모임에 대해 한 번도 언짢은 표정을 보내는 일없이 오히려 그 분위기 속에 휩싸여 주었으며 되도록 관철동 시협의 분위기를 애써 가꾸어 주시는 눈치였다.

"어쩐 일입니까, 선생님?"

때론 예고도 없이 선생은 나의 사무실을 방문하셨다. 별다른 용무가 있어서가 아니었고 며칠만 얼굴을 못 뵈어도 그게 그렇게도 궁금하셨던가 싶었다. 선배가 후배를 아끼고 사랑하는 마음을 문득문득 느끼면서 그것이 바로 인정에 물을 주어 꽃을 피우기 위해 고이 가꾸어 나가길 바라는 그런 노력인 것 같았다.

그 무렵 사모님은 불안정한 선생의 건강을 심히 유념해서인지 약봉다리를 자주 보이셨다. 혈압과 당뇨증세가 걱정되신다 하셨다. 사모님께서는 어느 날 나에게 "우리 박 선생님 낚시 좀 데리구 다녀줘요!" 하고 부탁해 왔으나 나는 그때마다 '고행 길'이라는 이유를 들어 협력해 드릴 수 없노라고 하였다. 사실 낚시란 일반적 인식과는 달라서 고된 육체적 고역이 심히 뒤따르는 일이므로 나로서는 선뜻 찬성할 수가 없었다.

그렇게 자주 상면하길 여러 해, 그러다가 시협이 다른 데로 이전해야 했다. 건물주가 바뀐 것이었다. 목월 선생은 물론 주위에 있던 그 누구도 시협 이전소식에 서운함을 금할 길이 없었다. 이때부터 선생과 나의 상면도 뜸해졌다. 그러길 1년쯤 되었을까. 불현듯 목월시집 ≪무순≫ 한 권을 우편으로 받아들고 나는 커다란 죄책감에 사로잡히고야 말았다. 저서의 지면에 적은 다음의 글은 참으로 나의 불민(不敏)을 일깨우는 내용이었다.

"김형! 우린 그동안 너무 격조하였소 그전처럼 우리 사무실에 자주자주 들러주시오 ─박목월"

나는 이 글월을 받고 무엇인가 서운함을 느끼고 계시는 선생에게 몇 자 글월을 올렸다. "언젠가는 예고도 없이 불쑥 댁으로 뛰어들 것입니다. 용서하십시오"라고 근년에 와서 불안한 건강 때문에 자주 병원에 입원하는 일이 잦아 주위 사람들을 무척 걱정스럽게 하였으나 실상 그렇게 쉽사리 가실 줄은 아무도 예측하지 못하였다. 너무도 갑작스런 부음을 광림으로부터 받고 우선 한 달음으로 달려갔었으나 이미 빈소에 마련된 선생의 불귀의 근영은 생시에도 늘 그랬듯이 그저 담담하고 온화한 표정 그대로 소리 없이 우리를 맞이해 주고 있었다. 무엇인가 나에게도 한 말씀 건네 오실 듯한 그런 얼굴로……

거듭, 선생님의 명복을 빈다.

문전소교설삼촌(門前小橋雪三寸)

박희선(朴喜宣)

　지금 나는 어데 있을까? 50에 접어들기 이전 나는 항시 엽서를 생각했다. 훌훌 어디인가로 떠나되 그 정해질 수 없는 자리에서 네모반듯하되 좁은 길숨한 5와 M의 균정 속에 희랍인들이 생각했음직한 황금률의 소중한 규격의 여백을 위해서 내 뜻 내 소망 내 꿈의 진실을 적어서 띠우고 싶었던 막연한 충동……

　나는 오늘 30년만에 모처럼 연필을 깎는다. 소년이기 이전의 동년(童年)의 한 철, 그리고 자라서 시를 느끼기 비롯하게 된 그 마음의 층 한 자리를 위해 나는 연필을 깎고 그리고 생각한다. 엊그저께 우연히 마주친 석간신문의 한 모서리에서도 이 한반도의 화신 북상의 차례는 마련되어 있었고, 그 자리를 알뜰하게 채워주고 있는 것은 역시 목련이었다.

　북구의 작가 <25시>의 시인이 지나가다가 흘려놓은 말도 있지만은, 나는 곰곰이 생각한다. 이 땅의 초가차림이 지니고 있는, 그리고 무덤들이 그 자리 구릉의 품안에서 보여주고 있는 이미 허무를 떠난 그렇고 그렇고 그러다가 그렇게 되고 있는 엄연한 안존과, 그러한 자리차지에서만 우러러 느낄 수도 막연하게 있거나 또는 무시해버릴 수도 있는 그런 것……

그런 것들의 안개는 정신일 수도, 때에 따라서는 육신일 수도 있겠으나 나는 오늘 우연이나 연필을 깎고 있다. 그리고 나는 돌연한 일과 같이 최북(崔北)을 생각하고 그 사람의 일생을 찬(贊)한 문구를 떠올리게 된다. 즉 문전소교(門前小橋)에 설삼촌(雪三寸)이라는 글이다. 20년 전쯤의 일이다. '門前小橋雪三寸'을 어쩌다가 비춰보았더니 '아차!' 하는 듯이 반기던 시인. 그리고 그것을 이 말을 할 수 있었던 자를 위해서 그, 그, 이듬해쯤에 심방을 잊지 않았던 분이 곧 목월 선생이요 그 내외분이었으며 막내요 맏이었던가 기억하고 있다.

나는 오늘 연필을 부질없이 깎아 보고 있다. 거미줄이 치어질 정도가 아니라, 20년 그 이후 오늘도 그렇기는 하나, 신문지 도배라도 다시 해야 할 내 공부방을 심방하고, "박형! 우리 내외가 함께 할 것이니 신문지 도배라도 함께 합세……" 이런 말을 남겼던 그는 그날 송편 쟁반에 소고기 한 칼과 청주 한 병을 곁들이고 '문전소교(門前小橋)'는 '소교(小橋)'이지만은 철렁 철렁 울리는 폐철판 건늠다리를 조심스럽게 울리고 심방하고 조심스럽게 돌아가던 것을 나는 어떤 경상어(敬上語)로도 바꿀 수 없는 것임을 알고 느끼고 있었으면서도 다만 "저런 순수……" 하였다.

'나의 발자국은/ 돌아보는 그것으로/ 멀어져가고/ 사방에서/ 모래가 뿌려졌다' 4년쯤 전에 이 <서방에서>의 작품을 대하였을 때에도, 나는 이 작품의 첫 1행구 '서방에서 모래가 뿌려졌다'에 대해 놀라면서도 '펴고 접는 우주의 부채'와 그 '그늘'이며 '은하계의 물거품'이 곧 '자비'요 이 시인의 '사람'이던 것을 부끄러우나 아득하게만 느끼고 있었던 것이 사실이었다.

그러나 오늘은 부질없이 소년이 되어 연필을 깎고 몇 글자씩의 마음의 줄거리를 가다듬어 나가려하니 문득 마음에 잡히는 것이 있다. 60년도 전후이었다. 염천교 건너편에 '호수'라는 다방에서의 일이다. 염천교는 기관차의 철로와 옆으로는 전차, 앞으로는 버스가 삼차적으로 교차하는 자리요, 그 다방을 공교롭게도 외제 때의 2층 목조건물의 한 방을 차지해서 꾸민 자리이기도 하였다.

오늘날까지도 지방시인의 이름을 벗기지 못하고 있는 K형과 3인이 차 한 자리의 대화를 나누고 내려와서 염천교를 지나는데 "박형! 벽오동을 알아?" 이렇게 묻고, 그 다리는 건너서지 않고 다시 뒤돌아와서 가로수(플라타너스) 곁으로 다가가 "나는 이렇게 시를 배웠지 – " 하면서 플라타너스를 품어 안아 들이는 듯 하는 모습을 지어내는 것을 보았다.

"목월, 이것을 알겠나. 이런 것을 시로 써보소" 범부(凡夫) 선생이 그렇게 일렀기에 나는 우선 그 뜻 자리에 이르고자 심력을 기울여 보았는데 "박형, 자네 어떤가?" 하던 것이 목월 선생의 그때의 친절 방편이었다. 나이 10년이면 존장이라고 하나, 나 개인의 처지에서보다도, 이제 우리 시사 앞뒤의 천 년을 생각할 때 저윽히 망망할 뿐이다.

목련꽃을 잡아낸 사진기자의 우연치만은 않은 작품을 대하고 나는 오늘 부질없이 이 글의 초고를 위해 연필을 깎고 또 깎아내고 있다.

내가 아는 박목월

임강빈(任剛彬)

박목월 선생과의 처음 만남은 지금부터 10년이 채 못 된 것으로 기억된다. 그러니까 내가 '구름에 달 가듯이/ 가는 나그네'의 시구를 외우던 학생 시절. 그 시절이 지나 이제는 학생들에게 시를 가르치는 몸이 되고서도 꽤나 많은 세월이 흘러간 뒤의 일이다.

작품에서 느껴지는 분위기라든가 시정 같은 것을 통해 나름대로 한 시인을 상상하다가 직접 그와 만나게 되었을 때, 머릿속에 그려온 것과 근사하게 들어맞기도 하고, 반대로 빗나가는 수가 있다.

목월 선생을 처음 대했을 때 '청록'이라는 말이 이분과 매우 잘 어울린다는 것이었다.

처음 만났을 무렵 선생은 자주 유성온천에 들렸고, 그때마다 만나는 횟수가 잦았다.

소탈하고 꾸밈이 없는 분이라는 인상을 받았다. 옷차림 같은 것에도 별로 신경을 안 쓰는 것같이 보였다. 대개의 겨우 T셔츠 차림새였다. 그것이 아주 잘 어울리기도 하였다.

또 생활에 충실한 분이라고 생각하게 되었다. 초기의 한국적인 전통미에 바탕을 둔 서정의 세계에서 차츰 생활 속에서 시를 발견하고, 자연을 생활적으로 승화시킨 후기의 작품에서처럼. 평범한 일상에서 늘 새로운 감동을 찾는 것이라 생각되었다.

목월 선생은 매사에 자상한 분이였다. 어느 동행에서의 일이다.

"이 꽃 이름 알아요? 임형."

언제나 나를 임형이라 불렀다.

"달맞이꽃인데, 이름만큼 곱지 못하지요."

또 선생은 자신의 일보다 남의 일에 더 마음을 쓰는 따스함이 있었다. 시는 원래 인간적인 것. 모든 사물에 생명을 주고, 자연을 사랑하고 인간을 사랑하는 진실, 그것이 아닐까? 자상하고 다감한 선생의 성품에서 천성적인 시인임을 알 수 있었다. 조그마한 것에 얽매이지 않고, 남의 일을 자신의 일처럼 살펴준 그 따뜻한 마음에서 인간적인 용량을 느끼게 하였다.

선생은 또 매우 부지런한 분이라고 생각되었다. 이것 역시 선천적으로 타고난 것이 아니었을까? 그 바쁜 일상의 생활 속에서 언제 저 많은 시작과 저서를 낼 수 있었을까. ≪산도화≫ 이후 마지막 시집인 ≪무순≫에 이르기까지, 그리고 10여 권에 달하는 산문집. 고작 몇 권의 시집으로 일찍 늙어가는 수많은 이 나라 시인에 비해 이것은 참으로 방대한 문학의 양이라고 생각된다.

"내가 만약 다시 태어난다면 결코 두 가지 일을 겸하지 않겠다."고 말한 것처럼 얼마나 평생을 시 하나만을 생각하고 사랑한 것인가. 특히 목월을 천성적인 시인으로 부르고 있지만, 『피에르와 쟝』의 서문에 나오는 "재능은 긴 참고 견딤"에서 비롯된 것이 아닐까.

목월 선생은 어디를 가나 낡은 대학노트를 몸에 지니고 있었다. 그리고 틈이 나는 대로 시상을 잡기도 하고 퇴고도 하였다. 대개의 경우는 연필을 사용했다. 연필 나무의 향내가 좋아서였다.

5,6년 전의 일로 기억된다. 한 번은 대전의 몇몇 시인이 선생댁에서 하루를 머물게 되었다. 술대접도 받고 모두들 어지간히 취하고 나서야 2층으로 올라가 자게 되었다. 얼마 후에 조용히 문이 열렸다. 선생이 아직 잠자리에 들지 않고 있는 나를 나오라고 손짓을 하였다. 아래층 서재로 내려갔다. 방 가득히 아무렇게나 쌓여있는 책 더미 속에 침대가 하나 있었다. 그 침대에 걸터앉았다. 예의 대학노트에 연필로 잘게 쓴 시 원고를 내밀면서 보라고 했다.

"따지고 보면 시도 기교가 아니겠어요? 예술인 바에야."

대개 언제나처럼 나는 듣고만 있었다.

"형상화가 문제지요."

'참 부지런한 분이구나. 이런 시간에 혼자서 시를 생각하고 있다니!' - 내 스스로의 시작 생활에 대해 반성해볼 수 있는 좋은 계제가 되었다.

시만큼이나 고왔던 그분의 마음. 이것이 더러는 인간사의 번민을 가져오게 하였는지 모른다. 그러나 이 동심 같은 마음 - 이 맑고 꾸밈 없는 동심의 세계가 목월시의 젖줄이 된 것이 아니었을까?

인생 과객이라고 했지만, 그러나 너무나 갑작스럽고 짧은 나그네길이었다.

박목월 선생.

하늘나라에서도 지금 시를 생각하고 있지 않을까? 그 세상에도 향내 나는 나무 연필은 있을 것이라는 생각이 든다.

벗어주신 파란 Y샤쓰

최원규(崔元圭)

내가 처음으로 목월 선생님을 뵌 것은 지금으로부터 18년 전인가 보다. 어느 문학 강연장이었다. 훤칠한 키며 머리를 짧게 깎아 건강미가 넘쳐흐르고 있었다. 나에게는 목월 선생님에 대한 여러 가지 감회가 용솟음치고 있을 때였다. 그 여러 가지 감회란 다름 아니라 평소 가장 훌륭한 분이라고 생각되는 대시인을 처음으로 인사 올리게 된다는 약간의 흥분과, 또 한 가지는 그 무렵 내가 첫째 시집을 내어 목월 선생님께 보내 드리고 회신을 못 받아 못내 아쉽고 섭섭한 마음이 움트고 있어 선생님을 만나 뵙게 되면 시집을 받았노라는 말씀과 그 시의 내용에 대한 언급이 계실 것을 기대하고 있었기 때문이었다.

드디어 강연이 끝난 뒤 찻집에서 마주앉아 인사를 올렸다. 온화한 얼굴에 다정한 목소리로 더러 서울에 오면 놀러 오라는 말씀이 있었을 뿐, 나의 시집에 대한 언급은 한 마디도 하시지 않아 나는 그날 집에 돌아와 밤새도록 목월 선생님께 섭섭한 마음이 되살아나곤 하였다.

그러한 마음은 그 뒤 몇 해 계속 되었다. 그래서 나는 시인 박용래 형과 만나 술잔이라도 나눌 기회가 있으면 으레 당신의 형님(용래 형은 목월 선생님을 술만 취하면 우리 형님이라 부름)이 섭섭하다는 이야길 되풀이했다. 대시인께서 시집을 받으시고 그 뒤에 보내준 사람을 만났으면 잘 받았노라는 말씀이 있어야지 그럴 수가 있느냐고 나는 공연히 용래 형에게 투정을 했다.

얼마 뒤에 목월 선생님 내외분께서 유성에 들르셨다. 그때 용래 형과 나는 유성에 가서 밤늦게까지 문단에 대한 이야기며 집안 이야기며 시에 대한 말씀을 많이 들었다. 또 술까지 내주면서 거나하게 취기가 돌 정도로 마셨다. 내가 용기를 내어 목월 선생님께 몇 해 전에 선생님께 저의 첫 시집을 보내드린 뒤 선생님의 회신을 못 받아 아쉽고 섭섭했노라고 말씀을 올렸다. 그랬더니 "아, 그렇게 되었던가. 그렇다면 미안하게 됐소"라고 말씀하시며 나의 손을 덥석 잡으시는 게 아닌가. "공주라면 내가 장가 온 곳인데……"하시며. 사모님께서는 미소를 띠시며 우리 공주 시인 잘 보살펴 달라는 말씀을 목월 선생님께 하시었다.

목월 선생님은 그 뒤 일 년이면 두서너 번 뵈올 기회가 있었다. 온양에서 조치원에서 유성에서 공주에서 또는 원효로 자택에서 그럴 때면 으레 만나자 농도 걸으시고 때로는 가정에 대한 말씀도 구체적이며 재미있게 들려주시고 했다.

이 무렵 선생님께서 조금씩 건강에 대한 염려를 하시는 것을 엿보았다. 가끔 말씀 중에 담배를 피우시면 사모님께서는 담배를 줄이시라고 하였다. 또 술을 드는 모습을 보시고는 나도 한 잔 해야 되겠는데 하시며 술잔을 입에 대시다가 향기만 맡고 내려놓으시곤 하였다. 선생님께서 "술은 향기지 많이 마시는 것은 좋지 않아. 그러나 술이 없으면 안 돼……" 그런 말씀도 하시고 근래에는 술을 통 안하시는데 "지난 번 정종 한 대접 마셨지……"라고 하신다. "언제 마셨습니까?"하고 여쭈어 보았더니 "내 맏이(박동규 교수)가 서울대에 결정 되었다는 소식을 듣고 내 내자와 같이 밤에 가서 현관에 서서 한 대접 마시고 돌아왔지요." 정말로 그 말씀을 하시는 동안 목월 선생님의 표정은 아버지로서의 자애가 넘치고 사람이 가장 즐거워 할 때의 흐뭇한 모습을 보여 주셨다.

목월 선생님의 따스한 인정미는 뵈올 때마다 더 짙어만 갔다. 때로는 아버님 같이 때로는 스승처럼 때로는 가장 가까운 친구같이 손을 잡으시고 "최 교수 이제는 큰 시인이 되어야지 최 교수는 학장감인데……" 이런 농을 주실 때 나는 목월 선생님의 격려가 얼마나 뜨겁고 깊은 것인가를 느끼었다.

현대시인선집의 하나로 나의 시집을 뽑아 주시고 그 제목까지 '순간의 여울'로 달아 주셨다. 그 무렵 교정지가 나와 교정을 보러오라는 출판사의 기별을 받고 마침 학교일 때문에 올라가지 못했다. 내가 목월 선생님께 서신을 올리고 교정을 볼 만한 사람에게 부탁해 달라고 교정자의 점심값을 동봉했다. 그랬더니 그 뒤 곧 목월 선생님께서 회신을 보내시고 교정을 시협 간사에게 부탁했으니 그런 걱정은 하지 말라고 나의 뜻을 되돌려 보내셨다.

그 뒤에도 몇 번인가 선생님을 대접하려고 기회가 있으면 별렀으나 언제고 선생님께서 먼저 찻값이나 음식값을 내어 버리곤 하셨다. 목월 선생님의 지나친 결벽증 때문일까, 더러 짜증스러웠으나 선생님의 온화하신 인품으로 하여 더욱 친근감이 솟았다.

언젠가 여름 대전 거리에서 파란 티셔츠를 하나 사 입으시고 저녁나절 당신 몸에는 조금 작다고 나에게 벗어 주신 일, 내가 현대문학사에서 수상되었을 때 화분과 만년필을 보내주신 일…… 그 화분은 지금도 내 뜰에서 꽃망울을 맺고 있는데 선생님은 저승에 가셨다.

아, 목월 선생님. 이승에서 마지막 뵌 한양대 입원실의 창가에서 웃으시며 이제부터 좋은 시를 쓰신다고 벼르시던 모습이 지금도 나의 가슴에 고여 온다. 아으, 박목월 선생님.

동양적이고 심플한 이름

이　탄(李炭)

　고1땐가 2때 처음 목월 선생을 뵈었다. 고대에서 고등학생들의 자작시 낭독이 있었는데 목월 선생이 심사를 맡으셨던 것이다. 나는 그때 등수 안에 들지 못했다. (김재원 시인이 장원을 한 것 같다.)

　그때 인상은 '잘 생기시고 음성도 좋으시다'는 것이었다. 그 후 고2땐가 3때『학원』잡지 독자란에 시를 보냈는데 입선이 되었다. 심사를 목월 선생이 맡으셨다. 그 무렵 나는 소설 한 편을 완성시키려고 애를 태우고 있었으며, 또 시도 더러 썼다.

　고3 가을에 우연히『학원』을 보았는데 심사평에서, 독자의 작품을 평하시면서 요즘 김형필(필자의 본명) 같은 학생의 작품이 기다려지는데 입시 준비에 글 쓸 겨를이 없는 모양이라는 말씀을 하셨다. 얼마나 가슴이 흐뭇하고 두근거렸는지. 목월 선생 같은 분께서 칭찬을 해주시니, 나는 소설을 집어치우고 시만을 썼다. 그리고『자유문학』의 신인상 모집에 투고했다. 낙방이었다.

　대학에 입학, 시를 쓰면서 60년도 대학시학회라는 것을 만들었다.

각 대학에서 1명씩 모여 만든 문학서클이다. (정한모 시인께서 지도 선생이셨다.) 이 모임의 친구들은 추천제도나 신춘문예를 거부하기로 했다. 그리고는 시화전, 문학의 밤 등을 꾸준히 전개했다.

그런데 4학년 때 회원 중 하나가 신춘문예에 응모한 것이다. 결선 까지 올랐으나 낙선되었는데 "너희들은 내 봐야 결선도 못 올라간다." 고, 투고한 것을 합리화시켰다. 우리들은 약이 올랐다. 배신당한 기분 이었다.

졸업을 하고 대한교과서에 취직, 봄철(교과서 시즌)이 지나니 야근 을 안 하게 되었다. 그래서 시를 몇 편 만들어 목월 선생한테 부쳤다. 『현대문학』에 추천을 받고 싶었던 것이다. 현대문학사는 대한교과서 와 자매사로서 위층에 있었다.

목월 선생을 찾아뵙지도 않고 시만 불쑥 부쳤는데, 그런 성격이 그 래서 그런 것이다. 괜히 쑥스러워. 시가 안 좋았는지 몇 달이 가도 소식이 없으셨다. 계속 작품을 보낼까 하고 생각만 하다 겨울이 다가 오고 신춘문예 공고가 나왔다.

마침 모교에서 '문학의 밤'을 하는데 와서 시 한 편 낭독하라는 후 배의 부탁으로, <바람 불다> 한 편을 만들어 낭독했다. 그것이 당선 된 것이다.

그 후 나는 대한교과서와 자매사인 새소년사의 『새소년』 잡지의 편집 일을 보게 되었다. 『새소년』의 방은 『현대문학』의 방에 함께 있 었다. 방 하나를 칸막이 하나로 막아 나눠 쓴 것이다. 따라서 현대문 학에 오는 손님을 자연 만나게 되었다. 목월 선생은 이따금 오셨다. 심사위원이셨으니까. 오시면 어떤 때는 차를 사주시기도 했다. 어느 날 다방에서 새로운 시도를 해보려는 중이라고 하셨다. ≪경상도의 가랑잎≫을 구상하실 때였다.

내가 지금의 직장에 와서, 목월 선생이 <저축의 노래>를 작사하 신 걸 알았다. 그리고 내 직장에서 어린이를 위한 책을 내는데, 편찬

위원을 부탁드렸더니 승낙하시고 회의 때마다 좋은 말씀을 해주셨다.

나는 한국시인협회 회원인지 아닌지도 모르고 있을 무렵, 지나다 협회에 들렸는데(74년도) "이탄이 총무 좀 하렴." 하시기에 알고 보니 나는 60년대에 회원가입을 했었다. 무성의했던 자신이 송구스러워 나는 감사하게 총무를 맡았다. 사실 총무가 하는 일이 뭐 있겠는가.

고등학교 때, 격려의 말씀 때문에 시를 쓰게 되었다고 할 수 있겠는데, 나는 시집을 내도 드리질 못했다. 내가 보아도 부끄러워서, 시집을 내면 친구나 직장 동료들을 줄 정도였다.

나는 '목월'이라는 이름이 그저 좋았다. 동양적이고 심플한 이름. 시에서 보이는 서정세계와 이름이 잘 어울리는 것이기도 하다.

시간강사로 나가는 학교에서, 영결식 다음날, 강의 때 애도하는 마음으로 목월 선생의 시 세계를 이야기하면서 나는 서정의 정상, 우리 시의 전통을 튼튼하고 확대시킨 면을 특히 강조했다. 몇 년 만이라도 더 사시지 않고! 이제 겨우 철이 들어 선생님 심부름이라도 해드릴 수 있을 것 같았는데.

■■■■■ 목월 선생님과의 대화

●●●

시집, 한 아름 주시던 큰 손

김성춘(金成春)

내가 선생님을 처음 뵌 것은 74년 1월, 바람 부는 울산 고속버스터 미널에서였다. 『심상』에 첫 신인으로 등단 후, 문우들이 마련한 축하 문학의 밤에 선생님께서 못난 제자를 위해 먼 길을 오신 것이다. 처음 뵌 선생님은 넥타이도 매시지 않은 소박한 차림새였다.

인사드리는 내 손을 따뜻한 큰 손으로 잡아주시며 부드러운 미소를 주시던 선생님. 그날 밤 강연에서 선생님은 퍽 건강하신 얼굴로 문학의 길은 험난하지만 인생을 가장 폭넓게 살 수 있는 예술이라고 조용 조용히 말씀하셨다.

강연 후 사석에서는 선생님께서 여고에 재직할 때의 에피소드 하나로, 촌놈처럼 좀 얼어있던 나를 확 풀어버리던 그렇게 소탈하시던 선생님.

어느 땐가 여고에 부임해보니 여학생들의 예쁜 모습들이 어찌나 아름다운지 시험 감독 때 커닝하는 여학생을 보도고 적발할 수 없었다면서 소년처럼, 정말 소년처럼 동그랗게 웃으시던 선생님.

그 후 나는 시골에 살면서 아주 게으른 놈으로 선생님 생전에 자주 찾아뵙지 못하는 죄를 짓고 말았다.

그러나 선생님을 몇 번 뵐 때마다 제자들에게 기울이는 각별한 애정과 선생님의 중후한 인품을 깊이 느낄 수 있었다.

74년 겨울, 상경한 이 촌놈을 원효로 선생님댁으로 초대하셨는데 밤늦게 선생님댁을 나올 때쯤 선생님께선 "김군, 나 좀 보자." 부르시더니 이층에서 갖고 내려온 시집을 한 뭉치 건네주시는 것이 아닌가. 어설픈 내게 공부 열심히 하라는 선생님의 인간적인 체취가 담긴 그날의 시집 선물을 영영 잊을 수가 없다.

75년 봄이든가, 신감각 동인 모임 관계로 상경하여 심상사에 갔을 때 한광구 형과 내가 을지로에 있는 다방에서 선생님께서 바쁜 시간에도 나오셔서 문학 얘기와 작품이 잘 안 되어 고전이라는 나의 얘기에 "터만 좋으면 언제나 농사는 잘 돼. 꾸준히 써." 하시며 동그랗게 미소 주시던 선생님.

인생을 그토록 폭넓게 바라보면서, 다시 이승에 태어난다면 시만 쓰는 시인으로 살고 싶다고 하시던 선생님.

얼마 전에는 건강을 좀 회복하셔서 잡지에도 산책과 단전호흡으로 건강을 얘기하면서 우리 곁에 오래 오래 계실 것만 같던 선생님이 갑자기 타계하시다니 허망함과 슬픔뿐이다.

지금 이곳은 산마다 참꽃이 만발했는데 선생님 가신 그곳에도 참꽃들은 아름답게 피어 있을까? 선생님께서 고혈압으로 고생하고 계실 때도 문병 한 번 못 간 아픔, 이 못난 제자는 이 글을 쓰면서도 큰 죄를 짓는 것만 같다.

선생님, 모든 소심함을 용서해 주십시오

언젠가 햇빛 좋은 날, 산록의 선생님을 찾아뵙고 사람 노릇 못한 죄, 사죄드린다면 옛날같이 선생님께선 소년 같은 동그란 미소를 주시며 모든 걸 용서해 주시겠지요. 목월 선생님.

예수와 석가간의 간격

손석일

『심상』은 목월 선생님과 나를 잇는 교량이었다. 그러나 선생님과 나와는 가장 먼 거리에 있었다. 그 하나는 경상도 방언과 전라도 방언의 불통이고 또 하나는 예수와 석가간의 간격이었다. 내가 선생님을 처음 뵌 것은 『심상』이 관철동에 있을 때였다. 수면처럼 잔잔한 그 표정. 띄엄띄엄 이어가는 나직한 목소리, 거기엔 누구나 마음 놓고 얘기할 수 있는 다정함이 있었다. 남들이 뭐라 해도 내 길 내가 간다는 굳은 의지가 결국 경상도 방언을 쓰게 한 건 아닐는지. 건강에 비해 넘치도록 많이 써온 근래의 작품들, 그 많은 시편들이 아까운 나이로 몰고 간 게 아닐까. 항상 믿음과 사랑으로 대하는 그 시야엔 미소가 떠날 줄 몰랐다. 하지만 조조처럼 지략이 섞인 웃음이거나 공자처럼 점잔을 빼는 것도 아닌 선생님 특유의 순수한 웃음 그것이었다.

"그래 응, 이제 됐다. 진작 그카능기라 자신 있지?"

내가 나의 길을 구체적으로 설명했을 때 천진하게 웃으시던 그 모습, 그 때의 표정은 천사에 비할 그것이 아니었다. 때로는 주위사람들로부터 오해를 사고 혹 모함에 가까운 말을 많이 들은 건 사실이다.

그러나 그것은 선생님의 탁월한 사랑 때문이었다. 마치 예수가 이단들로부터 박해를 받듯이 말이다.

선생님은 자신이 길러온 제자들에게 특별한 관심을 쏟았다. 시비에 끼지 말라, 선후를 가려라, 떳떳하게 살라, 아무개와 사귀어 보라, 언어에서 행동에 이르기까지 하나하나 보살피신다. "자, 이건 사교비다. 어서 받아라. 사람을 만나자면 돈이 필요하다." 하시는가 하면 겨울엔 "얼지 말라." 하시면서 꼭꼭 내의를 보내주시던 선생님. 『심상』을 펴냄으로써 한 가지 뜻은 이룬 셈이지만 "한 10년만이라도 아무런 구애 없이 글이나 썼으면" 하시던 염원은 끝내 한을 남기고 말았다.

돛대 하나로 항해를 서두른 고달픈 한 평생, 사모님의 따뜻한 보살핌과 하느님과의 떠날 수 없는 대화가 있었음에도 너무 외로웠다. 홀로 헤매야 하는 창작의 늪에서 너무나 외로웠기에 차라리 행복한 게 아니었을까. 언제나 먼 산을 바라보는 듯한 눈빛은 얼굴 전체를 외롭게 만들었다. 가운데 발가락이(양쪽 다) 위로 솟아올라 구두를 신었다 벗으면 지쳐 쓰러질 듯하면서도 갑자기 남의 불행을 들으시면 깜짝 놀라 자세를 가다듬고 귀 기울이던 선생님이었다. 집안에선 엄한 가장이었고 학교에선 유능한 교수였으며 문단에선 훌륭한 시인이었다.

바쁜 시간 속에서도 틈이 나면 주위사람들을 위해 하느님의 은총이 같이 있기를 빈다.

"네가 가장 미워하는 사람이 있거든 미워하기 전에 그를 위해 기도를 해라."

연탄가스 중독으로 내가 전주 예수병원에 입원했을 때 있은 얘기 끝에 하신 말씀이다.

예수도 공자도 석가도 아닌 인간 박목월, 지금은 천당에서 남은 우리를 위해 기도를 하고 계시겠지. 몸은 비록 가셨지만 그 시혼은 우리의 영원 속에 깊은 뿌리로 무성하게 자랄 것이다. 그리고 땅으로부터 우릴 구해줄 것이다.

아버지처럼, 인자하신 아버지처럼

나태주(羅泰柱)

　문학으로서의 스승과 제자와의 만남은 보다 더 많이 운명적일 수 있다. 마치 혈연상의 아버지와 아들의 관계가 선택의 여지가 없듯이 문학에서의 스승과 제자와의 관계도 그렇다. 박목월 선생은 내게 있어 시의 아버지셨다. 그건 내가 세상에 태어나면서부터 그렇게 되기로 예정된 일이나 마찬가지였다. 그것은 내가 왜 시를 쓰게 되었는지 그것은 확실히 알 수 없듯이 나도 잘은 모르는 일이다. 문학의 세계, 특히 시의 세계에서는 현실적인 혈연관계 말고서도 시의 새로운 혈연관계가 형성될 수도 있는 일이라고 나는 생각한다. 시의 혈통으로 따져서 할아버지쯤 되는 시인, 아버지쯤 되는 시인, 삼촌이나 큰형님쯤 되는 시인…… 그런 시의 가계로 쳐서 목월 선생은 나의 아버지격인 분이셨다.

　내가 목월 선생을 처음 안 것은 1960년 사범학교 1학년, 열여섯 살 때 그 분의 저서 『보랏빛 소묘』를 통해서였다. 시가 무엇인지조차 모르던 촌놈에게 그분은 그 책을 통하여 자상한 안내자가 되어 주셨다. 비로소 나는 그분의 책을 읽고 나서 사춘기 초입의 심한 영혼의 갈증을 목 축일 수 있었고 구제받을 수 없는 열등의식으로부터의 피난처를 가질 수 있었다. 시가 얼마나 우리 영혼의 가장 가까운 이웃이요, 하느님인가를 짐작할 수 있었다. 감히 나는 그분을 두고 나도 시인이 되어야지, 결심하게 되었다.

그러나 그분과의 현실적인 만남은 훨씬 뒷날 10년의 세월이 필요한 다음의 일이었다. 내내 시골학교에 묻혀 꼬맹이들이나 가르치며 남들이 알아주지도 않는 혼자만의 시를 끄적거리던 내가 운 좋게도 『서울신문』 신춘문예에 당선됨으로써 선생과 나는 당선자와 선자의 입장으로 만나게 된 것이었다. 얼마나 고대해 마지않던 일이었던가! 더듬더듬 댁으로 찾아간 촌놈에게 그분은 여러 가지 따뜻한 격려의 말씀으로 이끌어 주셨다. "겸손하게 처신하고 차근차근 서두르지 말고 공부하여 자신의 세계를 완성하라. 섣불리 서울 같은 데 올라오려 하지 말고 시골에 눌러 살면서 좋은 시나 쓰도록 하라." 그분의 말씀 모두는 내 시인으로서의 밑거름이 되었다. 어쩌면 나는 목월 선생이 아니었다면 시인이 되지 못할 뻔한 사람이었는지도 모른다.

71년 『서울신문』 신춘시에 당선될 무렵, 사는 일이 하도 시큰둥하여 사는 일과 함께 시 쓰는 일까지도 집어치우고 싶었던 나였으니까…… 어디 나의 시도 시인가. 그걸 그래도 당선시라고 내세워 주셨으니 모르면 몰라도 다른 선자 앞에 갔었더라면 당선의 문턱에도 못 미칠 것을 가지고…… 여하튼 나는 『서울신문』 신춘당선으로 하여 조금씩 영혼과 육체의 건강을 회복하고 성한 사람이 되어갔다. 어쩌면 자살해 버렸을지도 모르는 한 젊은이가 소생된 것이었다. 목월 선생은 내 시의 아버지셨다. 그건 앞으로도 그럴 것이다.

나는 지난번 목월 선생이 타계하셨을 때 충분히 울지 못했다. 그러나 앞으로 그분의 시는 더 오래오래 나를 울릴 것이다. 그분의 초기 시 속에는 나의 소년의 눈매가 살아있고 그분의 후기 시 속에는 나의 또 다른 아버지의 따뜻한 목소리가 살아계신다.

　… 어느 강을 건너서
　다시 그를 만나랴
　실눈썹 길슴한
　옛 사람을
　산수유꽃 노랗게
　흐느끼는 봄마다
　도사리고 앉은 채
　울음 우는 사람
　귀밑 사마귀.

마지막 강의

김용범

"일상 접하는 외계의 사물은 우리의 머릿속에서 개념에 의하여 정리 구분되고 그 구분의 하나하나에 색인을 붙여서 어떤 것이든 어느 구분 속에 수납하게 되는 것이다. 하지만 어느 개념에도 넣을 수 없는 그야말로 형용할 수 없는 것을 대하게 되면 우리는 심연에 직면한 듯한 공포를 느끼게 되는 것이다. 개념 이전의 세계는 형용할 수 없는 것의 연속으로서 악몽 같은 세계이다. 이와 같은 혼돈의 세계를 개념으로 정리 구분하여 하나하나에 부호를 붙인 것이 언어 상징이며 말하자면 인간의 정신이 미로에 방황하지 않도록 만들어진 지도와 같은 것이다. 이 지도에 따라서 인간은 생활하게 되는 상징적 동물이며 만일 이 지도에 의하지 않고 사물 그것에 접하게 된다면 그곳에는 정체를 잡을 수 없는 혼돈만이 있을 뿐이다. 그렇다면 언어란 궁극적으로 무엇인가? 그것은 사물의 공통적인 특성에 주어진 이름이며 시라는 것은 바로 이 언어 중에서도 미적 가치를 가진 언어로 이루어지는 예술인 것이다."

이것이 정확히 3월 18일 나의 노트에 기록된 목월 선생님의 마지막 강의 내용이다. 그 이후의 여백의 노트를 넘기며 문득

"김군, 문학이란 무엇인가?"

그런 막막한 질문 하나가 내게 주어진 것 같다. 혹은 세실 데이 루이스의 인간서 한 권을 새로 보라고 하신 것 같다. 이제는 어쩌랴. 우리의 여백의 노트를 넘기며 낡은 초록 우단의 구식소파가 길게 놓인 옛날 연구실의 선생님을 기억해야 하는가? 묵묵히 향나무 연필을 깎으시던 백발이 성성한 아름다운 사람을 기억해야 하나, 아무렇게나 학생들의 리포트가 쌓여 있고, 마음이 편할 만큼 적당히 산만한 작은 연구실에서 손수 커피를 끓이시며 다음 강의 시간까지의 여유를 즐기시던 선생님을 우리만의 기억 속에서 되살려야 하는가.

내가 19살짜리 대학 1학년 때 턱없이 산만한 시들을 들고 찾아가던 그 연구실, 오늘은 빈 의자 하나가 비어 있으므로 더욱 견고하게 남아 버린 것이다. "김군, 겨울이라 춥제." 답변하기 막막한 위로를 받던 육군 일등병 시절, 혹은 "후배들이랑 배우니 어렵제." 하시면서 조심스럽게 계단을 딛고 내려가시던 선생님의 뒷모습이 생생한데 아무도 없는 인문관 536강의실의 빈 의자 몇 개, 혹은 한강이 내려다보이는 창문, 선생님은 아무에게도 간섭받지 않고 아무에게도 구속받지 않는 본향으로 떠나셨다. 늘 마음속에 준비하고 계시던 곳으로 그리고 오늘 국문과 4학년 '현대시론' 시간이 하나 낮달처럼 비어 있다.

선생님과 『심상』과 나

윤강로(尹崗老)

나는 아직도 자신을 시인이라고 지칭해본 적이 없다. 이것은 겸손해서가 아니라, 시와 생활의 틈바구니에서 느끼는 갈등, 시에 대한 철저한 경외, 자신을 곤혹케 하는 시적 방황에서 마음의 여유가 없기 때문일지도 모른다.

그러나 자신이 '신인'이라는 데 무한한 매력을 느낀다. 참신하고, '기성'이라는 어휘보다는 권위적이지 않아서 부담이 적기 때문이다.

내 시의 수준을 가늠하기 위해 『심상』의 두텁고 고집스런 지면을 두드리고, '심상 신인 작품'에 당선되었을 때 처음으로 목월 선생님을 뵙게 되었다. 그때 선생님은 나에게 '신인'이란 칭호가 걸맞지 않다면서 조용히 웃으셨다. 『심상』과 인연을 맺어 삼십대 후반에야 등단하게 되었지만, 지금도 십여 년의 습작기의 연속이라 생각하고 있다.

시를 즐기기보다는 시를 앓고 있는 나의 지나친 경직성에 대해서 말씀드렸더니, 목월 선생님은 "자신의 시를 가장 잘 아는 것은 자신이니, 자신의 시에 좀 더 애정과 자부심을 갖도록" 말씀하시었다. 선생님은 나를 만날 적마다 체험적 시론과 격려를 아끼지 않았다.

선생님은 "좋은 시를 쓰기 위해서는 무엇보다도 세월의 힘, 즉 꾸준히 쓰라."고 몇 번이나 당부하였다. 나는 시인이라고 자칭하지는 않지만, '시의 불꽃'이 시들지 않게 하려는 자각에 항상 깨어 있음을 자부한다.

선생님은 나의 졸작 <불꽃놀이>를 무척이나 칭찬해 주시었다. 심혈을 다한 작품을, 나를 아끼는 분이 칭찬해 주는 것은 즐거운 일이었다.

목월 선생님의 시에서, 그 분의 생활과 인간과 인생을 그대로 읽을 수 있음은 시와 인간이 합일되어 있기 때문일 것이다. 시와 인간의 등식을 따지는 것이 옳은 것인지는 알 수 없으나, 나는 곧잘 따지는 버릇이 있다.

『심상』을 통해서, 그리고 그 이전부터 몇몇 원로 시인 또는 선배 시인들을 마음속으로 아끼고 있는데, 우선 그분들의 인간적 측면에서 공감과 감동을 받는다. 정초에 선생님을 뵈었을 때, 선생님은 사십대에 자제의 교육과 생활을 위해 주당 삼십여 시간을 출강하였다고 하셨다. 그리고 시인으로서의 행운에 대해서도 감사하게 생각한다고 젊은 시절을 회고하시기도 했다. 행운이라는 표현은 고달픈 생활 속에서도 시를 키워온 만족감을 대신한 것이리라.

줄줄이 엮어 내리면서 초가집처럼 소박하게 자리 잡는 내용의 체험적 시론과 따뜻한 인간미에서 나오는 부드러운 육성을 잊을 수 없을 것이다.

모든 손을 잡아주시던 그 큰 손

이명수(李明洙)

3월 4일, 토요일 오후 2시의 햇빛이 고루 밝게 비치고 있었다. 뒤늦게 찾은 대학병원 17층 13호실은 빈 침대뿐, 그냥 발길을 돌리기엔 너무 뒤가 허전한 봄볕이었다. 선생께선 한 시간 전 퇴원하셔 원효로 4가 봄볕에 몸을 말리고 계셨다. 서글서글한 눈매엔 지친 듯 쓸쓸함이 고여 있는 듯했고 멀리 어느 피안을 응시하시는 듯 보였다.

"젊은 날엔 살기가 바빠 허덕이고, 이제 살만하니 건강이 허락지 않는구나. 몇 푼 안 되는 봉급 때문에 좋은 시를 써야 할 너희가 젊음을 빼앗기다니 안타깝고 억울한 일이다."

시가 돈이 될 수 없고, 마음 놓고 시에 전념할 수도 없는데, 그래도 시를 써야 하는가? ―생명을 거는 각오와 끈기로 활동하는 자라야 함께 안식할 수 있는 영역을 지킬 수 있지 않겠는가? ―부정할 수 없는 부정의 물음 속에서 하나의 긍정을 찾고자 고향 언덕 늙은 정자나무에 석양의 그늘이 서리는 것을 보는 것 같아 마음이 저려왔다.

평소 선생께선 젊은 시인과 시를 이야기하시는 것을 즐기셨다. 살아가는 얘기, 젊은 시인들의 작품 얘기, 또는 고향, 여행, 종교 얘기 등.

"거창한 문제만 시가 되는 것이 아니다. 지나친 결벽성은 자칫 열등의식을 갖게 한다. 자기 시에 자신감을 가져야 한다"는 말씀은 채찍이며 격려였다.

시는 재주나 재치로 만들어지는 것이 아니다. 진실한 삶을 언어로 노래해야 한다고 강조하셨고, 시인은 사생(私生) 때문에 존재하지는 않는다고 들려 주셨다.

"우리가 살아 있는 일상적 언어의 저편에 깔려 있는 인간의 실제적 진실에 접하려는 성의, 의지가 시를 쓰게 하는 것이다." 이 말씀은 선생의 시관인 동시에 나에게는 시에 접근하는 자세와 시에 있어 내가 극복해야 할 문제를 일깨워 준 교훈이다.

만년에 들어 선생께선 심중의 말씀을 많이 하셨다. 보고 싶은 사람이 많다고 하셨고, 또 하고 싶은 일이 많다고 하셨다. 앞으로 어린이들의 노래를 쓰시겠다는 말씀을 다짐처럼 하셨다. 여생을 정리하시려는 것 같기도 했고, 새로운 삶을 시작하시려는 것 같기도 했다.

시 초고인 듯한 원고의 한 부분에서 선생이 얼마나 인간적인 분이었나 하는 것을 새삼 느꼈다.

"사람은 누구나 마음속을 내밀어 남의 손을 잡음으로 빚어지는 것이 인간, 너와 더불어 '인간'의 생활은 짜여지고 그 오묘한 그물코에 '나'의 생활은 한량없이 풍부해진다. 세상에 완전 타인이란 있을 수 없다."

한 번 한적한 산골에라도 가서 다리를 뻗고 마음 놓고 쉬시고 싶다 하시더니 시인은 죽어서 몇 편의 시로 남는다 하시더니, 뜰에 목련꽃이 피기를 기다리시던 선생께선 바람 부는 봄날 아침 백목련 망울지는 뜰을 떠나시어 깊은 계곡 봄볕에 누워계시다.

마음속 손을 내밀어 모든 손을 잡아 주시던 그 큰 손, 줄이 끊어지는 날까지 곱고 아름다운 소리를 내던 악기여!

시골생활, 외롭지?

황근식

　25일 아침에야 감이 먼 전화로 선생님의 별세 소식을 들을 수 있었다. 술이라면 도망부터 가는 내가 그때는 갑자기 술 생각이 났는지? 너무나 명백한 것 같으면서도 꼭 집어낼 수 없는 생각들이 머릿속을 꽉 메우고, 오직 그분의 모습만이 눈앞에 선히 떠오를 뿐이었다.
　(온화함이 깃들어 있는 그분의 소리 없는 웃음.)
　그 슬픔의 시간에도 왜 그렇게 웃으시는 모습이 떠올랐는지 참으로 알 수 없다. 출근 시간도 잊고 걸어가는 강둑에도, 쳐다보는 하늘에도, 그분은 계셨다.
　(선생님의 모습, 그리고 그분의 별세에 대한 생각.)
　나는 참으로 가슴 막막할 뿐이었다. 선생님께 글 한 줄 지도받지 못하고, 심지어는 안부 편지 한 번 제대로 올리지 못한 내가 그분을 선생님이라고 부를 자격 같은 거라도 있는지 모르겠다. 그러나 진심으로 그렇게 부르고 싶던 분이기에 이 글을 기꺼운 마음으로 쓰고 있다.

선생님을 직접 뵌 것은 겨우 네 번, 그분을 처음 뵌 것은 『심상』에 두 편의 글이 신인작품으로 실리고 기념패 전달식이 있을 때였다. 그리고 개인적으로 대할 기회는 지난 가을 온양에서 열린 7회 시협 세미나 때였다. 여러 사람을 대하고 또 얘기를 듣다보니, 평소 내가 느끼지 못했던 체험에 대한 아쉬움, 시골 생활에서 오는 안이성, 그들과 동떨어진 것 같은 시세계, 그런 생각으로 잠을 이루지 못하다가, 잠자리를 빠져나와 옥상으로 올라가고 있을 때였다.

"황군 아닌가?"

돌아다보니 선생님이셨다. 선생님은 대뜸,

"황군 어떤가? 외롭지 않은가? 시골생활이란 게 그럴 거야. 그러나 그의 외로움은 도회지에서의 외로움과는 아주 다른 것이고 또 인간을 살찌우는 외로움일 거야. 황군처럼 요즈음의 젊은이답지 않게 둔탁한 시대감각이 오히려 신선하게 느껴질 수도 있어. 그게 다 시골 생활에서 오는 덕일 거야."

하시는 것이었다. 선생님의 말씀은 내 그때의 심중을 환히 들여다 보신 다음에 하시는 위로의 말씀 같았다.

이제 그분은 가시고, 생각해보니 『심상』과의 만남은 곧 그분과의 만남이었고, 『심상』 속에는 평소에 후배와 제자들을 아끼시는 그분의 정성이 담겨 있음을 새삼 느낄 수가 있었다. 그분의 그러한 배려에서 맺어준, 항상 존경해오던 분들과의 인연. 시협, 『신감각』 등의 인연에도 감사한 마음을 금할 길이 없다.

그분의 말씀이나 은혜는 앞으로도 잊히지 않고 내게 힘이 될 것이다.

차례차례 신발을 벗어놓고

권날웅

지난 3월 24일 아침, 박목월 선생님께서 운명하셨다는 전화를 받은 나는 어리둥절하였다. 일전에 한양대학 부속병원을 퇴원하시던 날 선생님을 뵈옵고, 건강이 많이 회복된 줄 알았기 때문이었다. 그때 선생님께서는 시와 『심상』에 관한 충만한 말씀을 하셨는데 운명하시다니, 믿어지지 않는 일이었다. 누구나 죽음은 갑자기 닥쳐와 차례차례로 신발을 벗어놓고 가는 것이라고 하지만 선생님의 운명은 너무나 뜻밖이라서 막막함과 허허로움을 금할 길이 없다. 항상 자식을 사랑하는 아버지처럼 따뜻한 손길로 나를 이끌어 주시던 선생님,

"권군, 문학은 삶에 대한 꾸준한 노력으로 열어가는 길. 한 번 뜻을 정했으면 군의 모든 시간이 자기의 야심을 증명하는 순간이 되도록 힘써라."

그 말씀은 아직도 맴도는데, 선생님은 정말 눈 감으시고 말았는가. 한 그루의 나무가 내일에 대한 깊은 신뢰로 봄을 맞이하듯 선생님은 내일의 봄을 맞이하면서 가셨는가. 세상에는 부활을 뜻하는 봄비가

내리고, 나는 다시는 돌아오지 않을 은사님의 목소리를 생각한다.

내가 처음 선생님을 뵙게 된 것은 1964년 이른 봄날이었다. 내가 안동고등학교에 다닐 무렵 서울의 옛 남대문 도서관 옆 공보원에서 선생님을 뵌 일이 있지만 직접 만나 뵙게 된 것은 한양대학교에서가 처음이었다. 선생님을 뵙게 되자 나는 흥분해서 한 달이 되기도 전에 고등학교 때에 쓴 습작 몇 편을 손질하여 선생님께 보여드렸다. 그 내용이 '코스모스', '제비' 등의 감상적인 것이었지만 선생님께서는 나에게 용기를 주기 위함이었는지 정서가 치밀하고 이미지가 참신하다고 칭찬해 주셨다. 나는 이때부터 본격적인 문학공부를 하였다. 지금 생각하여도 그때가 가장 의욕이 충만한 시기였던 것 같다.

그러나 내가 군복무를 마치고, 다시 선생님께 인사를 드렸을 때는 지난날의 열정이 어디로 사라졌는지, 도무지 자신이 서지를 않았다. 나는 그 당시 몹시 우울하고 답답한 가정환경에 빠져 있었다. 선생님께는 나를 보면 "작품 많이 쓰나? 작품 가지고 오너라."고 하셨다. 나는 작품을 쓰지도 못했지만 선생님께 작품을 보이는 일이 두려워서 매일같이 슬슬 피해 다니다시피 했으니 배은망덕한 일이었다. 그것은 내가 내 스스로를 두고 시를 쓸 재능이 부족하다고 느꼈기 때문이었다. 불행한 일이었다.

그러나 나는 졸업을 하여 교편생활을 하면서 비로소 시를 쓰고 시에 몰두하기 시작하였다. 1975년 6월, 몇 년간 뜸했던 선생님을 다시 뵈옵고 작품 5편을 보여드렸다. 그런데 그 작품을 선생님께서는 『심상』의 '신인작품'으로 나의 <해바라기 환상>을 밀어 주셨다. 그때의 기쁨을 무엇으로 표현해야 할까.

나는 선생님의 사랑으로 뜻이 서게 되었다. 때론 충격을, 때론 기쁨을, 때론 건강까지 걱정해 주시던 선생님.

지금 세상은 촉촉이 봄비에 젖었는데 나는 서울 한 구석에서 선생님을 생각한다. 15여 년 동안 나를 자식처럼 보살펴 주신 은사님을 생각한다. 선생님과 『심상』과 나를 생각한다. 선생님은 정말 눈 감으시고 말았는가.

서귀포의 밤낚시

한기팔(韓箕八)

냇사 애달픈 꿈꾸는 사람
냇사 어리석은 꿈꾸는 사람

밤마다 홀로
눈물로 가는 바위가 있기로
기인 한 밤을
눈물로 가는 바위가 있기로

어느 날에사
어둡고 아득한 바위에
절로 임과 하늘이 비치리오

목월 선생님의 <임>이라는 나의 애송시다.
1950년 무렵, 나로서는 고학의 꿈을 갖고 서울의 외곽지대인 미아리 공동묘지 근처에서 자취방을 정하고 낮과 밤을 오직 시 습작에만 몰두하고 있었다. 선생님을 처음 뵙기로는 강의시간이 끝난 저녁 무렵, 구내 커피숍.

진실과 의지를 강요하시면서 나의 보잘것없는 시를 뜯어보시며 언어가 갖는 진실성과 절대성에 대하여 말씀하셨다.

"시의 필연성은 진실의 극한에서 잉태된다."면 하나의 시인을 만나는 것도, 만나서는 오늘날까지 숙명적으로 시를 쓰고 있다는 것도 너무나 당연한 이 필연성 위에서만 가능하지 않았을까.

목월 선생님은 가셨다.

『심상』과 발을 묶은 지 반십 년.

그 어려운 병고와 싸우면서도 새로운 시의 가능성을 위해 참신하고 병들지 않은 작품만을 고르려고 애쓰시더니 푸르고 아득한 하늘이 있어 날아간 새. 날고 날아서 서산 깊숙이 울음을 묻고 간 새.

만인으로 계시면서 부분이자 곧 전체이시던 너그러움으로 오직 인간과 시간만을 위해 고독 깊숙이 자신을 내맡겨 고독에게서 참모습을 찾으려고 하시던, 왜랄 것도 없이 이어진 한 줄기의 빛.

세미나에서 돌아가는 길에 서귀포에 들러 섬 가까이 배를 대이고는 밤낚시를 드리운 채 동녘 섬 위를 슬며시 나타났다 사라지는 밤 구름을 보시고는 <밤 구름>이라는 시를 발표하신 일이 있거니와 그 시를 오늘 다시 읽으면서 '한 자락을 바다에 적셔두고 그리고 있는 종잇장 같은 마을 위의 꼭지가 마르는 인간들', 머리 위로 노을은 저리 붉고 신명나게 해가 기운다는 사실도 생각해 본다.

그리고 용정(龍井)에 들러 그때의 그 일처럼 밤낚시를 드리울까 드리울까도 망설이면서 '어둡고 아득한 날 바위 위에 절로 임과 하늘이 비칠 것을' 생각해 본다.

원형질과 극복의 문제

이언빈(李彦彬)

한 인간과의 만남은 결국 고통을 수반하는 것일까. 목월 선생님 가신 이 봄엔 왜 작은 풀잎 하나에도 파랗게 슬퍼지는가.

천하의 영재를 얻어 교육하는 것이 군자의 셋째 즐거움이라고 한다. 역으로 훌륭한 스승을 모시고 가르침을 받는다는 것은 커다란 행복이 아닐까. 이제 나는 그중의 하나를 잃었다.

목월 선생님과의 첫 만남은 ≪청록집≫에서였다. 어린 나이에도 무언가 소슬한 여운을 남겨주는 작품을 대하면서 가을 어스름 같은, 그리움 같은 그런 질퍽한 것으로 받아들이고 있었다.

그 후 선생님의 추천으로 『심상』과 인연을 맺게 되었다. 지방에 살고 있음으로 해서 자주 찾아뵐 기회는 적었지만, 마디가 굵은 경상도 악센트 같은 선생의 손이 생각난다. 내 손을 잡으시고 "이군, 열심히 쓰게." 하시던, 모국어를 보듬던 그 손을 잊을 수가 없다. 그 따스한 체온을 통해서 후학들은 모국어에 대한 사랑을 은밀히 전수받고 있었던 것이다. 우리말이 지니는 가능성에 도전, 최고의 정점에서 전신을 불태우신 열정은 우리에게 좋은 귀감으로 남아 있다.

선생의 손은 늘 사랑으로 젖어 있었다. 『심상』지를 발간하시면서 이 땅의 시의 발전을 위해, 또 후진의 발굴과 지도의 도장으로서 혼신의 노력을 기울이셨던 것이다.

선생이 한국시사에 확고한 위치를 차지하게 된 것은 우연이 아니다. 언어의 조탁과 세련된 정서를 통해서 우리말을 맑게 승화시켰음은 확실히 특기할 만한 진보였으며, 정열의 결과였다. 선생님은 가셨지만 그의 작품은 오래 오래 우리들의 가슴에 남아 시정(詩情)에 불을 당겨주실 것으로 믿는다.

목월 선생은 나에게 무엇인가. 목월이란 이름이 나에게 하나의 바다, 하나의 원형질로서 다가오는 이유는 무엇인가.

젊은 날 습작기에 있어서 그분의 작품은 나에게 많은 도움을 주었다. 사물과 인간에 대한 애정을 보여줌으로써 나에게 세상을 따스하게 바라보는 눈을 길러주신 때문인지도 모른다. 따스한 눈은 선생께 받은 가장 고귀한 재산이다. 이러한 애정이 있을 때에만 모든 것은 비로소 가슴을 건너온다고 믿는 것이다.

이제 선생은 가셨지만 선생의 작품은 나에게 또 다른 의미를 남기고 있다. 그것은 극복의 문제이다. 한국시단에 뚜렷한 빛을 발하던 선생의 작품은 후배로서 문하생으로서 딛고 넘어서야 할 그 무엇이기 때문이다. 이 길만이 선생에 대한 나의 보답이고, 나의 모태인 『심상』을 기리는 일이라고 믿는다.

백목련 꽃잎이 햇살에 부시기도 전에 가신 선생님. 자연 속에서 원효로로 내려오셨다가 다시 동양화 속으로 들어가신 것일까.

옷깃을 여미며 삼가 선생님의 명복을 빌 뿐이다.

이제부터 시작해야할 선생님과의 대화

서종택(徐宗澤)

목월 선생님에 대한 나의 추억은 개인적이고 복합적이며 많이는 감정과 의지에 관계되는 것이다. 선생님을 처음 만나 뵌 것은 1976년도 『서울신문』 신춘문예 시상식 다음 날이라고 기억된다.

그 무렵 선생님께서는 고혈압으로 와병 중이셨으므로 나는 원효로 자택으로 찾아가서 뵈었다. 그때의 인상은 생각했던 것보다는 훨씬 늙어 보였고, 병 중에서도 내적 자유와 영혼의 쾌활함을 느끼게 할 만큼 내 가슴에 와 닿는 그런 것이 있었다.

대화 도중 몇 번이나 침을 맞으셔야 할 만큼 불편한 가운데서도, 이것 저것 물어보시고, 사모님을 2층으로 올라오게 하셔서 나로 하여금 인사하게 해주셨다.

"어느 학교를 다녔는가?"

"김춘수 형이나 신동집 형은 가끔 만나는 가요?"

"시란 우선 감성적으로 형상화되어야 한다는 것이 나의 생각이지요"

이제 갓 데뷔한 나에게 마치 친구나 가까운 후배를 대하듯 하셨으며 조금도 억압적이거나 확정적인 어투를 사용하지 않으셨다. 그것은 대단한 겸손이었다. 목월 선생님의 그와 같은 태도, 말씀은 감정적으로 뚜렷하게 나의 가치를 끌어올리게 했으며, 나에 대한 그분의 개인적인 관심은 내게로 와서, 작은 부분에 있어서도 언제나 더 완성된 형태로 나아가게 격려하는 확실하고 강력한 충동이 되었다.

"매일 책상 건너 서로 바라보면서 연애하다니, 참 멋없는 친구들이구면."

하시며 잠시 웃으시고는,

"자네 결혼식에는 내 꼭, 대구에 한 번 내려가야지."

그러나 그 후, 선생님께서는 병세의 악화로 결국 대구에는 영 오시지 못하고 말았다. 보통 예술가들이 갖기 쉬운 비시민적 요소를 선생님께서는 거의 갖지 않으셨기 때문에 유별난 언행을 기억해내는 일보다, 은근하고 자상한 보살핌과 따뜻함 같은 것을 기억해내는 일이 내게는 훨씬 자연스럽다.

그러나 목월 선생님은 이런 종류의 추억이나 생각만으로 파악하기는 힘든 분이다. 생시에 그분을 가까이 했던 사람들 속에 깊숙하게 남아있는 그분의 반영과 영향에 의해 오랫동안 조금씩 조금씩 파악될 그런 분이다.

목월 선생님과의 대화는 이미 끝난 것이 아니라, 이제부터 시간이 지남에 따라 더욱 깊어지고 확대될 것이라고 나는 믿는다.

●●●

오래오래 논둑길을

이준관(李準冠)

수줍고 고독하고 지독히 내성적인 소년 시절. 닥치는 대로 문학 서적을 섭렵해가다 선생님의 시를 만났다. 특히 <임>이라는 시를 만났을 무렵, 나는 다니던 고등학교를 그만 두고 집에서 빈둥거리고 있었다.

희미한 호롱불 밑에서 <임>을 무슨 종이던가에 몇 번이고 거듭 적어가다가 그 위에 엎드려 펑펑 울던 기억이 난다.

가난과 아버지의 자지러지는 해소 기침소리와 불쌍한 동생들과 일류 고등학교를 다니다 중퇴해야 했던 나 자신에 대한 증오와 혐오로 뒤범벅이 되어 있던 그 당시 '냇사 애달픈 꿈꾸는 사람/ (중략)/ 어느 날에사/ 어둡고 아득한 바위에/ 절로 임과 하늘이 비치리오' 하고 반쯤 흐느끼는 어조로 다가오던 선생님의 시는 나를 견딜 수 없게 만들었다.

그 뒤로 나는 선생님의 시를 닥치는 대로 읽고 사랑하면서 슬금슬금 시를 쓰기 시작하였다. 시를 쓰리라. 내 가난에 복수하기 위하여,

내 무력함에 복수하기 위하여, 내 태어남에 복수하기 위하여 시를 쓰
리라.

그러나 내가 겪고 있던 정신적 고통이 더욱 가혹해지자 나는 잠시
선생님의 시 곁을 떠나 있게 되었다. 선생님의 시는 너무나 약해 보
였기 때문이다. 그 당시 나의 삶도 조금씩 변모해갔다. 매사 소극적이
고 내성적이던 나는 점점 건방지게 이웃을 부정하고, 그리고 되는 대
로 악동들과 어울리게 막되어갔다.

그러다 어렵게 대학에 진학하고 졸업 후 어줍잖은 훈장 노릇을 하
게 되자 다시 선생님의 시를 찾게 되었다.

이번에는 선생님의 시를 읽어가면서 또 다른 고통 속에 나를 몰아
넣고 학대해야 했다. 가슴 속에서 시는 우글거리는데 시가 되지 않는
안타까움. 몇 년여를 끙끙거리다 알량한 시 수편을 『심상』에 투고하
였다. 그것이 뽑히게 되어 선생님을 뵙게 되었다.

74년 6월 어느 날이라고 기억된다. 흡사 미로와 같은 골목을 뒤져
겨우 찾아낸 심상사에서 만난 선생님의 첫인상은 굉장히 인자해 보였
다. 큰 키를 다수굿이 굽히고 그 특유의 경상도 억양으로 "축하합니
더"하고 잡는 손이 부드럽고 그렇게 정겨울 수가 없었다.

그 후 다시 뵙게 된 것은 전주에서 열린 한국시인협회 세미나 때
였다. 선생님께 인사를 드렸더니 "아, 정읍에 사는 이준관 아니십니
까"하고 반가운 얼굴을 지으셨다. 백면서생에 불과한 나는 그저 얼떨
떨한 기분이었다. 1년 전의 짧은 해후를 이렇게 분명하게 기억해주실
줄이야!

선생님이 운명하셨다는 소식을 밤 9시 TV뉴스에서 듣고 한참동안
전신을 가눌 수가 없었다. 밖으로 나왔더니 휘영청 밝은 달이 동산
위에 솟아 있었다. 달을 보니 선생님 생각이 더욱 간절하였다. '선생
님, 고이 잠드소서.' 혼자 뇌까리며 그날 밤은 오래 논둑길을 걸었다.

'일', 그것은 축복이다

조우성(趙宇星)

'내 제자이자 문단의 후배이며 인생의 후배'라고 나를 부르셨던 선생님의 말씀은 축복이었다. 그러나 이 '축복'이라는 말조차 무슨 예우적 표현 같은 것이 오히려 나에게 소원한 감을 주게 되는 것은 선생님이 제자들에게는 부친과 다름이 없는 분이셨기 때문이다. 다만 나는 어리석고 인간이 모자라 송구스러웠고 그 가르침을 조금도 따르지 못했던 것이 지금 무엇보다도 죄스럽기만 한 것이다.

이 글을 쓰자니 다시금, 시보다는 인간이 되어야 한다고 하시며 무엇을 아끼시지 않으셨던 일들, 어느 겨울 원효로의 깊은 밤에 커피를 손수 저어 건네주시며 캄캄한 내 가슴에 따뜻한 불을 밝혀주셨던 말씀, 가친께서 지니셨던 문학에의 뜻을 네가 대성해야 한다며 시에 대한 열정을 촉구해 주셨던 꾸짖음, 또는 군에 있을 때 허우적거리는 나에게 주셨던—사람은 모가 나지 말아야 하며, 어디나 사람이 사는 곳이며, 뜻을 잃지 말라고 하셨던—그 간곡하신 서신, 당신께서 사모님과 함께 장만하신 가구 하나하나에도 수많은 추억이 깃들어 있다고 하시며 처와 나에게 살아감의 깊은 뜻을 심어 주셨던 일, 금년 정월 병환으로 누워 계시면서도 자상하신 많은 말씀으로 반겨주시던 모습 등 수많은 장면들이 서럽게 회상되는 것이다.

"세상에서 가장 소중한 이가 누구냐고 묻는다면 나는 지금 내가 만나고 있는 바로 그 사람이라 하겠다. 왜냐하면 인간이란 미래를, 약속받지 못한 존재이기 때문이다. 미래에 관한 것은 신의 영역이지 인간의 영역은 아니다."

"인간에게 있어 '일', 그것은 축복이다. 우리는 이 축복이 참다운 축복이라는 것을 알아야 한다."

라고 언젠가 말씀을 하셨을 때, 나는 삶 그 자체를 사랑하며 진실 되게 사는 삶의 자세를 생각하게 되었고, 문학하는 태도에 대한 자각을 일깨워 주시려는 뜻을 새겼으며, 항상 쉬시지 않고 그 '일'의 축복 속에 사심을 뵈었을 때 가르침이 더할 수 없이 큰 것이라는 것을 어렴풋이나마 깨달을 수 있었던 것이며, 그 말씀들이 곧 나의 좌우명이 되었던 것이다. 나는 선생님의 가르침보다 큰 가르침이 또 어디 있는지 아직 모른다.

선생님께서는 말씀과 행하심을 통해 이렇게 제자들을 격려해 주시고 꾸짖어 주셨으며 모든 것을 다 받아주셨던 것이다. 그야말로 그 사랑이 인간적인 가장 깊은 애정에서부터 출발하는 것이란 것을 겨우 알아가기 시작할 즈음에 청천벽력과 같은 선생님의 부음을 접하게 되매, 나는 무어라 할 말을 잃은 채 그 엄연한 사실이 사실로서 아직까지도 받아들여지지가 않는 것이다. 다만, 이제 생전에 선생님께서 주셨던 그 뜻을 더욱 깨닫고 행하는 자가 되는 것만이 할 일이라 믿게 되는 것이며, 평생을 사랑으로 일관하신 선생님께서 주님의 품안에 영원히 사시기만을 간절히 비는 것이다.

후회하며 그리워하며

목철수(睦哲秀)

십유여 년 전 봄에 목월 선생님을 만나고 학창시절을 지난 뒤, 늘 자주 찾아뵙지 못하는 죄송스러움이랄까 안타까움만을 더하더니 지금은 선생님이 계시지 않은, '부르는 목소리는 들리는데 내 목소리는 미치지 못하는' 봄을 맞았다.

나는 잊지 못한다. 어느 날 내가 어떤 분과 극한상태의 이견으로 싸움 같지도 않은 싸움을 하던 끝에 선생님을 찾아가 조언을 구했을 때 하신 말씀을.

"자라는 대나무는 너무 굳으면 빨리 자라지를 못한다." – 나는 이 말씀을 듣고 대번에 내가 카운터파트와의 다툼을 끝내고 양보할 것을 결심했었다. 시와는 아무런 상관없는 일화이지만, 그 뒤 이 말씀은 내게 큰 제시를 하신 셈이었지만, 그 뒤로도 종종 급한 성질 때문에 고집을 꺾지 못해 낭패한 일이 있었다.

학교의 복도나 계단 같은 곳에서 만나는 선생님은 늘 티 없는 웃음을 주셨다. 더러는 머리를 쓰다듬으며, 습작품이 모이면 연구실로 오라고 하시는 말씀. 나는 뭐가 그리 바빴는지 모르겠다. 대학 1,2학년 시절의 학보사 기자 일이 다른 학우들보다 나를 바쁘게 했다고 해도, 시간을 쪼개 쓰는 요령이 모자랐던 게 사실이었다.

지금 생각하면 모두 부질없는 것도 같다. 좋은 글을 구하기 위해 바삐 다니며, 내가 맡은 작은 영역을 좋은 글로만 채우려고 고집을 부렸다.

아주 많이 선생님을 찾아가 선(選)을 부탁했다. 그럴 때는 꽤나 사무적인 내가 아니었나 싶어 두고두고 죄송스럽다.

더러는 내 습작품을 보여드렸다. 부족한 점을 자상하고 너그럽게 일러주셨다. 그러나 더욱 부끄럽게도, 한 번도 칭찬을 아끼지 않으셨다.

그 무렵 목월 선생님이 아끼던 제자 여러분과 사귈 수 있었던 것도 모두 덕택이 아닐 수 없다.

대학을 나온 뒤, 나는 내 대학생활을 우물 안 개구리 식이었다고 여러 번 생각했다. 시업을 향하는 데는 전공을 가릴 필요가 없는 줄 잘 알면서도 신문학이 전공인 내가, 차라리 과외활동으로서의 학보사 일에 매이지 않고 좀 더 열심히 시를 다지고 작품을 썼더라면 하고 후회하기도 했다. 그러나 그럴 때마다 그 후회들은 다시 붙잡을 수 없는 것이었다.

선생님께 신년하례를 드릴 때나, 가령 시내의 결혼식장 같은 곳에서 조우할 때, 선생님은 직장 일에 바쁘겠지 하는 짐작에서 걱정해주시며, 시에 대한 용기를 심어주셨다.

내가 처음 찾아간 봄날의 선생님. 올챙이 기자를 반가이 맞으시며, 미안하리만치 미안해시며, 미처 끝나지 않은 시고의 마지막 몇 줄을 써주시던 선생님, 그때 좀 더 높은 곳의 목조집 정원에서 새잎을 돋아내던 나무들이며 현관의 가지런한 신이 몇 개……

그러나 가고 아니 계신 지금의 원효로 잘 포장된 언덕을 넘어 선생님은 가셨다. 너무 이른 영면을 애도하는 이들의 많은 신들이 가지런히 햇볕을 받고 있는 봄이건만……

●●●

가슴에 지지 않을 꽃을……

이승하

　선생님께서는 그림을 그리면서 그림보다는 시에 더 매력을 느끼던 나를 시에서 떠날 수 없는 시인이 되게 해주셨다.

　자연 속에서 자신을 파악하고 확인하려는 나의 인식 작업은 시를 통한 언어 조형 작업이 그림을 그리는 작업보다 훨씬 더 나를 황홀한 모험심을 갖게 했다.

　아픔과 없음에 대한 나의 시에 대한 도전이 오랫동안 방황하던 끝에 『심상』을 만났다. 단 1회로 아무런 레벨을 붙이지 않고 시단 진출의 기회를 부여한다고 『심상』의 신인작품 응모규정에 밝히고 있듯이 2,3회 추천이나 당선제로 하던 종래의 작품 인정 과정에 대한 획기적인 추천 양식이 내게는 커다란 용기(?)를 갖게 해 주었다.

　막연하나마 지금까지 나의 시에 대한 안이한 인식과 상식을 벗어나야겠다고 생각하면서 스스로 극복해야 할 난관이 어떤 것인가를 하나하나 천착하기 시작한 계기가 되었던 것이 사실이다.

　심사과정에서 시적 조건으로 내세운 것은, 개성 있는 목소리, 새로운 이미지, 뛰어난 시적 언어감각 등, 말하자면 기존 시단의 수준을 뛰어넘을 수 있는 신선하고 참신한 새로운 시를 요구한 점이다. 참으로 암담함을 느끼지 않을 수 없었다.

시의 형식과 내용에서 적어도 기성시단을 뛰어넘을 수 있는 새로운 시란 무엇일까? 나를 당혹스럽게 하는 스스로의 이 질문 앞에 암담한 모험의 첫발을 뒤늦게나마 내딛게 되었고, 드디어 『심상』의 문을 두드리게 되었다.

수치와 비애, 파멸과 허탈의 밑바닥에 깔린 내 우둔한 그림자를 숙명처럼 끌고, 그래도 끝까지 한 사람의 시인으로 살아 있고 싶어 한 줄의 시를 쓰고 또 생각했었다.

시는 내게 구원의 씨앗이었고, 『심상』은 마른 뿌리에 물을 뿌려 재생의 눈을 뜨게 되는 기회를 베풀어 주었다.

뒤늦게 출발한 나의 서툰 문단 첫걸음이 시작되어 목월 선생님을 뵈올 기회를 갖게 되었다. 작품 발표 기념패 전달에 신감각 동인들이 함께 자리를 주었고 목월 선생님께서는 동인 한 사람 한 사람의 손을 잡으시고 직장이나 생활의 어려움을 물으시며 좋은 시를 부지런히 쓸 것을 당부하셨다. 우리를 살피시던 선생님의 자애로우신 눈빛과 목소리는 지금도 지워지지 않는다.

몸으로 품어 생명을 재우듯 미천한 나를 시인으로 깨어나게 하신 선생님의 모습이 처음이자 마지막이 되고 말았다.

가까이서 더 깊은 가르침을 받지 못한 미련한 내가 참으로 부끄럽기 짝이 없다.

우리들의 가슴에 영원히 지지 않는 언어의 꽃을 피게 해 주신 선생님의 영전에 화안한 축복의 꽃가루가 나리소서!

들려오는 목소리

한 신(韓信)

선생님 육신의 목소리를 처음 듣게 된 것은 내가 대학시절 문학 강연 때문에 전화를 드린 것 때문이었다. 마지막 목소리는 선생님께서 돌아가시기 전 며칠 전이었다. 얼마 후 할머니(선생님 어머니) 산소에 함께 파주로 가자는 말씀이었다.

그 대화가 선생님과 마지막 이야기가 될 줄은 지금도 왠지 믿어지지가 않는다. 영원한 원고지의 목소리가 남아 있기 때문이다. 우리나라 시사에 남을 작품과 경상도 사투리가 섞인 인자한 목소리다. 그 생각은 책과 원효로에서 뵈었을 때부터 강렬한 인상을 나에게 주었다.

이때 나는 문학도로서 학교를 다녔고 부족한 문학공부를 여쭈어 보고 지도를 받았다. 선생님은 말과 연필(선생님은 글을 쓰실 때 연필로 항상 쓰셨고 연필심은 가늘고 짙은 것)로 시간가는 줄 모르게 따뜻한 보살핌을 주셨다. 문학뿐만 아니라 세상사, 집안일도 들려주시며 자주 만나 뵙게 되었다. 서로 얼굴을 마주보는 시간이 많아지자 난 선생님의 말 표현을 통해 그 생활을 판단할 수 있었다. 선생님께서 몸이 불편하실 때 목소리는 "시간이 없는데"란 말씀을 자주 하셨다. 병원에 한가롭게 갈 시간이 없다는 것이었다.

매일 똑같이 반복되는 시간에서 선생님께선 잠을 취하는 시간 외에는 별다른 레저도 없이 문학에 대한 공부와 대화로써 달을 보내고 해를 보내셨다. 그 생활이 몸에 젖은 선생님께서는 5년 전부터 고혈압으로 고생하시면서 병원에 입원하기까지 주위 사람들과 의견충돌이 많았다.

낯익은 목소리는 "시간이 없는데"와 "이제 그만 하셔요."란 오가는 대화 때문이었다. 서로가 입이 아프도록 말을 나눈 뒤 선생님께서는 육체적으로 쓰러지셔서 4년 전에 백병원에 입원하셨다. 입원하시고도 책과 원고지, 연필을 놓지 않으셨다. 상황을 본 의사 선생은 "모든 일을 거두어치시고 오랫동안 쉬셔야 합니다."라고 무척이나 권유를 하였다.

답으로 선생님께서는 "내가 몇 살인데, 시간이 없는데"라고 하셔서 의사 선생과 견해 차이가 오간 적이 있었다. 이 태도는 뭇사람들이 보면 선생님께서 고집 때문이라고 하겠지만 집념이었다.

그때부터 선생님께서는 또 한 가지 목소리를 들려 주셨다. 자신이 원고지를 알게 된 후 가장 강렬하게 연필과 책에 정을 느낀다는 말씀이었다.

몸은 더욱 고통스러우면서도 밤새 쓰시는 원고지 마지막 목소리에 정열을 쏟으신 것이었다. 몇 년 동안 50원짜리 공책마다 써 놓은 글들은, 선생님께서는 3월 24일 육신은 돌아가셨지만, 길이 남을 목소리다.

선생님의 큰 뜻은 독자와 문단에 한 걸음 더 다가가야 한다는 깊은 생각이셨다. 그 어른의 큰 뜻을 지금 생각해보면 그전에 내가 생각하던 것이 퍽 어리석었다. 건강이 더 중요하므로 모든 것을 그만두시는 것이 필요하다고 강조한 적이 있었기 때문이다. 인명은 하늘의 뜻인데 그날 그 시간에 운명하시기 전까지 소홀히 시간을 보내셨으면 39년간 작품생활을 하는 동안 쓰신 시의 목소리를 우리들이 들을 수 없게 되기 때문이다.

선생님의 깊은 생각은 영원한 목소리로 남게 될 것이며, 마지막 전화의 목소리라는 생각도 지워지게 될 것이다.

구도적 자세의 본분

윤석산(尹錫山)

내가 목월 선생님을 처음 뵌 곳은 대학의 강의실에서였다. 입학식을 막 끝낸 우리 신입생 앞에 나타나신 목월 선생님의 모습은 짧은 스포츠형 머리에 한복 바지와 저고리를 입으신, 무척 온화하게 느껴지는 인상을 주었다.

그때 우리는 일학년 전공과목으로 현대문학특강을 선생님으로부터 받게 되었다. 그 당시 선생님께서 우리에게 무슨 교재를 가지고 강의를 하셨는지, 또 어떤 내용의 강의를 하셨는지 세세하게 생각은 나지 않지만, 선생님은 릴케의 이야기 중 특히 문학에 대한 도덕적 자세를 반복 강조하시곤 하셨다. 문학이란 한 지순한 생의 목표를 위하여 일생을 살면서, 그 일생의 한 순간, 한 동작마저도 그 지순의 목표를 향한 순간과 동작이었다는, 지극히 경건하고 구도적인 문학에의 자세를 특히 강조하시곤 하셨다. 그리고는 그 말씀 끝에는 언제고, 시라는 이 예술은 자기의 생애를 그렇게 바쳐서 몰두해 볼 만한 가치가 충분히 있는 예술이라고 덧붙여 말씀하시곤 하셨다.

이렇듯 선생님의 강의는 언제고 이론을 위한 이론의 강의가 아닌, 절실한 경험에서 우러난 강의였다. 경험과 체험을 통하여 선생님은 늘 학생들에게 구도적 경건의 자세를 일깨워 주고자 하셨고, 또 손수 그렇게 행하시도록 노력하셨던 것이다. 이러한 선생님의 자세는 특히 문학을 대하시는 경우 더욱 선명히 나타나는 것으로, 문학을 기분이나, 유행, 혹은 살아가는 방편의 하나로써가 아닌, 선생님 자신의 삶의 가장 경건한 본체로 생각하신 것이었다.

또 다시 이 지상에 태어나도 시인이시기를 기원하시던 선생님. 우리는 아직 선생님이 우리 문학사에 남겨 놓으신 바는 감히 이야기할 단계가 아닌 것으로 안다. 그러나 다만 우리 젊은이들에게 보여 주셨던 선생님의 그 문학에 대한 지순한 자세. 문학을 통해 순수하게 꽃 피우고자 하셨던 선생님의 정신은 요즘과 같이 문학을 하나의 방편이나 수단으로 잘못 행사되기 쉬운 시대에 있어 정말로 값진 사표가 될 줄로 믿는다.

선생님이 편찮으시기 시작한 최근 몇 년 사이에도 선생님의 이러한 자세는 조금도 흐트러지지 않으셨던 걸로 우리는 안다. 대학에서 매년 열리는 문학발표회에 불편하심에도 불구하고 선생님은 꼭 참석하여 경청하셨다. 문학발표회가 진행되는 동안, 우리는 선생님이 조시고 계신 줄로 알았다. 푸근한 자세로 깊이 의자에 몸을 담고 앉으신 선생님의 모습은 마치 주무시는 듯하여, 경청하고 계시는지 아무도 헤아리지 못했었다.

그러나 선생님의 사물(私物)을 정리하다가 우리는 그 당시 문학발표회의 작품집을 발견하였다. 그곳에는 각 작품마다에 길고 짧은 밑줄과 물음표가 찍혀 있지 않은가? 또한 그 여백에는 선생님의 시구가 가느다란 연필 글씨로 적혀 있는 것이 아닌가?

선생님은 불편하시거나, 또는 편하시거나, 언제고 문학과 또 학생들에게 선생님 당신의 지순의 마음을 다하셨던 것이다. 이 지순의 자세는 내가 처음 선생님을 대하고, 처음 듣던 릴케의 그 구도적 자세, 그것의 본체가 아닌가, 나는 오늘 그러한 생각을 하며 이 글을 쓴다.

고개 한 번 끄떡이는 일생이라시더니

한광구(韓光九)

고개 한 번 끄으떡이는 일생.

하늘에서 땅으로 왔다가
다시 땅에서 하늘로 가는
과정.

습기처럼 빙그르 도는 눈물.
눈물 같은 시.
흘러라. 땅에서도 하늘에서도
스쳐지나가는 무수한 영혼의 날개.

노인의 백발 잠시 흩날린다.

지난 3월초 선생님의 <이순의 아침나절>을 읽다가 이렇게 써보았던 일이 있습니다. 그때만 해도 선생님께서 홀쩍 하늘나라로 그리 쉽게 가시리라고는 상상조차 해본 일도 없었습니다. 언제나 따스하시고 편안한 가운데 다정하게 바라봐 주실 줄만 알았답니다.

그런데 선생님은 부활절 아침 홀연히 이승을 떠나 하늘나라로 가셨습니다. 이 허망함을 이 어리석음을.

지금 이 시를 다시 보니 참 이상한 생각이 듭니다. 아마 그때 저를 부르셔서 마지막 보고 싶으셨는데 못가 뵌 게 아닌가 싶기도 합니다. 몇 년 전 어느 날, 원효로를 찾은 제게 선생님은 문득 이런 말씀을 하셨습니다. "사람의 일생이 꼭 고개 한 번 끄덕이는 것 같군." 어리둥절한 제게 선생님은 젊어서는 하늘[理想]을 보다가 점차 지평선을 거쳐서 땅[現實]을 보다가 중년이 지나서 다시 지평선을 보고 요즘은 다시 하늘[永遠]을 보게 된다고 시세계의 변모에 대해서 말씀하시더군요. 그러시면서 청록파 세 분 중에서 두진 선생만 시선을 변치 않고 꼿꼿이 있다고 말씀하셨습니다.

천성이 시인이셨던 선생님은 생활 자체가 시였습니다. 중의적삼에 허술하시며 소탈한 서민이셨던 선생님, 언제나 다정다감하시며 인자스러웠던 선생님. 어느 때는 서재에 불까지 끄시고 시상을 정리하셨고, 어느 때엔 엎드려서 원고를 쓰셨고, 또 어느 땐 서재 침대에 엎드려서 시작노트에 연필로 시를 쓰셨고, 그러다가 불쑥 찾아뵈면 막 쓰신 시를 읽어 주셨고, 또 어느 때는 살아가는 일이나 연애와 결혼 이런 문제에 대해 말씀해 주셨습니다. 어느 때는 제가 시를 대하는 자세가 너무 엄하시다고 불평하기도 했습니다.

사실 선생님께서 기르신 제자들은 참으로 많은데 지금 선생님 문하엔 많이 없지요. 말년엔 많이 달라지셨지요. 그러니까 저 같은 둔재까지 시인이 됐지 않습니까. 그러시던 선생님은 너무나 다정다감하시고 인간적이셨기 때문에 상심도 많이 하시고 당황도 하시고, 또 겁도 내시고, 일을 저만치도 모르실 때가 많았습니다. 그러시다가 모든 것을 관조하시면서 신앙생활이 깊어지셨지요. 저는 이래서 선생님의 시의 제자이기보다 인간으로서 아낌을 받은 제자이었습니다.

선생님과의 이별. 눈물이 나지만 선생님께서는 시로서 피리어드를 이승에 찍으시고 조용히 편안하게 그 부활절 아침 하늘로 가셨습니다. 그날 이 땅에는 월식이 있었습니다. 지금도 언젠가 선생님의 서재에서 직접 낭송해 주시던 <이별가>의 '오냐, 오냐, 오냐'가 귓전에 남습니다.

무슨 말씀을 올려야 합니까

오용수(吳容秀)

선생님, 오늘 선생님께 저는 무슨 말씀을 올려야 합니까!

선생님, 지난 3년 스무나흘 날은 선생님께서 늘 머리 쓰다듬어 주시던 저의 막내놈이 선생님의 타계를 알리는 텔레비전 화면 앞에서, 그 일곱 살 박이가 목 메여 하고 이슬 같은 눈물을 떨구었답니다.

정말 웬 말이십니까. 선생님께서 타계시라니요. 선생님께서 이 세상에 안 계시다니요. 도저히 그럴 수 없다는 목 메임뿐입니다. 몇 번이고 생각을 고쳐 해도 끝내 사실이 아니라는 눈물뿐입니다.

선생님, 벌써 4년이 되었습니다. 그날 서귀포의 밤바다에는 바람이 가볍게 불고 있었습니다. 시꺼먼 물 위에서 뱃머리가 조금씩 뒤틀렸고 낚싯줄이 뒤범벅이 되는 것을 어찌할 수 없었습니다. 결국 모처럼의 낚시 기회는 시간 남짓만에 시늉으로 끝나버린 셈이었습니다만 그날 바다 위에서 저는 너무나 큰 것을 깨달았습니다. "오군, 좀 더 착하게 글을 쓰거라, 시는 거짓을 진짜로 미화시키는 게 아니다, 이렇게 좋은 하늘과 바다를 두고 뭣 하러 서울 가려고 그러니." 하시던 선생님의 그날의 그 얼굴을 정녕 잊을 수가 없습니다.

항상 고향에 묻혀 사는 것에 짜증내던 나, 때로는 억지 시를 쓰기도 했던 나, 자식을 사랑하는 생활인이 못되었던 나, 당시의 그런 제 맘속을 속속들이 꿰뚫어 보셨던 선생님의 그 말씀이 바로 오늘의 저를 키워주셨기 때문입니다.

선생님, 또렷한 기억이 어디 그뿐이겠습니까. 선생님을 맨 처음 뵙던 꼭 스무 해 전이었습니다. 1959년 11월 19일 고향에선 가을이었던 그날의 서울은 쌀쌀한 초겨울 날씨였습니다. 생후 처음 가본 서울, 서울역에서 물으며, 신창동의 선생님의 자택에 이른 것이 이른 아침 5시 25분, 그 새벽녘에 선생님께서는 잠자리에서 저를 따습게 맞아주셨습니다.

"네 작품 받아보았다. 앞으로 좋은 작품 쓰리라 믿는다. 착실히 공부하거라."

그 후 20년, 그날은 선생님의 짧다막한 말씀이셨습니다만, "착실하게 공부하거라." 하신 근엄하시면서 인자하셨고 부드러운 목소리이시면서도 차갑던 선생님의 말씀이야말로 오늘까지 계속된 강의셨고 제 평생에 간직될 가르침이셨습니다만, 선생님, 아직 저의 글은 설기만 합니다.

오늘 새벽에 향을 사르며 기도를 드립니다만, 선생님의 명복을 비는 글을 씁니다만, 도시 무슨 말씀을 어떻게 여쭤야 할지를 모르고 눈시울이 뜨겁기만 합니다.

신앙에 철저하셨던 선생님, 남달리 가족을 아끼시는 생활인이셨던 선생님, 제자들 앞에서는 무엇보다도 인간 됨됨을 강조하셨던 선생님, 뵈올 때마다 항상 큼직하고 따습던 손, 항상 정이 넘쳐흐르는 따뜻한 미소와 부드러운 목소리의 선생님, 선생님의 그 모습을 저는 이제 어디에서 느껴야 합니까!

삼가 선생님의 명복을 무릎 꿇고 비옵니다.

■■■■ 박영종과 박목월, 그리고 그의 시

박목월 평전

이형기(李炯基)

· 소년 시절

박목월의 본명은 영종(泳鍾)이다. 1916년 1월 6일, 경상북도 경주군 서면 모량리(毛良里) 571번지 집에서 그는 아버지 박준필(朴準弼)과 어머니 박인재(朴仁哉) 사이의 2남 2녀 중 맏이로 태어났다. 준필은 당시 경주군 수리조합(지금의 토지개량조합)의 이사로 있었고, 또 마을에서 유일하게 대구로 나가 중학교를 졸업한 인텔리 유지였다. 당시의 중학교는 지금의 중·고등학교를 통합한 교육기관이다. 그리고 박준필이 다닌 학교는 대구농업학교였다. 집안 살림은 마을에서 손꼽히는 편으로 추수가 50섬 남짓 되었다. 선대부터 옹색하게 산 것은 아니었지만 그래도 살림을 그만한 규모로 키운 것은 목월의 할아버지 훈식(勳植)의 힘이다.

그는 부지런히 일하고 또 아껴 써서 물려받은 살림을 키운 것이다. 이런 인물은 그 절약이 인색으로 굳어져 나중에는 빈축의 대상이 되기 쉽지만 박훈식은 그렇지 않았다. 아낄 때는 아끼되 쓸 때는 쓰는 인물이었다. 남의 어려운 사정도 헤아릴 줄 알았다. 게다가 그는 일찍 눈 뜬 개화의식의 소유자였다. 아들 준필을 마을에서 하나밖에 없는 중학생으로 만들었다는 사실 자체가 그것을 말해 준다.

농촌에서는 국민학교((당시의 명칭은 보통학교였으나 광복 후부터는 국민학교라 불렸다)에 다니는 아이도 한 마을에서 다섯 손가락을 꼽기 어려운 것이 당시의 실정이었다. 그래서 국민학교 교사들이 칼을 찬 제복 차림으로 밥술이나 끓이는 집을 찾아가 아이를 학교에 보내라고 권유하며 다녔다. 그 권유에 못 이겨 사전답사 차 학교에 가본 어느 노인이 때마침 운동장에서 유희를 하고 있는 여학생들을 보고 '학교는 기생 노릇 가르치는 곳이니 내 손녀는 절대로 보낼 수 없다'고 호통을 쳤다는 일화도 있다. 그러한 시대에 도시도 아닌 외진 농촌에서 아들을 대구까지 보내 중학교 공부를 시킨 박훈식이니 그 의식의 개화도(開化度)는 충분히 짐작할 수 있는 것이다.

훈식은 또 동네 아이들을 위해서도 자기집 사랑에 훈장을 모셔놓고 서당을 열었다. 덕분에 신학문을 공부한 아들 준필도 한시의 소양을 상당한 수준까지 쌓을 수 있었다. 그러니까 훈식은 집안의 어른일 뿐만 아니라 마을의 어른이기도 했다. 태어난 아기 목월도 아버지의 아들이기 전에 할아버지의 귀한 첫 손주였던 것이다. 첫 손주의 탄생을 훈식이 매우 기뻐한 것은 물론이다.

그러나 훈식은 감정을 밖으로 잘 드러내지 않는 무뚝뚝한 인물이었다. 속으로는 손주를 사랑했지만 그것을 내색하지는 않았다. 그래서 목월은 어릴 때부터 할아버지를 어려워하며 자랐다.

목월의 어머니는 그러한 시아버지 앞에서 매사가 조심스러워 사랑하는 아들을 귀여워하는 데도 눈치가 살펴졌다. 아버지 준필도 마찬가지였다. 이 말은 목월이 부모의 사랑을 덜 받고 자랐다는 뜻이 아니라 법도 있는 사랑을 받고 자랐다는 뜻이다.

그러나 법도 있는 사랑이라 하더라도 모정은 언제나 부정보다 자상하다. 더구나 준필은 당시의 기준으로 볼 때 남들이 우러러볼 만한 군(郡)의 수리조합 이사였기 때문에 집안일보다는 바깥일이 더 바쁜 몸이었다. 그러한 사람은 술자리에도 자주 안게 마련이다. 집안일은 자연 소홀해지고, 따라서 아들을 안아볼 기회도 줄어들게 된다.

이처럼 남편이 바깥일에 바쁘면 아내는 상대적으로 그것과 비례하는 만큼의 외로움을 안기 쉽다. 박준필 내외의 경우라고 해서 그러지 말라는 법은 없는 것이다. 그러나 외로움이든 뭐든 온갖 괴로움을 입밖에 말 한 마디 내지 않고 참아내는 것이 한국 여성의 전통적 미덕이다. 목월의 어머니도 그러한 미덕을 충분히 갖춘 한국여성이었다. 뿐만 아니라 그녀는 종교적 성향이 강해 눈에 보이는 세계보다 보이지 않는 세계의 진실을 더 소중하게 여겼다. 뒷날 그녀가 기독교에 입교하여 죽는 날까지 새벽 기도를 거르지 않고 계속 할 수 있었던 바탕은 여기에 있다. 목월이 국민학교 4학년 때부터 그녀는 교회에 나가기 시작했다. 그리고 그러한 그녀의 신앙은 어린 목월의 정신 형성에 큰 영향을 미쳤다.

그때까지 집안에서 기독교를 믿는 사람이 아무도 없었다. 그런 가운데서 젊은 며느리가 성경과 찬송가책을 들고 교회에 나간다는 것은 대단한 결단이다. 그러나 이에 못지않게 놀라는 것은 며느리의 교회 출입을 용인해 준 박훈식의 관대함이다. 그의 선각자적 개화의식이 거기 뚜렷이 투영되어 있다. 어린 목월은 그러한 집안에서 법도 있는 사랑의 가르침을 받으며 자라난 것이다.

일곱 살 나던 해인 1923년 4월 소년 목월은 경주군 서면 건천리 (乾川里)에 있는 건천국민학교에 입학하였다.

건천은 이름 그대로 평소에는 물이 거의 흐르지 않는 마른 내(川) 하나를 사이에 두고 모량과 마주보고 있는 마을이다. 마주본다 하지만 실제로 걸어 보면 십 리 길이 센 거리가 된다. 그래도 모량에는 학교가 없어 목월은 이 건천초등학교에 보내진 것이다.

목월이 입학할 때의 나이가 일곱 살이었다는 사실을 주목할 필요가 있다. 그것은 지금까지 그대로 통하고 있는 취학 적령기이다. 장가를 들었거나 아이까지 낳은 어른들도 당시의 국민학생 중에는 그 수가 결코 적지 않았다. 그들에 비하면 그야말로 코흘리개에 불과한 손주 목월을 그나마도 십 리 이상의 거리가 떨어진 초등학교에 입학시킨 것은 물론 할아버지 훈식이다. 그의 선각자적 개화의식을 여기서 다시금 재확인하게 된다.

초등학교 시절의 목월은 어떤 모습을 하고 있었을까.

> 어려서 나는 줄곧 한복만 입었다. 물론 내의라는 것을 전혀 모르고 초등학교를 졸업했다. (양복을 입을래야 입을 수도 없었지만.)

> 보름새라면 상당히 가는 바디에서 뽑아낸 것이지만 보름새쯤 되는 본목에 퍼런 물감을 들여 한복을 지어 입고 학교에 다녔다. 그리고 집에서 짠 명주로 안을 대어 입는 것이 지금 말로 하자면 내의를 입는 것과 같은 것이었다.(어린 날에 명주로 안을 댄 옷을 딱 한 번밖에 입어 보지 못했다.)
> 그 헐렁거리는 바지저고리를 입고도 어린 나는 불편함을 느껴 보지 못하였다. 얼음지치기, 말타기, 공차기, 진(陣)치기─지금의 아이들과 조금도 다름없이 뛰고, 달리고, 싸우고, 놀고, 건드렁거리며 씩씩하게 자랐다. 또 장갑도 털모자도 목도리도 귀걸이도 모르고 자랐다. 있다면 명주수건 한 감뿐이었다. 명주수건은 목에 걸면 목도리, 귀를 동여매면 귀싸개, 손에 감으면 장갑─참으로 편리한 물건이었다.

삼중당에서 낸 박목월 자선집 제 7권의 《자정의 반성》 368쪽에는 위와 같은 목월의 회상이 나온다. 가늘게 짠 본목에 퍼런 물감을 들인 한복 차림으로 책보를 메고 모량과 건천 사이 십리 너머의 들길을 오가는 소년 목월의 모습이 떠오르는 구절이다. 그 무렵의 목월은 바다도 큰 강도 모르는, 말 그대로의 산골 아이였다.

　　나는 초등학교 시절에 사귄 벗을 다 잊어 버렸다. 벌써 삼사십 년 전 친구들을 기억하고 있는 것이 오히려 정상적인 것이 아닐지 모른다. 다만 여(呂)라는 친구와 최(崔)라는 친구는 아직도 기억에 남아 있다. (중략) 여군은 낙동강변 왜관이라는 곳에서 이사를 왔고, 최라는 친구는 바닷가인 구룡포에서 이사를 왔다. 둘 다 강이나 바다와 관계가 있었다. 그러나 여군이 이야기하는 낙동강변의 생활이나 최군이 이야기하는 바다의 생활이 어린 내게는 너무나 신비롭고 황홀하고 아름답게만 들렸다. 나는 그 때까지 여군이 자랑하는 그처럼 큰 강이나 최군이 자랑하는 그처럼 신비로운 바다라곤 구경조차 못했다.

역시 위의 책 318쪽 이하에서 따온 구절이다. 큰 강도 바다도 모르고 자란 산골 아이 박 영종. 그러나 그는 두 친구를 통해 '강과 바다의 신비를 흡수할 수 있는 대로 흡수했다'고 말한다. 그리하여 '혼자서 꿈 꾼 그 상상의 바다, 상상의 강은 너무나 아름답고도 찬란한 세계'였던 것이다. 성장한 후 직접 구룡포와 낙동강변에 가보고 그들의 이야기가 과장된 것임을 깨닫기는 했다. "하지만 이미 나에게 뿌리 깊이 박힌 상상의 바다와 강은 지워 버릴 수 없었다."고 그는 말한다. 겉으로 보기에는 퍼런 물을 들인 광목 한복에 책보를 멘 산골 아이 목월의 상상력을 엿보기에 족한 대목이다.

아버지 준필은 아들이 초등학교 4학년 되던 해 봄 분가를 해서 집을 건천으로 옮겼다. 이분가는 가장인 훈식이 아들의 출퇴근과 또 손주의 통학 편의를 고려해서 권고한 것이다. 목월의 어머니가 교회에 다니기 시작한 것도 이때부터다.

· 시인이란 별명

1930년 4월, 목월은 대구에 있는 미션계의 중학 계성(啓聖)학교에 입학했다. 지금의 계성 중고등학교이다. 건천국민학교를 졸업한 것은 그 전해인 1929년 3월, 그러니까 1년간의 공백이 있다. 요즘 같으면 재수를 했느냐는 물음이 나올 수도 있겠지만 당시의 중학 진학에 있어서는 재수의 실제 행위도 또 재수라는 말도 없었다. 다만 어릴 것을 객지에 혼자 보내기 안쓰러워 가장인 할아버지가 주저해서 일이 그렇게 된 것이다.

조선조 때 경상도의 감영이 있던 도시 대구에는 당시 몇 개의 이름 있는 중학교가 있었다. 교남(嶠南)학교나 협성(協成)학교도 그 예가 될 수 있다. 그런데도 목월은 왜 하필 미션계인 계성학교에 보내졌을까. 아마도 그것은 어머니의 신앙과 또 그에 영향 받은 목월 자신의 희망에 기인하지 않았던가 싶다.

계성학교 시절의 목월의 학적부 가정 상황란에는 2학년, 3학년, 5학년 때의 생활이 몇 가지 밝혀져 있다. 1학년과 4학년 때의 그것은 어찌된 일인지 알 수 없지만 공백이다. 그에 의하면 2학년 때 목월 자신의 종교는 '기독교'인 데도 집안의 종교인 가교(家敎)는 '없음'으로 되어 있다.

앞에서 말한 대로 어머니는 그 때 이미 독실한 신자가 되어 있었다. 그리고 그 어머니의 영향으로 목월 자신도 학교에서 종교가 무어냐고 물을 때 기독교라고 대답할 만한 신앙을 가지고 있었던 것이다. 94점으로 나타나 있는 2학년 때의 '성경' 과목 점수도 그것을 뒷받침한다. 그러나 모자(母子)가 기독교를 믿는다고 해서 그것이 곧 가교로 되는 것은 아니다. 집안의 첫째어른인 할아버지와 둘째어른인 아버지가 믿는 경우에만 그것은 가교일 수 있다. 그러므로 학적부엔 가교가 '없음'으로 기록된 것이다.

1학년 때 목월의 '성경' 점수는 참담하게도 59점이다. 어머니의 영향으로 미션계인 계성학교를 지망은 했지만 입학 당시의 신앙의 실제는 그렇게 깊은 것이 아니었던 소년 목월의 모습을 떠올려 볼 수 있다.

그랬던 기독교가 2학년 이후에는 내내 '가교'로 기록되어 나온다. 할아버지 훈식과 아버지 준필이 며느리 또는 아내의 권면으로 마음을 돌리게 되었다는 뜻인가. 그렇지는 않다. 박훈식, 박준필 부자(父子)는 그대로 비신도였지만 목월 자신의 신앙은 1년 동안에 어머니의 그것을 염두에 두고 기독교가 가교라고 학교측에 말할 만큼 자랐던 것이다.

신앙은 자랐지만 계성 학교에 다닌 5년 동안 목월이 거둔 학업 성적은 그다지 좋은 편이 못된다. 전 과목 평균 점수가 1학년 때는 68점, 2학년과 3학년 때는 80점, 4학년 때는 74점, 그리고 졸업반인 5학년 때는 77점이다.

뒷날 대시인이 되었으니 다른 과목은 몰라도 작문 성적은 뛰어나지 않았겠느냐는 짐작을 가져볼 수 있지만 그것 역시 대단치 않다. 내용이 일본어였던 '국어 및 한문'의 작문 성적은 1학년 때 77점, 2학년 때 82점, 3학년 때 70점, 4학년 때 85점, 5학년 때 86점이다. 그리고 '조선어'의 성적은 1학년 때 62점, 2학년 때 67점, 3학년 땐 90점으로 껑충 뛰었다가 4학년 때 77점, 5학년 때 83점으로 다시 내려가고 있다. 그러니까 목월은 소년 시절 학교에서 매겨준 작문 성적과 시인의 숨겨진 재능이 비례하는 것은 아니라는 사실을 자신이 직접 예증하고 있는 인물인 셈이다.

품행의 평가인 '조행(操行)'란은 1,2,3학년 때까지 '양', 4학년 때 '을', 5학년 때 '갑'으로 기록되어 있다. 요즘 말로 하면 갑은 '수', 양과 을은 '우'에 해당한다. 그리고 또 3학년 때부터 5학년 때까지의 그것만 밝혀져 있는 '성행(性行) 및 상벌'에는 아래와 같이 기록되어 있다.

3학년   성질 : 종순(從順), 인내심 강함.

행장(行狀) : 이상 없음.

장점 : 근면.

단점 : 인정되지 않음.

상벌 : 없음.

4학년   성질 : 성실, 종순.

행장 : 고아(高雅)

장점 : 근면.

단점 : 인정되지 않음.

상벌 : 없음.

3학년   성질 : 종순.

행장 : 침착.

장점 : 근면

단점 : 인정되지 않음.

상벌 : 없음.

이러한 평가로 미루어 계성학교 시절 목월은 온순하고 부지런한 학생이었다고 짐작할 수 있다. 그러나 '없음'으로 일관된 상벌란과 앞에 소개한 학업 성적은 그가 우등생이 아니라 평범한 중간치 학생이었음을 말해주는 것이다. 아니, 이것은 어폐 있는 기술이다. 학적부를 작성한 담당 교사의 눈에는 박영종이란 학생이 그렇게 비쳤다고 말해야만 더 정확할 것이다.

실상 계성학교 시절의 목월은 평범한 중간치 학생이 아니라 특별한 학생이었다. 그리고 그 특별함은 교사도 도저히 따를 수 없는 성질의 것이었다. 그것도 그럴 것이 목월은 계성학교 재학 중에 이미 동요시인으로 각광을 받고 있었기 때문이다.

윤석중의 회상에 따르면 목월은 1932년, 그러니까 나이 열여섯인 계성학교 3학년 때부터 동요를 써서 서울서 발간되는 아동잡지 『아이

생활』에 투고했다고 한다. (『심상』1978.5. 12쪽) 이름은 물론 박 영종
이라는 본명을 썼다. 이러한 목월의 동요가 기성 동요 시인의 대접을
받고 처음으로 발표된 것은 1933년 봄의 일이다. 발표된 지면은 개벽
사 발행의 『어린이』란 잡지였고 작품의 제목은 <통딱딱 통딱딱>이
었다. 당시 그 잡지를 편집하고 있던 윤석중은 그 작품을 '잡지 첫머
리에 4호 활자로 짜서 두면에 벌려 대문짝만하게' 내주었다. 그리고
뒤이어 그 해 6월, 목월의 동요 <제비 맞이>가 이번에는 『신가정』
이란 여성잡지의 현상에 당선되어 역시 크게 발표되었다.

풀밭에
짝짜궁
　옹기종기
　모여라
꽃마다 집짓고
잎마다 문패 달고
노래노래 부르면
제비제비 온단다
시내로
짝짜궁
　옹기종기
　모여라
풀잎배 만들어
하얀꽃 돛 달아서
잔물결에 띄우면
제비타고 온단다

산길로
짝짜궁

옹기종기
모여라
넝쿨속 숨어라
꽉꼬옥 숨어라
숨은 아기 찾으러
제비제비 온단다

이 동요는 <제비 맞이>의 전문이다. 이 동요와 앞에 든 <통딱딱 통딱딱>의 발표로 열일곱 살의 시골 중학생 박영종은 동요시인으로서의 첫걸음을 내딛게 된 것이다. 다시 윤석중의 말을 들어보자.

…… 뜻하지 않은 후대를 받은 영종은 동요 창작에 몰두하였고 짓는 족족 나에게 부쳐왔으며, 연달아 잡지에 나게 되었다. 그러다가 『어린이』잡지가 국어(일본어)상용 정책에 걸려 다달이 부수가 줄어들어서 1년만에 손을 들게 되니, 나는 『조선중앙일보사』 학예부로 자리를 옮겨서 가정란에 '우리판'을 새로 차리고 『소년중앙(少年中央)』이라는 아동잡지를 따로 내게 되었다. 하루는 키가 호리호리하고 눈이 말똥말똥한 시골 소년이 신문사로 찾아왔는데 그가 바로 동요작가 박 영종이었다. 서울에서 열리고 있는 체육대회에 농구선수로 뽑혀 올라왔다는 것이다.
『소년중앙』이 경영난으로 없어진 뒤, 다시 『조선일보』출판부로 자리를 옮겨 『소년(少年)』잡지를 시작하면서 『소년조선일보』를 일주일에 한 번씩 『조선일보』부록으로 냈을 때 영종의 동요는 정현웅(鄭玄雄) 화백의 동화(童畵)를 곁들여 호마다 내다시피 했다. 또박또박 부쳐 준 원고료가 그에게는 무척이나 대견스러워 두고두고 고마워했다. (앞에 든 『심상』)

동요시인으로 나선 목월의 출발이 매우 순탄한 것이었음을 위의 회상은 시사한다. 그것은 물론 우연이나 정실의 소치가 아니다. 다만 목월의 작품 자체가 스스로 제 길을 열었던 것이다. 이 무렵 목월이 평생을 문학에 걸기로 뜻을 굳힌 것은 새삼 두말할 나위가 없다. 그래서 그는 학우들에게 나는 장차 시인이 될 것이라 했고, 학우들 역시 그러한 그를 시인이란 별명으로 불렀다.

계성학교 시절의 목월은 3학년 때 기차 통학을 했고, 그 밖의 기간은 내내 기숙사에서 생활했다. 그 기숙사의 정원에 있는 백양나무등치에 목월은 시인이 되기를 다짐하면서 자기 이름의 이니셜 P.Y.J를 새긴 일이 있다고 한다. 미망인 유익순(劉益順)이 들려준 이야기다.

학업 성적은 중치였고 또 성격도 온순했던 평범한 학생 목월은 그러나 학우들 사이에선 인기가 높았다. 그것은 그가 작품을 발표 할 때마다 또박또박 부쳐 받은 원고료 덕이었다.

예나 지금이나 다름없이 한창 나이의 학생들의 식욕은 무쇠도 녹일 만큼 왕성하다. 집단적인 규칙생활에다 식사량도 평균치를 기준으로 규격화되어 있는 기숙사 입사생들의 경우는 더욱 그러하다.

원고료를 받은 목월은 그들에게 자주 선심을 썼다.

"이봐 시인! 엇그제 보니 잡지에 네 글 났더라. 오늘 덕 좀 보자꾸나."

책방에서 목월의 작품이 실려 있는 잡지를 발견하고는 이렇게 조르는 친구들도 있었다.

"좋아, 가자구!"

목월의 인가가 높아지는 것은 당연한 귀결이다.

· 동리와의 만남

1935년 3월, 목월은 5년간의 정규 수학과정을 마치고 계성학교를 졸업했다. 졸업 때의 평균 성적은 앞에서 말한 대로 77점, 그리고 석차는 27명 중 14등이었다. 90점 이상의 과목은 하나도 없다. 최고점을 얻은 과목은 '역사'로 88점이다. 다음은 '조선어 및 한문'의 평균 84점, 셋째는 '성경'과 '국어(일본어)' 및 '한문'의 평균 83점이다. '조선어'와 '국어'에 '평균'이란 단서를 붙인 것은 그 과목들이 '독해', '작문', '문법' 등으로 세분되어 있기 때문이다. 성적이 가장 처지는 과목은 '수학'과 '물리 화학'이다. 수학이나 물리 화학 시간에는 눈길을 칠판이 아니라 창 밖으로 돌려 동시의 한 구절이라도 생각하고 있었음직한 목월을 떠올려 볼 수 있다. 영어의 평균은 70점이다.

대학입시 준비의 영수학관(英數學館)이 되어 버린 듯한 요즘 고등학교에서라면 이러한 목월은 적지 않은 구박을 받았을 것이다. 그러나 그때는 그렇지 않았다. 그리고 또 새삼스런 말이지만 영어와 수학의 성적만이 한 젊은이의 능력과 인생을 결정하는 요인도 아니다. 영어 70점, 수학 66점의 목월이 뒷날 시인으로 대성했다는 사실이 바로 그것을 잘 말해 주고 있다.

계성학교를 졸업한 그 해 5월, 목월은 고향으로 내려와 취직을 했다. 경주의 동부금융조합 서기가 된 것이다. 금융조합이란 농협의 전신이다. 나이 겨우 열아홉의 이 신참 서기를 위해 조합의 직원들은 무열각(茂悅閣)이라는, 그 무렵 경주에선 첫째로 손꼽히던 요정에서 환영연을 열었다. 목월 자신은 그날 처음으로 술을 배우게 되었다고 말하고 있지만(자선집 『자정의 반성』, 181쪽) 무열각 출입이나 술 마시기가 그날 처음 시작된 것은 아니다.

무열각은 목월을 동향의 선배인 소설가 김동리와 연결시킨다. 동리는 목월보다 세 살 위인 1913년생이다. 그리고 그는 대구 계성 학교에 2학년까지 다니다 서울의 경신학교로 전학해 갔으니 목월의 중학교 선배이기도 하다. 그러나 계성 학교에 다니던 동리를 목월은 만난 일이 없다. 두 사람이 만난 것은 서울의 경신 학교에 다니면서도 학교 공부에는 별로 재미를 붙이지 못했던 동리가 휴학을 하고 경주로 내려와 있던 1934년의 겨울 방학 때였다. 목월도 방학이라 경주에 내려와 있다가 동리를 만나게 된 것이다.

그때 김동리는 대작가를 꿈꾸면서 동서의 명작을 섭렵하는 한편, 소설 <화랑의 후예>를 『중앙일보』의 신춘문예에 응모해 놓고 있는 처지였다. 이러한 동리와 사귀는 동안 목월은 자연 동리와 또 동리 주변에 있는 다른 문학청년들과 어울려 술을 마시게 되었다. 물론 돈이 넉넉할 리 없다. 막걸리나 소주가 고작인 술자리.

그러나 더러는 무열각에도 갈 때가 있었다. 돈이 있어서가 아니다. 공짜 술을 얻어 마신 것이다. 무열각의 이 공짜 술은 동리의 백씨인 범부(凡父) 김정설(金鼎卨) 덕이었다. 동리 자신의 말을 빌면 '무열각 주인(요즘 말로는 마담) 아주머니가 내 백씨와 친분이 자별한데다 우리와 같이 문학하는 청년들을 무조건 환영했기 때문에' 그랬다는 것이다.(『심상』 1978. 5. 16쪽) 그러니까 목월은 그 무렵 이미 고향의 대선배인 철학자 김범부를 알았다는 이야기가 된다. 아우 동리를 통해 목월을 만난 범부는 목월에게는 소원(素園)이란 아호를 지어주었다. 그래서 동리도 목월을 영종이란 본명 대신 소원이라 불렀다.

목월이 계성학교를 졸업하던 그 해, 즉 1935년 1월 1일자 『중앙일보』에는 앞에 말한 김동리의 작품 <화랑의 후예>가 신춘문예의 당선작으로 발표되었다. 목월을 포함해서 동리와 함께 자주 어울리던 경주의 문학청년들에게는 그것이 큰 충격이요 경사였다. 자축 타축(他祝)의 술자리가 연거푸 벌어진 것은 두말할 나위가 없는 일이다. 그 자리에 목월이 빠졌을 리는 없다. 하지만 아직 학생의 몸이요 또 기독교의 신앙에 의한 자제도 있어서 술맛을 안다 할 처지는 아니었다. 젊은 혈기로 맛도 모르면서 벌술을 마신 것이다. 금융조합에 취직한 직후의 환영연에서 처음 술을 배우게 되었다는 말은 그랬던 술의 맛을 그때부터 비로소 알게 되었다는 뜻이라고 새겨볼 수 있다.

금융조합에 취직한 목월은 양친이 사는 건천리 집에서 출퇴근하기가 길이 멀어 경주 읍내에서 하숙을 정했다. 하숙생활이란, 주인집에서 아무리 세세하게 신경을 써 주어도 일을 마치고 돌아가면 썰렁한 빈 방이어서 고독감에 휩쓸리기 마련이다. 이러한 개연성에 시인기질과 또 열아홉이란 나이가 겹쳐 목월의 고독감은 평균 수준 이상으로 진했다. 더러는 김 돌리나 그밖에 다른 문학하는 친구들을 만난 술을 마시기도 했지만 매일같이 그럴 수는 없는 일이다. 게다가 목월은 기질이 좀 내성적인 편이였다. 아무도 없는 하숙방에 혼자 돌아와서 어두운 밤하늘을 쳐다보는 날이 많았다.

그런 밤 그는 물론 동시를 썼다.

소롱소롱 이슬이 나리는 밤에
길다란 귀 쫑긋쫑긋 하얀 토끼는
구슬방울 줍기에 잠 못 잔단다
이승방울 줍기에 잠 못 잔단다

소롱소롱 이슬이 나리는 밤에
재굴재굴 산새는 푸른 가지속
구슬방울 따기에 잠 못 잔단다
이슬방울 따기에 잠 못 잔단다

1935년 9월 『아이생활』에 발표된 동시 <소롱소롱 이슬이>의 전문이다. 잠들지 못하고 밤을 새운 것은 토끼나 산새가 아니라 그 토끼, 그 산새를 닮은 목월 자신이었음에 틀림없다.

그러나 아이들만을 상대로 하는 동요로서는 목월의 문학적 갈증이 해소되지 않았다. 본격적인 문학의 길은 동요가 아니라 시를 쓰는데 있다는 생각이었다. 그리고 같은 동요를 쓰더라도 아이들과 어른들이 함께 읽을 수 있는 시로서의 동요를 써야 하겠다는 생각을 했다. 그래서 성인시(成人詩)도 썼다. 1935년의 1월호와 3월호 『학등』에 발표된 <달은 마술사>와 <송년송> 같은 작품이 그러한 자취를 보여준다. 그리고 1936년의 작품인 <옛날과 가랑비>는 목월이 그 무렵 쓴 시로서의 동요의 표본이 될 만하다.

옛날 촌역에
가랑비 왔다
초롱불 희미한 밤
가랑비 왔다

초롱은 무슨 초롱
하얀 역초롱
모량역 세 글자
젖어 뵈는데

옛날 촌역에
가랑비 왔다
초롱불 희미한 밤
가랑비 왔다

이것이 그 전문인 <옛날과 가랑비>는 우리나라의 동요가 불문율의 금기로 삼는 한자를 거침없이 사용하고 있다. 한자를 모르는 어린이보다도 한자를 아는 어른이 읽으라는 뜻이 담겨 있다 할 것이다. 그리고 작품의 정서도 또한 어른의 것임이 분명하다.

목월이 이 작품을 쓴 1936년 1월 친구 김동리는 소설 <산화(山火)>가 또 『동아일보』 신춘문예에 당선되어 기염을 토하고 있었다. 작년에 <화랑의 후예>가 『중앙일보』에 당선되었는데도 문단에선 별로 알아주는 기색이 없어 이번에는 신문사를 바꾸어 재차 응모를 했던 것이다. 그때 동리에겐 이번에도 틀림없이 당선되리라는 자부가 있었고, 또 그것이 실현되었으니 기염은 더욱 높아지지 않을 수 없었다. 경주의 문학청년들이 작년에 이어 올해도 연일 축하의 술자리를 벌인 것은 두말할 나위가 없는 일이다. 그 술자리가 무열각에서 벌어진 일도 더러 있었을 것이다.

연달아 2년 신춘문예를 휩쓸어 이제는 재능이 천하에 알려진 신예 작가 김동리도 여자의 눈길을 끌 수는 없었다. '나는 그 무렵 연애를 굉장히 하고 싶었는데 상대가 여의치 않아 몹시 우울해 있었다'고 당자가 고백하고 있다. (앞에 든 『심상』, 17쪽) 그러던 어느 눈 오는 날 밤, 목월은 동리를 집으로 찾아가 일찍 잠자리에 든 그를 깨웠다.

> "이렇게 눈이 오는데 벌써 자나?"
> 목월은 물기 머금은 듯한 탄식 같은 소리로 물었다.
> 나는 잠자리에 들었던 내의 바람으로 눈을 맞으며.
> "어짜노? 무열각 대문은 잠겼을 꺼고, 눈 속에 구른다고 될 것도 아니고, 차라리 일찌감치 잠이나 자는 게 났지. 그만 돌아가지."
> 했다.
> 목월은 너무나 기가 막힌 지 고개를 푹 떨어뜨린 채 가만히 섰더니, 말없이 돌아서 가 버렸다. 그 뒤 목월은 가끔 나에게 그날 밤 이야기를 했다.
> "그렇게 눈이 퍼붓는 밤중에 찾아온 친구를 대문 밖에서 쫓아 보내는 법도 있나?"
> 목월이 이렇게 물을 때마다 사실 나는 별로 할 말이 없었다. 그러나 그러한 눈 속에 헤매고 싶은 마음은 내가 목월보다 더했을지도 모르지만 목월은 그렇게 헤매는 것으로 반분(半憤)쯤 풀리는 모양이었고 나는 곧장 더 미칠 것만 같아지기 때문에 차라리 잠이나 자 버렸다고, 나 혼자 속으로 대답해 볼 뿐이곤 했다.

김동리의 회고문 인용이다. (앞에 든 『심상』, 17쪽) 눈이 펑펑 쏟아지는 밤, 도저히 혼자 지낼 수 없어 친구를 찾아간 목월이나, 그런 밤엔 밖에 나가면 더 미칠 것만 같아 차라리 일찌감치 잠을 청해 버린 동리는 다 같이 고독한 청춘이 아닐 수 없다. 이 고독이 과연 '연애를 굉장히 하고 싶었는데 상대가 여의치 않아' 생긴 것이라고 보아야 할 것인가? 물론 그런 면도 있기는 할 것이다. 그러나 그들이 스무 살 안팎의 젊은 시인이요 작가임을 생각할 때, 그리고 더욱이 식민 통치하의 청춘임을 생각할 때 고독감의 뿌리는 당자들의 의식 여부를 막론하고 깊은 정신의 심연에 박혀 있었다 하지 않을 수 없다.

그 무렵 김동리는 목월에게,

"3년, 앞으로 3년만 참아."

라는 말을 자주 했다.(자선집 『밤에 쓴 인생론』, 304쪽) 다음 세대는 틀림없이 자기네가 한국 문단의 주인이 된다는 신념의 표백이다. 이러한 신념은 고독을 견디는 지주가 될 수 있다. 그러나 목월은 동리와 같은 신념을 가질 수 없었다. 기질도 의지적이 아닐뿐더러 문학 역시 동요만 썼지 성인시에 있어서는 데뷔 이전의 상태였기 때문이다. 목월의 고독감이 동리의 그것보다 더 절실했었다는 사실을 이것은 말해 준다.

· 꿈이 점지한 신부

두 번이나 신춘문예에 당선한 친구 김동리의 존재는 목월에게 있어 두 가지 의미를 가질 수 있다. 하나는 물론 서로가 서로의 외로움을 달래주는 상대역이 될 수 있다는 점이요, 다른 하나는 문학적 발분의 촉발자 구실을 한다는 점이다. 그리고 후자의 경우 목월은 동리에게 일종의 라이벌 의식 같은 것을 느낄 수도 잇다. 그러나 그러한 동리는 경주에 오래 있지 않았다. 그 무렵 동리는 걸핏하면 서울이나 해인사(海印寺)로 간답시고 훌쩍 떠나 달포 이상 종적을 감추곤 했다.

큰형 범부가 불교계에 발이 넓었을 뿐 아니라 집을 또한 서울에 두고
있었기 때문이다. 그러다가 동리는, 해방이 될 때까지 다솔사(多率寺:
경남 사천군에 있음)로 들어가 경주에는 발길을 끊고 만 것이다.

> 안타까운
> 마음은
> 은은히 흔들리는
> 강나룻배
> 누구를 사모하는
> 까닭도 없이
> 문득 흔들리는
> 강나룻배

　목월은 자신의 이 시 <임에게·1>이 당시의 심정을 반영한 것이라
하면서 이렇게 덧붙인다. '누구를 사모하는 까닭도 없이 은은히 흔들
리는 강 나룻배처럼 나는 하루도 감정이 잠잘 날이 없었다. 해일(海
溢)하는 청춘의 꿈과 동경으로 출렁이는 정서의 설레임 속에서 나만
홀로 경주에 남게 된 것이다./ 처절하게 외로왔다.'(자선집『밤에 쓴
인생론』, 306~307쪽)
　그래도 낮에는 직장인 금융조합에 나가 주판알을 튕기면서 고독감
을 잊을 수 있었다. 잠시 잊혀졌던 그 고독감의 밀물이 한꺼번에 밀
어닥치는 것은 직장이 파한 뒤의 해질녘부터다. 그리하여 그것은 잠
의 손길이 목월의 눈시울을 누르는 밤중까지 계속 출렁대는 것이다.
비록 시인이 아니라 할지라도 이럴 때는 시를 생각하게 된다. 목월은
혼자 밖으로 나와 수정남산(水晶南山)의 그늘이 잠긴 골짜기를, 이슬
이 자욱한 야심한 반월 성지를, 또는 풀이 우거진 왕릉의 오솔길을
배회하면서 시구를 가다듬었다. 시를 쓴다는 것은 시인에게 있어 참
으로 힘겨운 작업이지만 동시에 모든 아픔을 삭여 주는 위안이 되기

도 하는 것이다.

이 무렵 목월에겐 여기저기서 혼담이 나왔다. 총각의 나이 스물이 넘은데다 집안의 장손이요 또 어엿한 직장도 가졌으니 장가를 들여야겠다는 말이 나오는 것은 당연하다. 딸 가진 집안에서 보아도 할아버지가 50섬 이상의 추수를 하는 대농이며 아버지는 수리 조합 이사요 당자는 또 금융조합 서기니 목월은 분명 욕심을 낼만한 신랑감이었다.

혼담은 먼저 중매서는 사람의 말 건넴으로부터 시작된다. 그 말을 듣고 조건이 그럴싸하다 싶으면 선을 보게 되는 것이다. 요즘은 처녀 총각과 그 집안사람들이 밖에 따로 마련한 장소, 이를테면 음식점 같은 데서 만나 선을 보지만 당시는 그렇지 않았다. 총각이 집안 어른과 함께 처녀 집으로 가서 선을 보았던 것이다.

목월은 자주 선을 보러 다녔다. 정확한 횟수는 알 수 없지만 약간의 허풍을 섞어 말하면 백 번도 더 봤다 할 수 있는 정도였다. 그러는 가운데 어느덧 1937년도 저물어가고 있었다.

그 날은 마침 크리스마스였고 또 경주군의 한 고을 기계(杞溪)의 장날이었다. 목월은 그곳 기계 금융조합 지소에 출장을 왔다가 일찍 볼일을 마치고 서둘러 경주행 기차를 탔다. 경주에 가서는 다시 어머니와 고모를 모시고 멀리 진주까지 선을 보러 갈 약속이 되어 있었기 때문이다.

포항을 거쳐 오는 그 기차는 서울행이었다. 손님은 그다지 많지 않아 자리는 띄엄띄엄 비어 있다. 기차에 올라선 목월은 자리를 잡기 전에 주위를 둘러보았다. 앞쪽에 키가 자그마하고 인상이 깔끔한 처녀가 혼자 앉아 있었다. 목월은 그녀 앞으로 나아가 꾸벅 허리를 굽히면서

"저는 박영종이라 합니다."

하고 인사를 했다.

처녀는 당황해서 얼굴을 붉혔지만 가볍게 고개를 숙여 답례는 했

박영종과 박목월, 그리고 그의 시 285

다. 물론 자기 이름은 대지 않았다.

"저는 금융조합에 다닙니다. 이 차로 경주에 가서는 다시 오늘 중으로 진주까지 가야 합니다. 선을 보러 가는 길입니다."

처녀와 마주 앉은 목월은 대충 이런 말을 묻지도 않는 그 처녀에게 했다. 가까운 거리라 기차는 곧 경주에 닿았고 두 사람은 헤어졌다. 목월은 내렸고 처녀는 뒤에 남아 계속 윗녘으로 간 것이다.

목월은 그날 오후 예정대로 진주에 가서 선을 보았다. 선을 본 상대는 등급을 매기자면 상(上)이 아니고 중(中)이었다. 돌아오기에는 시간이 너무 늦어 목월 일행은 그날 밤 진주에서 묵었다.

밤중에 어떤 노인이 나타나

"너의 아내 될 사람은 성이 유(劉)씨다."

했다.

깨고 보니 꿈이었다. 목월은 그 말을 입 밖에 내지 않고 혼자 가슴속에 묻어 두었다.

이듬해 봄, 어느 화창한 일요일 오후였다. 목월은 혼자 불국사 경내를 산책하고 있었다. 일요일이었던 만큼 가족 동반으로 놀이를 나온 사람들도 많았다. 그러한 일행 중에 아는 친구 K의 얼굴이 보였다. 같은 금융조합에 근무하는 동료였다. 목월은 가까이 가서 그 친구에게 인사를 했다.

"가족들이 함께 나왔나?"

"실은 공주에서 손님이 왔기에 일부러 차 한 대를 대절해서 나왔지."

그러면서 그 친구는 같이 온 일행을 목월에게 소개했다.

"이분은 형님, 이분은 형수씨, 그리고 이분은 형수씨의 동생, 그러니까 형님의 처제야."

그 처제를 보고 인사하는 순간 목월과 그녀는 함께 놀랐다. 작년 크리스마스 날 기계에서 경주로 가던 기차간에서 만난 처녀가 바로 그녀였기 때문이다.

이름은 유익순. 공주에서 올 봄에 여학교를 졸업한 방년 열여덟 살의 처녀였다. 졸업을 앞두고 그녀는 아버지에게 서울의 이화여전으로 가서 공부를 계속할 수 있게 해달라고 했지만 다 큰 처녀를 혼자 객지에 보낼 수는 없다고 허락하지 않았다. 그래서 졸업 전의 겨울 방학 때 포항 구룡포의 금융조합 이사로 있는 형부를 찾아가 형부와 언니가 아버지를 좀 설득해 달라고 부탁을 했다. 그러나 모처럼 믿고 갔던 형부와 언니도 그녀의 부탁을 들어 주기는커녕 도리어 그녀에게 시집이나 가라고 타이르는 것이었다. 결국 허탕을 치고 집으로 돌아가는 기차 안에서 그녀는 목월을 처음 만난 것이다. 그러니까 오늘은 두 번째 만남이다.

그러나 내외가 심하던 시대라 두 사람은 알은 체할 수가 없다. 그녀의 이번 걸음은 단순한 나들이였는데 형부가 작년 일(아버지를 설득해 달라 한)의 속죄를 겸해 경주의 명소들을 구경시켜 준 것이다. 그날은 서로 처음 만난 양 인사만 하고 헤어졌다.

그러나 혼자가 된 목월은 그녀를 잊을 수 없다. 수정처럼 맑고 깨끗한 처녀, 특히 그 눈이 인상적이었다.

"박 형, 어제 만난 우리 사돈처녀 근사하지?"

이튿날 출근을 하자 K가 이렇게 말을 걸어왔다. 그리고 그에게서 목월은 그녀가 올 봄에 여학교를 졸업한 공주의 아가씨며, 이름은 유익순이라는 말을 들었다. 성이 유씨라는 말에 목월은 갑자기 가슴이 뛰었다. 그녀를 처음 만나던 날 밤 진주에서 꾸었던 꿈이 생각났기 때문이다.

"실은 그 아가씨를 나는 어제 두 번째 만났어."

목월이 친구 K에게 말했다. 첫 번째 만남의 경위를 아울러 설명한 것은 물론이다. 당시 목월이 여기저기로 선보러 다니는 것을 알고 있던 그 친구는,

"그것 참 인연이군. 조금만 발전하면 결혼이란 열매가 맺어질 수

있겠구나."

했다.

그 며칠 뒤 친구 K는 다시 목월에게 유익순의 말을 꺼냈다. 엊그제 형수를 만났더니 유 익순 자신도 언니와 형부에게 목월과의 첫 번째 만남을 이야기해 서로 간에 인연이란 말이 오갔다는 것이다. 그러면서 K는 중매를 자청하고 나섰다.

"생면부지의 처녀에게 박 형이 먼저 인사를 청했으니 싫다는 말은 할 수 없겠지."

물론 목월은 싫지 않았다. 유익순을 처음 만났던 날 밤 진주에서 꾸었던 꿈의 점지가 생각나 오히려 그것이 운명의 코스인 것처럼 느껴졌다.

K는 포항에 있는 형수에게 연락을 했다. 상급학교 진학의 희망이 꺾여 좌절감을 느끼고 있는 동생의 마음에 다시 밝음을 찾아주기 위해서도 결혼을 권했던 그녀인지라 곧 동생의 마음을 떠보았다.

"너 그 사람 어떻더냐?"

"그 사람이라니, 누구 말이우, 언니?"

"왜 접때 불국사에서 만난 박 영종 씨 있잖니."

유익순은 얼굴을 빨갛게 물들이면서

"몰라."

했다. 그러나 마음속엔 그 때 키가 훤칠하고 눈동자가 맑게 빛나던 목월의 모습이 떠올랐다. 그러니까 '몰라'라는 말은 호의적인 반응의 표시였던 것이다.

언니는 곧 그 눈치를 채고 동생과 함께 친정으로 가서 목월에 관한 이야기를 했다. 그리고 그것을 계기로 양쪽 집안에는 혼담이 오가게 된 것이다. 신부감이 기독교를 믿는 집안의 규슈라는 사실은 목월의 어머니를 흡족케 했다.

혼담은 순조롭게 진행되어 열매를 맺었다. 그리하여 박 목월-아니

박 영종과 유익순은 1938년 5월 20일 공주 제일 예배당에서 결혼식을 올린 것이다. 지금도 자취가 남아 있지만 재래의 풍습은 신부집에서 예식을 올린다. 결혼식장이 공주로 된 것은 그 때문이다.

· 북에는 소월, 남에는 목월

식을 올린 신랑 신부는 경주로 돌아왔다. 목월의 어머니, 그러니까 유익순의 시어머니는 새 며느리에게 말했다.

> 우리 아이는 아무것도 잘하는 게 없다. 글 쓰고 공부하는 것에는 열심이지만 세상 물정을 모르고 두서가 없어 걱정이다. 그러나 내가 아들을 믿고 의심치 않는 점은 우리 아이는 돈에 욕심이 없다. 모든 악한 일과 범죄는 돈을 아는 사람이 저지르는 것이라 생각하지만 그런 점에서 우리 아이는 어디 갖다 놓아도 안심할 수 있다."(『밤에 쓴 인생론』, 116쪽)

이러한 목월과 유익순의 신접살림은 경주읍 노동리(路東里)의 셋방에서 시작되었다. 양은솥 한 개, 냄비 하나, 양동이 한 개, 밥공기 둘, 사기그릇 몇 개, 수저 두 벌, 그리고 친구가 선물한 거울 한 개와 이부자리—이것이 새로 차린 목월 부부의 신접살림 물목(物目)이었다. 전부 합쳐도 그 때 돈으로 10원 미만의 초라한 살림이다. 목월의 집안이 가난해서 그랬던 건 결코 아니다. 할아버지와 아버지가 다 같이 한 살림 차려 주려 했지만 자주 자립해야 한다는 신념으로 목월이 그것을 거절했던 것이다.(『밤에 쓴 인생론』, 151~152쪽)

이듬해 여름 첫 아기가 태어났다. 사내아이였다. 지금 서울대학 교수로 있는 문학평론가 박 동규가 바로 그 장남이다. 아이를 낳은 곳은 경주읍 황남리(皇南里)에 있는 어느 농가의 단칸방이었다. 외양간 옆에 붙은 그 셋방에서 목월의 부인은 자기 손으로 저녁밥을 지어 먹고 그날 밤중에 첫아들을 낳은 것이다.

유익순의 친정도 옹색한 집안은 아니었다. 딸을 여학교까지 졸업시킨 데다 그 딸이 또한 상급학교 진학을 꿈꾸었을 정도니 오히려 넉넉한 집안이라 하겠다. 그러나 그녀는 남편의 뜻을 받들어 말 한마디 없이 옹색한 신접살림을 잘 견뎌 나갔다. 시어머니 말대로 남편은 돈에 욕심이 없는 사람이었지만 그녀 역시 허영과 낭비를 모르는 알뜰 주부였던 것이다.

부부가 이렇게 뜻이 맞으면 비록 가난하다 하더라도 집안이 안정된다. 그 안정된 분위기 속에서 목월은 밤마다 열심히 책을 읽고 글을 썼다. 물론 동요도 포함한 글이지만 그 무렵 목월이 더 많은 힘을 기울인 것은 성인시였다.

목월의 시작(詩作) 의욕을 더욱 강하게 자극한 것은 『문장』지의 출현이었다. 1939년 2월에 창간된 이 순문학 잡지는 한국 문단이 그 때까지 가졌던 발표기관 중에서는 최고 수준의 것이었다. 게다가 그것은 소설에 이태준, 시에 정지용, 시조에 이병기, 세 사람의 당대 일류를 선자(選者)로 내세워 신인추천제를 실시했기 때문에 전국의 문학 청년들이 모두 그곳에 관심을 모았다.

『문장』의 추천제가 생기기 이전의 신인 등용문은 『조선일보』, 『동아일보』, 『중앙일보』 등 일간신문에서 실시하는 신춘문예가 주된 것이었다. 그러나 그것은 시와 소설 분야에서 당선자를 1년에 한사람씩 밖에는 낼 수 없는 제약을 지니고 있었다. 따라서 그것은 비록 우수한 작품이라 하더라도 당선작 이외의 것은 가작으로 밀어내지 않을 수 없었고, 또한 그 당선작의 경우도 우연히 잘 씌어진 한 편의 요행이 그것을 차지할 가능성을 안고 있었던 것이다.

『문장』의 추천제는 그렇지 않았다. 작품만 좋으면 몇 사람이든 추천할 수 있었다. 그리고 단 한 편의 요행을 배제하기 위해 응모자는 저마다 세 번의 추천을 거치도록 되어 있었다. 말하자면 『문장』의 신인 추천제는 신춘문예가 안고 있는 문제점을 수정 보완한 새로운 신인 등용 장치였던 것이다.

목월은 이 추천제에 마음이 끌렸으나 선뜻 투고를 결심하지는 못했다. 망설인 이유는 그가 이미 아동문학계에서 당당한 기성으로 대우받고 있었기 때문이다. 섣불리 투고를 했다간 아동문학계의 선배나 동료들에게 누를 끼치는 일이 될지도 모른다는 우려를 갖지 않을 수 없는 것이 당시 목월의 처지였음을 이것은 뜻한다.

그러나 『문장』의 통권 3호, 그러니까 1939년 4월호에 발표된 첫 번째 추천의 결과는 목월로 하여금 응모의 결심을 굳히게 해주었다. 그 달에 추천된 작품은 소설에 최태응의 <바보 용칠이>, 시에 조지훈의 <고풍의상>, 김종한의 <귀로>, 황 민의 <학>이었다. 이들 중에서 목월의 관심을 끈 것은 김종한이다. 뒷날 『문장』의 추천제 관문을 제일 먼저 통과한 그는 당시 일본 동경에서 모더니스트 시인 하루야마(春山行夫)가 편집 책임을 맡고 발행하던 여성잡지 『부인화보(婦人畵報)』의 편집사원이었다. 그리고 그는 또 일본말로 된 시를 일본의 시 동인지에 더러 발표하고 있었기 때문에 국내의 문단에도 이름이 약간 알려져 있었던 것이다.

이러한 김종한의 이름을 『문장』의 추천란에서 발견한 목월은 드디어 응모의 마음을 굳혔다. 작품을 정서했다. 그러나 아동 문학계에 널리 알려져 있는 박 영종의 이름을 그대로 쓸 수는 없다. 본명 외에 김범부가 지어준 소원이란 아호가 있기는 하지만 이제 쓰게 되면 앞으로 죽을 때까지 그것으로 일관해야 할 펜네임으로서는 어딘지 모르게 좀 미흡하다.

목월은, 아니 박 영종은 응모할 작품을 정서해 놓고도 며칠을 거기에 서명할 자기 이름을 생각했다. 나무 木 밑에 달 月을 받친 목월이란 이름은 그러한 숙고 끝에 얻어진 것이다. 작명의 힌트는 당시 그가 좋아했던 두 사람의 시인 수주 변영로와 소월 김정식에게서 왔다. 수주의 나무 樹자를 나무 木으로 바꾸고 소월의 달 월자를 그대로 따서 붙인 이름이 목월이다.

『문장』의 통권 8권, 즉 1939년 9월호에 목월의 시 <길처럼>과 <연륜> 두 편이 첫 추천을 받았다. 같은 지면에는 박두진의 두 번째 추천작 <낙엽송>도 함께 실려 있었다.

머언 산 굽이굽이 돌아갔기로
산구비마다 구비마다
절로 슬픔은 얼어……

뵈일듯 말듯한 산길.

산울림 멀리 울려 나가다
산울림 혼자 돌아 나가다
……어쩐지 어쩐지 울음이 돌고

생각처럼 그리움처럼……

길은 실낱같다.

시 <길처럼>의 전문이다. 선자(選者) 정지용은 선후기(選後記)에서 이렇게 말한다. "등을 서로 대고 돌아앉아 눈물 없이 울고 싶은 리리스트를 처음 만나 뵈입니다 그려. 어쩌자고 이 험악한 세상에 애련측측(哀憐惻惻)한 리리시즘을 타고나셨습니까! 모름지기 시인은 강해야 합니다. 조롱 안에서도 쪼그리고 견딜 만한 그러한 사자처럼 강해야 하지요. 다음에는 내가 당신을 몽둥이로 후려갈기리다. 당신이 얼마나 강한지를 보기 위하여, 얼마나 약한지를 추대하기 위하여!"

좀 더 강인한 정신의 뒷받침이 있어야겠다는 아쉬움이 문면에 배어 있으나 '등을 서로 대고 돌아앉아 눈물 없이 울고 싶은' 리리시즘이 목월 시의 본질임을 정확하게 꿰뚫어보고 있는 지적이다.

목월 자신은 <길처럼>에 대하 다음과 같이 말하고 있다.

이 작품을 쓰게 된 동기는 '뵈일듯 말듯한 산길'이라는 구절이다. 그 가냘픈 꿈과 그런 꿈이 자아내는 한 가닥의 애수, 그것은 인생의 개화기를 맞이한 나 자신의 젊음의 하염없는 동경과 고독이 뒤설레 며 얽힌 심정이다. 그 심정이 불러일으킨 한갓 심상으로서 '뵈일듯 말듯한 산길'은 청춘의 쓸쓸하고 고적하고 그런 대로 조용한 나의 꿈 에 잦아진 그 가여운 모습이었다. 그 영상을 중심으로 해서 첫 연은 청춘의 '산모퉁이를 구비구비 돌아가는' 외로움과, 둘째 연은 '멀리 울려나가는 산울림'의 속절없는 다만 '젊음' 탓으로 하염없는 동경이 가슴에 부푸는 그 서러운 기도일 것이다. 이 고독과 기도의 심정을 (중략) '실낱 같은 길'의 연연한 그리움으로 싸안아 본 것이다. 끝 연 의 '생각처럼 그리움처럼'은 '생각'이 곧 '그리움'이요, '그리움'이 곧 '생각'이라는 뜻이다. 당시에 나는 '생각'이라는 말을 사랑했다. '나는 임을 사랑한다'는 말 대신에 '나는 임을 생각한다'라는 뜻에서 '생각' 이라는 말이 지니는 그 내성적인 사모감, 그것은 나의 성격적인 것이 다. '사랑'이라는 말이 지니는 불타고, 정열적이고, 떠벌리는 감정을 극도로 싫어했다. 안으로 모으고, 간직하고, 그리고 어느 정도의 여유 를 갖는 사랑, 그것은 감정적인 것이기보다 오히려 종교적인 정서라 고 믿었던 것이다. (『토요일의 밤하늘』, 133~134쪽)

『문장』에 첫 추천을 받은 두 편의 시는 1939년 봄에 씌어진 것이 라고, 목월은 앞에 인용한 글의 첫머리에서 밝히고 있다. 그렇다면 결 혼한 지 1년 미만, 신접살림의 재미가 그야말로 깨가 쏟아지는 때라 고 하겠다. 한데도 목월은 '절로 슬픔이 일고, 어쩐지 어쩐지 울음이

도는 뵈일듯 말듯한 산길'을 노래한 것이다. 중학생 때 별명이 이미 시인이었던 그의 타고난 기질을 엿보기에 족하다.

같은 해 12월, 목월은 <산그늘>이란 시로 두 번째 추천을 받았다. '장독 뒤 울밑에/ 모란꽃 오무는 저녁답/ 목과목 새순 밭에/ 산그늘이 내려왔다/ 워어어임아 워어어임'이라고 시작되는 작품이다. 조지훈도 유명한 <승무>로써 이때 같이 두 번째 추천을 받았다.

추천자 지용은 목월의 <산그늘>에 대하 '민요에 떨어지기 쉬운 시가 시의 지위에서 전락되지 않았습니다. ……충분히 묘사적이고 색채적이기도 합니다. 이러한 시에서는 경상도 사투리도 보류(保留)할 필요가 있는 것이나 박 군의 서정시가 제련되기 전의 석금(石金)과 같아서 돌이 금보다 많았습니다'라고 말하고 있다. 언어의 조탁 절제에 좀 더 세심한 주의를 기울여야 하겠다는 아쉬움의 표명이다. '젊음도 안타까움도/ 흐르는 꿈일다/ 애달픔처럼 애달픔처럼 아득히/ 상기 산그늘은 내려간다'는 이 시의 마지막 연은 미상불 약간 설명적이어서 아쉽게 보자면 볼 수도 있다. 그러나 그런 대로 '애달픔처럼 아득히 내려가는 산그늘'의 이미지가 자아내는 정서는 <길처럼>에서의 '뵈일듯 말듯한 산길'의 그것과 동질의 것이다.

해가 바뀌어 1940년 9월, 목월은 <가을어스름>과 <연륜>이란 시로써 드디어 마지막인 세 번째 추천을 받았다.

사늘한 그늘 한나절
저물을 무렵에
머언산 오리목 산길로
살살살 날리는 늦가을 어스름

숱한 콩밭머리마다
가을 바람은 타고

청석(靑石)돌담 가으로
구구구 저녁 비둘기

김장을 뽑는 날은
저녁밥이 늦었다
가느른 가느른 들길에
어매 흰 치마자락
사라질듯 질듯 다시 뵈이고
구구구 구구구 저녁 비둘기

<가을 어스름>의 전문이다. '흰 치마자락이 사라질 듯 질듯 다시 뵈이는 가느른 가느른 들길'의 이미지도 '뵈일듯 말듯한 산길'을 방불케 한다. 그러니까 목월의 세 번에 걸친 추천작은 모두 첫 작품 <길처럼>의 변주라 할 수 있는 것이다. 세 번째로 추천된 또 하나의 시 <연륜>은 <길처럼>과 함께 추천된 첫 번째 작품 <그것은 연륜이다>를 산문시 형태로 개작한 것이었다. 그리고 이 세 번째 춘천을 하면서 지용은 "북에 김소월이 있었거니 남에 박목월이가 날만하다. 소월의 툭툭 불거지는 삭주구성조(朔州龜城調)는 지금 읽어도 좋더니 목월이 못지않아 아기자기 섬세한 맛이 좋다.……요적 수사(謠的修辭)를 다분히 정리하고 나면 목월의 시가 바로 조선시다."라고 말하고 있다. 목월을 소월과 맞세운 극찬이다.

지난해 9월의 첫 번째 추천으로부터 1년하고도 1개월 만에 이런 칭찬을 받으면서 마지막 관문을 통과한 목월의 감회는 어떠했을까. 다음 달치 『문장』에 그는 <여백>이란 제목으로 추천 완료 소감을 발표한다. 그것은 2차대전 직전의 숨 막히는 상황 변화 몇 가지를 상징적으로 암시하면서 자기 자신뿐 아니라 한국문학 자체가 그러한 시대의 여백에 처하고 있음을 지적한 글이다. 그러니까 여백은 소란한 시대의 후미지 뒤안길을 뜻한다. 그것은 슬픈 소외지대지만 섬세한

정신을 가진 식민지의 젊은 시인에게는 그러한 소외를 자각적으로 감수하는 것이 자기를 지키는 유일한 길이기도 했던 것이다. 추천 소감의 마지막 구절을 목월은 "조용한 황혼의 노래나 열 편이나 스무 편이나 쓰고 혹은 포플라의 노래 몇 편에 자장가나 두어 편 쓰고 삼십 안짝에 또는 사십 넘어서 예순 안짝에 혹은 여든 안짝에 죽으리라."고 맺고 있다. 시대의 여백, 그 후미진 뒤안길의 삶을 그대로 지켜 나가겠다는 슬픈 결의의 표명이다.

이 소감 끝에는 자필의 약력이 몇 줄 붙어 있는데 그 첫줄은 '문학적 이력 전혀 없고'라 되어 있다. 목월은 중학생 때부터 동요 시인으로 활약해 왔으니까 문학적 경력은 없는 것이 아니라 남보다 많다. 그러한 그가 이런 약력을 쓴 것은 동시의 문학적 의의를 스스로 부정한다는 뜻일까. 물론 그렇게는 볼 수 없을 것이다. 그보다도 아동 문학계의 기성 동요 시인이 『문장』의 신인 추천제에 응모한 것을 계면쩍게 생각했기 때문이라고 보아야 할 것이다.

· 동경으로 동해안으로

때는 약간 거슬러 올라간다. 1940년 3월 어느 날 오후 목월은 직장인 금융조합에서 조합장의 부름을 받았다. 평소 목월을 아껴 주던 조합장이었다.

"박 군, 공부를 좀 더 계속하면 어떨까, 내 보기에 자네는 앞으로 크게 될 사람인 것 같으니……"

조합장이 꺼낸 말이다.

"지금도 공부를 계속한다고 합니다만 원체 재주가 없어서……"

말귀를 잘못 알아들은 목월이 머리를 긁적거렸다.

"아니야, 그게 아닐세. 동경으로 유학을 가면 어떤가 말이야."

느닷없는 권유에 목월은 깜짝 놀랐다. 하긴 그 무렵 동경 유학은 웬만한 젊은이가 모두 한번쯤 꿈꾸어 보는 동경의 표적이었고, 목월도 그 예외가 아니었다. 그러나 이미 장가를 들어 엊그제 첫아들까지 얻은 몸, 무슨 돈으로 학비를 대며 또 뒤에 남은 가족의 생계는 어떻게 보장할 것인가. 갈래야 갈 수 없는 사정이다.

"그런 사정은 나도 모르는 바 아니야. 하지만 자네 집은 할아버지와 아버님이 다 든든하지 않는. 자네 부인과 아이는 큰댁에서 돌보아 주실 걸세. 그리고 조합은 자네가 돌아올 때까지 내가 휴직으로 처리해 주겠네."

조합장은 목월에게 이처럼 적극적으로 동경 유학을 권했다. 듣고 보니 그럴싸한 말이기도 하다.

"예, 감사합니다. 집에 가서 상의를 해보게 며칠만 말미를 주십시오"

퇴근하는 길로 곧장 집으로 돌아간 목월은 아내에게 조합장의 말을 전했다. 아내 유익순은 첫마디로 찬성이었다.

"뒷일은 걱정 마세요. 형편이 정 어려우면 내가 형부한테 부탁해서 금융조합에 취직을 하겠어요. 결혼하기 전에 형부가 나더러 조합에 취직을 해보라고 권한 일이 있으니까요"

이러한 아내의 말에 목월은 쉽사리 뜻을 굳힐 수 있었다. 그리고 동경에 간다면 문학뿐 아니라 그림도 공부할 수 있다는 생각을 했다. 좋아하던 시인 헤르만 헤세가 수채화도 그린 일에 영향을 받아 목월 역시 그림에 흥미를 가졌던 것이다.

원래가 진취적이었던 할아버지와 아버지의 승낙을 얻기는 어렵지 않았다.

목월은 직장에 휴직원을 내고 1940년 4월 동경으로 떠났다.

동경에 도착한 목월은 계성 출신의 친구 S의 주선으로 하숙을 정하고 또 다른 친구들을 사귀게 되었다. S는 문학을 좋아했던 만큼 그가 소개한 다른 친구들도 문학청년들이었다.

문학청년들은 학교를 깔보는 경향이 있다. 목월이 동경에서 사귀게 된 친구들도 그랬다. 만나면 문학 이야기로 시간을 보내다가 해가 지면 술집으로 자리를 옮기는 게 상례였다.

김동리가 경주를 떠난 이후론 더불어 문학을 논할 친구가 없어 혼자 고독감을 되씹어오던 목월에게는 그러한 분위기, 그러한 나날이 기막히게 좋았다. 학교 입학을 위한 수속 밟기는 자연 뒷전으로 밀렸다. 그러는 동안 고향에서 마련해 간 돈은 차츰 줄어갔다. 그래도 그러한 목월의 주머니는 고향에서 목돈을 만들어온 끝이라 매달 부쳐져 오는 일정액의 돈을 빠듯하게 쪼개 쓰는 다른 친구들보다 두둑한 편이었다. 그래서 술값도 목월이 내는 날이 많았다. 주머니는 더욱 가벼워져 갔다.

그러던 어느 날 목월은 당시 동경에 와 있던 윤석중에게 집을 물어 그를 찾아갔다. 조선일보사에서 『소년조선일보』의 편집을 맡고 있던 윤석중은 그 무렵 사장 방응모가 설립한 계초장학회(啓楚奬學會)의 장학금으로 처자를 거느리고 동경에 와서 상지(上智)대학에 다니고 있었던 것이다.

실상 목월은 동경에 오기 전부터 윤 석중의 유학 사실을 알고 있었다. 그러나 아동문학에서 시로 전환하여 『문장』의 추천을 받은 것이 아동문학의 선배 윤석중에게 못마땅한 일로 비칠까 걱정되어 일부러 그를 찾지 않았던 것이다. 그렇다고 멀리 동경까지 와서 그를 찾아 보지 않는다는 것은 말이 되지 않는다. 목월은 마음 한 구석에 있는 주저스러움을 애써 지우고 그를 찾아간 것이다.

석중은 목월을 반갑게 맞이해 주었다. 그리고는 이왕 동경까지 왔으니 놀지만 말고 학교에 다니도록 하라고 권고했다.

"우리집 이층이 비어 있으니 거기서 하숙을 해도 좋지요"

석중의 말이었다. 그는 가족 동반이었기 때문에 전셋집을 얻어 살고 있었던 것이다.

"지금 당장은 안 되겠습니다. 고향에 좀 다녀와야 하겠어요 가을 학기부터 그렇게 하지요"

목월이 대답했다. 그러나 한 달 너머의 동경 생활에 목월은 차츰 흥미를 잃어가고 있었다. 계속 동경에 눌러앉아 있자면 무엇보다도 먼저 돈이 필요한데 그 돈이 이제는 바닥이 나 간다. 게다가 또 동경에 있어 봐도 문학적으로는 별로 배울게 없다는 생각이 어느새 목월의 머리 속을 채워가고 있었다. 사실 목월이 그때 동경에서 접한 일본의 시나 서구의 그것은 그가 쓴 <길처럼>이나 <산그늘>의 그 서정, 그 향토적 어조와는 너무나 거리가 먼 것이었다.

ㅡ 시는 남에게서 배우는 게 아니라 혼자 공부해서 스스로 터득할 수밖에 없는 세계다.

공부를 하겠다고 큰맘 먹고 현해탄을 건너간 그 동경에서 목월은 오히려 이런 생각을 굳히게 된 것이다.

그날 윤석중과 헤어진 목월은 그를 다시 찾아가지 않았다.

> 가을 학기에 다시 오면 묵겠다고 해서 우리 식구가 전세든 집 이 층을 비워 놓은 채 아무리 기다려도 감감 무소식이었다. 학비가 마련 안 된 모양이었다. 들으니, 그 무렵에 그는 박 목월이란 필명으로 『문장』지에 정 지용 추천으로 시가 발표되었는데 그 때 동경에 유학 와 있던 친구에게는 그 사실을 알리면서 나에게는 말하지 말라고 하더란다. 동요를 쓰다가 갑자기 시를 쓴다는 것이 계면쩍었던 모양이다. 그토록 그는 순진했고 선배를 어려워했다. (앞에 든 『심상』)

윤석중은 위와 같이 당시의 일을 회상하고 있다.

그럭저럭 동경에서 두 달 너머 지나다가 목월은 경주로 돌아왔다. 돌아온 목월은 아내에게 말했다.

"문학은 역시 혼자 하는 것이오 그러니 공부도 괜히 가족들 고생

시키지 말고 혼자 하는 게 제일 좋다는 것을 배우고 왔소"

아닌 게 아니라 이것은 어떤 학교에서도 가르쳐 주지 않는 큰 배움이다.

그러나 모처럼 공부를 하겠다고 휴직원을 내고 동경까지 간 몸이 두 달 만에 돌아와서 곧 복직을 한다면 그야말로 계면쩍은 일이 아닐 수 없다. 목월은 조합장을 찾아가 귀국 인사를 하고는 자신의 처신을 물었다. 문학은 혼자 공부하는 것임을 배워 왔다는 목월의 말에 감동을 받은 조합장은 말했다.

"몇 년 동안 학교에 다닌 것보다 더 좋은 공부를 하고 왔군. 이왕 휴직이니 피로도 풀 겸 한두 달 더 쉬었다 나와도 좋네."

그 말대로 집에서 쉬는 동안 목월은 대구에 있는 계성중학 시절의 친구 H와 연락을 취했다. 함께 한 달쯤 도보여행을 하자는 내용이었다. 음악을 좋아하는 낭만적 기질의 H는 곧 찬성한다는 회답을 보내왔다. 그리하여 두 젊은이는 여름 어느 날 동해안을 따라 강원도 쪽으로 올라가는 여행을 떠났다. 특별한 용무나 목적이 있는 것은 물론 아니다. 그저 발길 닿는 대로 가 보는 여행, 그래서 해 저물면 남의 집을 찾아가 잠자리를 빌리거나, 아니면 가져간 담요를 펴놓고 노숙하는 그런 여행이었다.

동해안 일대엔 산도 많고 절경도 많다. 그리고 지형이 그렇게 되면 길은 평탄할 리가 없다. 두 사람은 숲속에서 새소리를 듣고 바닷가에서 파도 소리를 들었다. 밤에는 장대하게 펼쳐진 하늘의 별자리들. 그것은 목월이 꿈꾸는 동경의 나라의 불빛과도 같았다. 해안의 백사장에서 담요를 덮고 밤을 새울 때면 동해의 파도 소리가 그 별나라에까지도 울리는 듯했다. 찬란한 별빛과 파도 소리와 어둠의 교향악─그것을 들으면 목월은 형언할 수 없는 우주의 신비를 무슨 전파처럼 가슴 속에 받아들였다.

때로는 외진 산촌의 농가에서 밤을 새우기도 했다. 살림은 가난했지만 인정만은 한없이 푸짐했던 농민들은 두 젊은이를 따뜻이 맞이해 주었다. 그리고 그러한 그들의 삶은 목월에게 뒷날 그가 <산이 날 에워싸고>에서 노래한 것과 같은 정서, 즉 '어느 짧은 산자락에 집을 모아/ 아들 낳고 딸을 낳고/ 흙담 안팎에 호박 심고/ 들찔레처럼 살아라 한다/ 쑥대밭처럼 살아라한다'는 심정을 길러주는 계기가 되었던 것이다.

여행은 20여 일만에 끝났다. 일기도 불순하고 노자도 떨어져 더 이상 계속할 수 없었던 것이다. 그러나 20여일의 도보여행은 짧은 것이 아니다. 몸도 어지간히 지쳐 있었다. 목월은 그 피로를 괴롭게는 생각하지 않았다. 이번 여행에서 얻은 각가지 귀중한 체험의 흐뭇함이 육신의 피로를 잊게 해 주었던 것이다.

집으로 돌아온 목월은 다시 금융조합에 복직을 했다. 『문장』에 <가을 어스름>이 세 번째 추천을 받은 것은 복직을 한 그 9월의 일이다.

앞에 소개한 추천 소감 말미에 약력에는 '금년 4월 이후 동경으로 동해안으로 오래 방랑'이란 구절이 있다. 20여 일에 걸친 동해안 도보여행의 체험이 겨우 원고지 다섯 장 정도의 짧은 추천소감에서 약력으로 적힐 만큼 귀중했던 것임을 짐작케 하는 대목이다.

· 땅 속에 묻은 시

일본이 미국과 영국에 선전을 포고한 태평양전쟁은 1941년 12월 8일에 터졌다. 그 최후 발악의 고비가 가까워질수록 일본 군국주의자들의 식민지 한국에 대한 탄압과 통제는 강화되었다. 1940년 2월에 시행된 창씨개명제는 그러한 탄압과 통제가 우리 민족의 성과 이름마저 빼앗아가 버린 조치였다. 그리고 그것은 국어 상용이란 명목 아래 직장과 학교는 물론 가정에서까지 일본어의 상용을 강요하는 우리 말 말살 정책으로 번져갔다. 이러한 상황에선 우리말로 된 출판물도 온 전할 수 없다. 40년 8월 『조선일보』와 『동아일보』가 폐간되었으며 이듬해 4월엔 당시의 양대 문학잡지 『문장』과 『인문평론』이 또 자진 이란 명목으로 폐간의 비운을 맞게 된 것이다.

40년 9월 갓 시단에 등단한 목월의 섬세한 감수성은 이러한 상황 의 억누름에 숨이 막힐 지경이었다. 목이 타는 갈증과 뼈저린 고독감 을 되씹으며 그는 말살 직전의 우리말을 붙들고 시를 썼다.

> 보리누름 때
> 황토 진흙 마르는 내음새
> 함뿍 핀 모란꽃에
> 꽃가루 꽃가루…… 숨이 막혀
> 목안에 감기는 엷은 갈증
>   아아 목말라라 목말라라
>
> 보리누름 한철은
> 누나 내음새 어매젖 내음새
> 잊었던 어매젖 내음새사
> 큰아기 살결 내음새
> 목안에 감기는 엷은 갈증
>   아아 외롭어라 외롭어라

추천을 받고 기성시인으로 40년 12월 『문장』에 처음 발표한 시 <보리누름 때>의 전문이다. 목월은 이 시를 자기 작품으론 이질적인 것이라 하여 뒷날 시집에서 제외했지만 그 목마름과 외로움 그것만은 당시의 급박한 상황 속에서 그가 느끼고 있던 절실한 감정이라 하기 에 족하다.

외로울수록 시인은 시를 쓴다. 당시의 목월이 바로 그랬었다. 시로써 그는 자신의 그 외로움과 목마름을 달래고 있었던 것이다.

『조선일보』와 『동아일보』의 폐간은 머지않아 『문장』도, 그리고 그밖에 다른 발표 기관도 없어진다는 사실을 예고하는 것이었다. 그러니까 아무리 열심히 시를 써도 그것은 발표의 햇빛을 볼 수 없는 작업이었다. 목월도 그쯤은 알고 있었다.

그러나 그는 항상 노트를 들고 다니면서 시구가 떠오르면 그것을 거기에 적었다. 떠오르는 시구를 적는다 했지만 그것은 결코 피동적인 작업이 아니다. 언제나 시를 생각하고 있는 사람에게만 시구는 문득문득 떠오르는 것이다.

시구를 적는 목월의 노트는 지질(紙質)이 좋은 고급이었다. 미망인 유익순의 말을 들으면 목월은 다른 데는 돈을 아껴도 이 고급노트를 사는 데만은 아끼지 않았다고 한다. (필자도 그 무렵 목월이 시구를 적었던 노트 한 권을 갖고 있다.) 시집 ≪청록집≫과 ≪산도화≫에 수록되어 있는 작품의 상당수는 그 노트에 적어둔 초고를 다시 손질해서 완성한 것이다.

태평양전쟁의 발발을 알리는 일본군의 진주만 기습으로 시대의 빛깔은 최악의 암흑상을 띠게 되었다. 『문장』이 폐간된 지 8개월 만에 일제는 제 손으로 제 무덤을 파는 그 엄청난 폭거를 저지른 것이다. 한국 문학은 질식할밖에 없었다. 그러나 그런 가운데서도 목월은 여전히 시구를 노트에 적었고 또 그것을 가다듬어 시를 완성해 나갔다. 그리고 완성된 시와 다 쓴 노트는 항아리에 넣어 마루 밑에 묻었다. 이미 발표의 길은 막혔다. 그러니까 이것은 발표야 되든 말든 시를 쓰지 않고는 배길 수 없는 숙명의 피가 목월의 혈관 속에 흐르고 있었음을 말해주는 것이다.

그러던 어느 날, 좀 더 정확하게 말하면 1942년 3월에 목월은 한 통의 편지를 받았다. 서울에서 온 그 편지의 발신인은 조지훈이었다.

그 때까지 목월은 지훈을 만난 일이 없었지만 두 사람이 거의 같은 무렵에 『문장』의 추천을 받았고 또한 그 시의 세계도 뒷날 ≪청록집≫을 함께 낼 만큼 혈연성을 가진 것이었기 때문에 마음속으로는 이미 서로 통하는 사이였다 할 수 있다. 원고지 넉 장의 제법 긴 그 편지의 내용은 바람도 쐴 겸 근간 경주에 가보고 싶다는 것이었다.

조지훈은 그 전해 12월 중순까지 강원도 오대산의 월정사(月精寺)에서 불교 강원의 강사로 있었다. 그리고 거기서 태평양전쟁 발발의 소식을 듣고는 울분을 못 이겨 과음한 탓으로 병을 얻어 서울에 있는 집으로 돌아와서 두 달쯤 요양하다가 조선어학회의 큰 사전 편찬을 돕고 있었다. 그 때 목월에게 편지를 쓴 것이다.

경주 박물관에는 지금 노오란 산수유꽃이 한창입니다. 늘 외롭게 가서 보곤 하던 싸늘한 옥적(玉笛)을 마음속 그리던 임과 함께 볼 수 있는 감격을 지금부터 기다리겠습니다. 오실 때 미리 전보 주시압.

목월은 이런 답장을 보냈고 지훈은 이내 전보를 쳤다.

전보를 받은 목월은 종이에 '박목월'이라고 쓴 깃대를 들고 시간에 맞추어 역으로 나갔다. 서로 얼굴을 모르기 때문에 그런 깃대를 들고 나간 것이다. 두 사람은 첫눈에 백년지기가 되었다. 지훈을 위해 목월이 잡아 두었던 여관에서 두 사람은 그날 밤을 거의 뜬눈으로 새우면서 시를 이야기했다. 지훈은 목월에게 한 편의 시고(詩稿)를 보이면서 제목 옆에 '목월에게'란 부제를 써넣었다.

차운 산 바위 우에 하늘은 멀고
산새가 구슬피 울음 운다.

구름 흘러가는
물길 칠백 리

나그네 긴 소매 꽃잎에 젖어
술 익는 강마을의 저녁놀이여.

이 밤 자면 저 마을에
꽃은 지리라.

다정하고 한 많음도 병인 양하여
달빛 아래 고요히 흔들리며 가노니……

　이 시 <완화삼(玩花衫)>이 그날 밤 목월에게 준 지훈의 작품이다.
목월도 근작 한 편을 즉석에서 원고지에 옮겨 그에 화답했다. <밭을
갈아>라는 작품이었다.

밭을 갈아 콩을 심고
밭을 갈아 콩을 심고
　구구구 비둘기야.

백양(白楊) 잘라 집을 지어
초가삼간 집을 지어
　꾹구구구 비둘기야.

대를 심어 바람 막고
대를 쪄서 퉁소 불고
　구구구 비둘기야.

장독 뒤에 더덕 심고
장독 앞에 모란 심고
　구구구 비둘기야.

윗말 색시 모셔두고
반달 색시 모셔두고
　꾹구구구 비둘기야.

햇볕나면 밭을 갈고
달빛나면 퉁소 불고
　꾹구구구 비둘기야.

이렇게 시를 주고받으면서 밤을 새운 두 사람은 이튿날 불국사로 갔다. 경주가 초행인 지훈을 위해 목월이 관광 안내를 한 셈이다. 그날은 '대숲에 복사꽃이 피고 진눈깨비가 뿌리는 희한한 날이었다'고 지훈은 회고하였다. (시집 ≪산도화≫ 발문) 두 사람은 가는 도중 주막이 나타나면 그때마다 들러 막걸리를 한두 잔씩 했기 때문에 석굴암이 있는 토함산에 오를 무렵에는 서로 거나하게 취해 있었다.

　　우리는 토함산 마루턱에 있는 바위에 걸터앉아 쉬었다. 그 때의 그의 모습을 나는 평생 잊을 수 없었다. 그는 진실로 서글픈 눈길로 눈발이 내리는 건너편 산줄기를 따라 아득한 저편을 바라보면 혼자 웅얼거리고 있었다. 그가 흥얼거리는 것이 한시 같았다. 그리고 그는 절[寺]로 가겠다는 뜻을 비쳤다.
　　"……목월, 시를 쓴들 뭣하지!"
　　그의 독백 같은 말이었다. 나라가 망했는데 시를 쓰니 무엇 하겠느냐는 뜻일 것이다.
　　"뭣하려고 시를 쓰나."
　　이것은 나의 대답.
　　"그렇긴 해, 허허허허."
　　지훈의 소탈하고도 공허한 웃음소리…… 그것은 너무나 허전한 것이었다.

이것은 지훈과의 첫 만남에 관한 목월 자신의 회상이다.(『밤에 쓴 인생론』, 344~345쪽) 두 사람은 경주에서 닷새 동안 함께 지낸다. 그리고 서울로 돌아간 지훈은 달포쯤 지난 뒤 서울이 아닌 고향 영양(英陽)에서 목월에게 <낙화>라는 시를 보내왔다. 그에 대한 화답시(和答詩)가 널리 애송되고 있는 목월의 <나그네>다.

지훈이 다녀간 그해 여름, 이번에는 윤석중이 경주로 목월을 찾아왔다. 동경에서 공부하고 있던 석중은 방학을 맞이해 서울로 다니러 가는 길에 목월을 찾아 경주에 들른 것이다. 윤석중은 목월의 집에서 하룻밤 묵었다. 그리고 두 사람은 동요 이야기로 그날 밤을 거의 뜬 눈으로 새웠다. 석중은 새로 지은 자기 작품을 줄줄 외어 목월에게 들려주다가 갑자기 심란한 생각이 들어서,

"발표할 데도 없고 불러줄 아이도 없는 노래를 자꾸 지어선 뭘 하누……"

하고 탄식했다. 그 말에 목월은 정색을 하고 대답했다.

"땅을 파고 묻어두면 되지 않겠습니까."

앞에서 말한 대로 그 무렵 목월은 자기가 쓴 작품들을 실제로 땅을 파고 묻었던 것이다. 말과 글을 빼앗긴 식민통치하의 한국문학의 비통한 암흑기를 이것은 단적으로 상징하고 있다.

작품을 땅 속에 묻는다는 것은 언젠가 그 작품이 다시 햇빛을 보게 되리라는 기대의 소치다. 그리고 그러한 기대의 실현은 곧 조국의 광복을 뜻한다. 과연 살아서 광복의 그날을 맞이할 수 있을 것인가? 틀림없이 그렇게 될 것이라고 대답할 수 있는 자신도 신념도 목월에겐 없었다. 그러나 그는 계속 시를 썼고 그리고 그것을 땅 속에 묻었다.

> 냇사 애달픈 꿈꾸는 사람
> 냇사 어리석은 꿈꾸는 사람

밤마다 홀로
눈물로 가는 바위가 있기로

기인 밤을
눈물로 가는 바위가 있기로

어느날에사
어둡고 아득한 바위에
절로 임과 하늘이 비치리오.

금융조합 서기로서 공출미(供出米) 수납업무에 동원돼 있던 목월은
어느 날 전표 뒷장에 이 시 <임>을 썼다. 땅을 파고 묻을 수밖에
없는 작품을 쓰고 있는 자신의 시작(詩作) 행위 그것이 바로 이 시의
주제라 할 수 있는 것이다. '기인 밤을/ 눈물로 가는 바위'라는 이미
지의 비유적 의미가 그것을 시사하고 있다. 달리 말하면 그것은 애달
픈 꿈이요 어리석은 꿈일지도 모를 일이다. 따라서 그것은 절망에 찬
암담한 작업이 아닐 수 없다. 그러나 땅을 파고 시의 원고를 묻는 그
한 가닥 가냘픈 기대의 눈길은 '어둡고 아득한 바위에/ 절로 임과 하
늘이 비치'는 어느 날을 맘속에 기도하듯 그리고 있는 것이다.

· ≪청록집≫ 시절의 젊은 시인들

어리석고 애달픈 꿈을 꾸는 사람이 밤마다 눈물로 간 바위에는 어
느 날 놀랍게도 정말 임과 하늘이 비쳤다. 1945년도 8월15일, 태평양
전쟁은 마침내 일본의 패망으로 끝나고 조국은 해방된 것이다. 해방
의 기쁨은 나라 전체를 하나의 커다란 불도가니로 만들어 온 민족을
열광케 했다. 그 뜨거움이 이윽고 좌우 투쟁으로 바뀌어간 불행한 역

사는 여기서 새삼 되풀이할 나위가 없는 일이다. 그러나 목월은 정치의 와중에 휩쓸리지 않았다. 『문장』폐간 이후 마루 밑에 묻어둔 노트와 작품들을 꺼내 다시 손질하는 것만으로도 그의 감격은 벅찼다 할까. 아니 보다 정확하게 말하면 타고난 숙명인 시의 세계에 맘 놓고 정진하는 그것이 자신의 인생 지표요, 또 해방 조국에 대한 공헌의 길도 자신의 처지로선 오직 그것밖에 없다고 믿었기 때문에 다른 일은 돌볼 겨를이 없었던 것이다.

그러는 사이 서울에선 좌익 진영의 문학가 동맹에 맞서 민족진영 문인들이 조선문필가협회와 조선청년문학가협회라는 단체를 만들었다. 전자는 1946년 3월, 후자는 그보다 한 달 늦은 4월에 발족한 것이다.

문필가협회는 김정설, 설의식, 이병도, 손진태, 이희승, 김준연, 조윤제, 김계숙 등이 준비위원으로 참가하고 있는 데서도 드러나다시피 창작문학 중심의 단체가 아니라 광의의 문필가 단체였다. 이와는 달리 청년문학가협회는 시인, 소설가, 평론가 등의 협회의 문학인들— 그 중에서도 소장파들이 모인 단체로서 중심인물은 김동리였다. 1938년 경주를 떠나 다솔사로 들어갔던 동리는 해방과 함께 서울로 올라와 문학 활동을 하고 있었던 것이다.

평론가 곽종원은 그 청년문학가협회의 결성준비위원 명단을 최태응·임서하·김달진·유치환·박목월·박두진·조지훈·이정호·조연현·박용덕·곽종원·여세기·김갑순·김동리·서정주 등이라고 밝히고 있다. (『해방문학20년』, 144쪽) 당시 아직 경주에서 금융조합 직원으로 있던 목월이 이 청년문학가협회의 준비위원으로 참가하게 된 것은 고향 친구이자 선배인 김동리의 권유가 자기 뜻에 맞았기 때문이다. 그리고 이 청년문협의 결성 준비 관계로 몇 번 서울 나들이를 하는 동안에 목월은 여러 문학인을 알게 되었다. 해방 전까지 그가 알던 문학인은 윤석중, 김동리, 조지훈 세 사람 정도였던 것이다.

『문장』의 추천 동기생이라 할 수 있는 박 두진을 알게 된 것도 그 무렵의 일이다. 46년 2월 하순, 그 박 두진이 경주에 있는 목월에게 상경하라는 전보를 띄웠다. 무슨 일인가 하고 이튿날 상경해서 두진이 근무하던 을유문화사로 찾아간 목월에게 두진은 말했다.

"을유문화사에서 시집을 하나 내보라 하니 우리 몇 사람이 어울려 내봅시다."

물론 이의가 있을 수 없었다.

"몇 사람쯤 낼까."

"글세."

"조지훈하고 셋이면 어떨까."

"좋지, 지훈하고라면 어울릴 거야."

두 사람은 이렇게 뜻을 모아 그날 해질 무렵 함께 조지훈을 성북동 자택으로 찾아갔다. 그날 밤 세 사람의 합의에 따라 나오게 된 것이, 청록파라는 이름을 시사에 남긴 시집 ≪청록집≫이다.

이 시집의 출판을 처음 발의한 것은 출판계에 발이 넓은 조풍연이었다. 일제 때『문장』의 편집에도 관계했던 그는 박 두진을 포함한『문장』의 추천 시인 몇 사람을 묶어 합동시집을 내면 좋을 것이라고 을유문화사 측에 권고해 승낙을 받고 그 실무의 추진을 박 두진에게 맡긴 것이다.

지훈의 집에 모인 세 사람은 시집을 함께 낼 대상자를 재검토했다. 발의자 조 풍연의 뜻을 존중해서『문장』추천 시인들의 합동시집을 낸다는 데는 쉽게 의견 일치를 보았지만『문장』의 추천 시인도 그들만은 아니다. 이한직이 있고 박남수가 있다. 그러나 박 남수는 이미 38선이 그어져 내왕이 잘 되지 않는 북쪽 땅 평양에 살고 있으니 제외할밖에 없다. 그리고 이 한직은 같은 서울에 살고 있어 박 두진과 조지훈은 자주 만나는 사이였으나 모더니즘적인 시의 경향이 세 사람의 그것과는 현저하게 다르다. 게다가 세 사람은 각기 차이를 가졌다고 해도 자연이란 지주를 정신적 공통분모로 삼고 있다는 점에서 그

시 세계가 혈연적 친근성을 인정할 수 있는 것이다.

서로 이야기를 주고받는 동안에 세 사람은 이러한 결론을 얻었다. 그러니까 시집에 참가할 시인은 그날 밤 모인 세 사람으로 국한될 도리밖에 없는 것이다. 그렇다면 제목은 어떻게 할 것인가?

"청록집이 어때? 푸른 사슴……"

그 무렵 이미 작품 <청노루>를 썼던 목월의 이 말에 두 사람은 입을 모아 좋다고 했다. 수록할 작품 수는 한 사람이 15편 정도로 하되 교정은 출판사에 근무하는 박두진이 보도록 한다는 것도 이어 쉽게 결정되었다. 이 경우 수록될 작품은 대부분이 해방 전에 쓴 것일 수밖에 없었다. 해방은 불과 7개월 전의 일이고 게다가 그 동안은 흥분과 긴장의 연속이어서 세 사람뿐 아니라 다른 시인들도 제대로 작품을 쓸 겨를이 없었기 때문이다.

그러나 이렇게 해방 전의 작품을 수록한 합동시집이라 하더라도 나온다면 그 ≪청록집≫은 세 사람에게 있어 처녀 시집이요, 또 해방이 후에는 아마 처음 나오는 창작 시집이 될 것이었다. 세 사람은 그야말로 가슴이 울렁거리는 감격을 안고 그날 밤 함께 자리에 누웠지만 잠을 이룰 수 없어 새벽까지 뜬눈으로 새우고 말았다.

≪청록집≫의 제작이 완료되어 세상에 그 모습을 드러낸 것은 46년 6월 6일이다. 그리고 그것은 기성 시인의 것으로는 미상불 해방 후에 처음 나온 창작 시집이었다. 뿐만 아니라 그것은 또 수적으로 좌익계보다 열세였던 민족진영 시인들이 작품을 통해 그 진가를 과시한 기념비적 시집이었다. 그래서 민족진영의, 특히 청년문학가협회 회원들은 모두 이 시집을 바로 자신의 것인 양 기뻐했다.

좌익계는 물론 가만있지 않았다. 조국의 해방이란 역사의 커다란 전환에도 불구하고 구태의연하게 음풍영월(吟風詠月)하는 현실도피의 시라고 그들을 몰아댔다. 이러한 좌익계의 공격을 ≪청록집≫의 작품 분석을 통해 봉쇄한 것은 김동리의 '삼가시인론(三家詩人論)'이다. 그리고 그 해 9월 민족진영 문인들은 소공동에 있는 그들의 단골다방 '플라워'에서 ≪청록집≫ 출판기념회를 성대하게 개최해 기염을 토했다.

이러한 ≪청록집≫이 저자의 한 사람인 목월의 시단적 위치를 높여 준 것은 두말할 나위가 없는 일이다. 그러나 그는 여전히 경주의 동부금융조합에 근무하는 직원이었다. 그리고 금융조합 직원인 그는 그 해 12월 시험을 치러 부이사로 승진했다. 부이사란 지점장이 될 수 있는 직급이다. 다른 사람 같으면 15년 내지 20년을 근무해야만 따낼 수 있는 자리를 목월은 10년 미만에 따낸 것이다. 모두가 부러워했다.

해가 바뀐 47년 2월, 그러니까 부이사로 승진한 지 한 달 만에 목월은 사표를 냈다. 주위의 사람들은 그 동안 쌓은 공이 아깝다면서 말렸지만 목월은 듣지 않았다.

"내가 어디 조합에서 출세할라카나? 이젠 부이사라고 이름을 갈았으니 그만 둬야제."

이것이 그의 대답이었다. 그리고 그는 대구로 이사를 했다. 모교인 계성학교에서 그를 교사로 초빙했기 때문이다.

그러나 대구 생활도 오래 갈 수 없었다. 청년문학가협회의 모임은 그를 자주 서울로 불렀다. 그리고 그때마다 김동리나 조지훈은 서울로 올라와서 함께 일하자고 권했다.

"가족들의 생계는 어떡하고?"

"직장은 우리가 찾아볼 테니 하여간 오라구."

그 무렵 청년문학가협회의 중심인물이었던 동리와 조지훈은 목월과 같은 역량 있는 시인이 가까이 있어 주기를 무척 바랐던 것이다.

그러한 바람이 열매를 맺었다 할까. 목월은 48년 겨울, 서울의 이화고녀(梨花高女)로부터 우리 학교에 나와 줄 수 없겠느냐는 교섭을 받았다. 근무는 내년 신학기부터. 학교에서 집을 마련해 주겠다는 좋은 조건이었다. 마다할 까닭이 없는 제의기에 목월은 두 말없이 응하고 49년 봄 집을 서울로 옮겨 이화고녀 교사가 되었다.

당시 이화의 동료 교사였던 박태진은 시인 박목월의 출현이 교무실에서 큰 화제가 되었다고 말하고 있다. 학생들의 관심은 교무실의 그것보다 훨씬 높았다. 그리고 목월은 그러한 학생들을 언제나 부드럽고 자상하게 대했기 때문에 관심은 곧 인기로 바뀌었다.

그러나 그는 학교일에만 전념한 것이 아니었다. 학교 일은 학교 일대로 보면서 다른 사업도 아울러 벌였다. 출판사 경영이 그것이다. 출판사의 이름은 산아방(山雅房)이라 했다.

그러는 동안 한국문학가협회가 결성되었다. 1949년 12월 9일의 일이다. 그것은 전해의 정부수립까지 치열한 좌우 투쟁으로 분열돼 있던 문단을 하나로 통합시켜 발족한 단체였다. 목월은 그 사무국장을 맡게 되었다. 학교에 나가랴, 출판사 경영하랴, 문협의 사무국장 일 보랴, 목월은 그야말로 일인 삼역의 바쁜 나날을 보내게 된 것이다. 그가 얼마나 부지런한 사람이었던가를 이것은 단적으로 말해주고 있다. 박태진도 그 무렵의 목월에 대해 '그의 끈기와 노력에 나는 감탄한 바가 한두 번이 아니었다. 그가 그처럼 부지런했던 것은 아직도 놀라움으로 기억하는 바이다'라고 회고하고 있다. (앞에 나온 『심상』, 52쪽)

어느 날 그러한 목월 앞에, 이왕 출판을 시작했으니 단행본보다는 잡지를 내보는 게 어떻겠느냐고 권하는 사람이 나타났다. 자본을 댈 테니 제작을 맡아 달라는 것이었다.

"그렇다면 여학생을 위한 잡지를 만듭시다. 그런 잡지가 하나도 없으니까요"

"좋습니다. 잘 부탁합니다."

그리하여 목월은 50년 1월 『여학생』이란 제호의 월간지를 내는 여학생사의 실질적인 주간이 되었다.

이화고녀에서 매일같이 보고 듣는 여학생들의 취향을 목월은 그 잡지에 아기자기 짜임새 있게 반영시켰다. 책은 잘 팔렸다. 그러나 영업이 서툴러 수금이 잘 안 되고 또 제작비가 비싸게 먹혀 수지타산을 맞추기가 힘들었다. 그리고 전주(錢主)도 처음의 약속과는 달리 돈을 제 때 제 때 대주지 않았다. 목월은 『여학생』에 흥미를 잃어갔다.

'남의 주머니에 기대지 말고 차라리 내 주머니를 털어 작지만 알찬 시 잡지를 하나 만들어 보자.'

목월은 그런 생각을 했다. 작지만 알찬 시잡지라면 30년대의 『시문학』이 있다. 그 제호를 그대로 써도 무방하지 않겠는가. 목월은 『여학생』에서 손을 떼고 조지훈, 박두진, 이한직 세 사람을 만나 자신의 계획을 이야기했다. 네 사람이 편집 동인이 되어 잡지를 만든다는 계획이었다. 세 사람은 물론 대찬성이었다.

1950년 6월 『시문학』 창간호가 나왔다. 그러나 6·25동란 때문에 그 창간호는 동시에 종간호가 되고 만 것이다.

· 6·25와 종군문인단 시절

6·25동란이 발발한 1950년 6월 25일은 일요일이었기 때문에 북한군의 남침 소식은 사람들에게 잘 전해지지 않았고, 또 그 소식을 들은 사람도 사태를 그다지 심각하게는 받아들이지 않았다. 서울 시민들이 긴박감을 느낀 것은 이튿날인 26일이었다. 문총(文總)에서도 그날 남대문로 2가에 있는 『문예』사 사무실에서 긴급 상임위원회를 열고 비상사태에 대한 대책을 협의했다. 그 회의의 결과로서 그날 밤 문총회장 고희동과 여류 시인 모윤숙은 방송국에 나가 시민들의 동요를 진정시키려는 강연을 했고, 김윤성 등 젊은 시인들은 격시(激詩)를 낭독했다.

27일에도 문예사 사무실에는 아침부터 문총 간부들이 모여들어 문학인을 중심으로 하는 비상국민선전대를 조직했다. 오후가 되자 북괴군의 대포 소리가 들리고, 거리에는 피난을 떠나는 시민들이 여기저기서 몰려 나왔다. 문예사 사무실에 모여 있던 선전대원들도 불안에 싸여 한 사람, 두 사람씩 집으로 돌아갔다. 저녁때까지 남아 있던 시인은 박목월·조지훈·서정주·이한직·서정태·김윤성 등이었다. 그러나 그들도 거기서 밤을 샐 수는 없었다. 거리에 어둠이 깔리자 서정주가 목월, 지훈, 한직에게 마포로 가자고 말했다. 마포에 있는 자기 이모 댁에 가서 저녁이나 먹고 앞으로의 일을 상의해 보자는 뜻이다.

세 사람은 서 정주를 따라갔다. 북괴군의 대포 소리는 더 가까이 들려왔다.

"이대로 있다간 안 되겠어. 우리도 일단 피난을 떠나야지."

누군가가 말했다.

"그럼 각자 집으로 돌아가서 준비를 해야지."

"그럴 겨를이 없을 것 같애. 피난을 간다 해도 오래 걸리진 않을 테니 가족들은 두고 우선 우리들만 오늘 밤에 한강을 건너자구."

아버지가 국회의원이어서 다른 사람보다는 정세에 밝았던 조지훈이 말했다. 실상 당시 피난을 떠난 서울 시민들은 거의 모두가 그 피난이 며칠이면 끝날 줄로 알았던 것이다. 정부가 민심의 동요를 막기 위해 걱정할 것 없다는 투의 방송을 되풀이했기 때문이다.

네 사람은 마시던 술을 마저 비우고 일어섰다. 그리고 함께 나가 한강을 건넜다.

대구에 도착한 목월은 일행과 헤어져 경주로 갔다. 경주에는 아직도 할아버지와 양친이 살고 있는 것이다. 그 재회는 반가웠지만 서울의 가족들 때문에 걱정이 되지 않을 수 없었다. 10여 일 사연을 들어본즉 서울에 있는 부인 유익순이 당시 열 두 살짜리 국민학생이었던 동규의 허리에 경주 집의 주소와 얼마간의 돈을 채워 주면서 무조건 남쪽으로만 내려가라고 일렀다는 것이다. 목월은 비로소 가족들의 소식을 듣게 되었다. 내무서란 데서 아버지를 찾아내라고 몇 번 어머니를 데려갔다는 동규의 말이다.

목월은 동규를 할머니에게 맡기고 대구로 나와 문총구국대(文總救國隊)를 조직하고 있던 다른 문학인들과 어울렸다. 문총구국대의 멤버들이 주로 한 일은 종군이다. 종군을 마치고 돌아오면 국방부 정훈국에서 마련해 준 합숙소에서 불안이 뒤섞인 우울을 되씹었다. 목월은 그때 담배를 배웠다.

그러나 이 피난살이는 유엔군의 인천 상륙으로 3개월 만에 끝났다. 그 승세기 평양을 거쳐 함흥 너미까지 북상했을 때 중공군의 개입으로 흔히 1·4후퇴라고 말하는 두 번째 피난이 시작된 것은 누구나 알고 있는 일이다. 첫 번째 피난 때 설마 하다가 기회를 놓치고 적 치하의 서울에서 곤욕을 치렀던 사람들이 이번에는 모두 피난을 떠났다. 목월도 물론 가족들을 거느리고 다시 대구로 내려왔다. 그리하여 53년의 환도 때까지 3년간의 피난생활이 시작된 것이다.

대구로 내려간 문인들은 편의상 두 개의 그룹으로 나누어 볼 수 있다. 한쪽은 육군종군작가단에 소속된 사람들이고 다른 한쪽은 공군종군문인단에 소속된 사람들이다. 이것은 파벌적 현상이 아니다. 육군본부와 공군본부가 다 같이 대구에 있었고 또 양군(兩軍)이 각각 독자적인 종군문인단을 만들었기 때문에 그렇게 된 것이다. 목월은 공군종군문인단의 일원이 되었다. 마해송이 단장, 조지훈이 부단장이었던 그 공군종군문인단은 별칭을 창공구락부(蒼空俱樂部)라 했다. 사무실은 대구 덕산동(德山洞)에 있는 개인 소유 건물의 2층이었다. 말은 사무실이라 했지만 실상 그것은 마해송·김윤성·곽하신 등 일부 집 없는 회원들의 숙소이기도 했다.

공군본부 정훈감실에선 회원들에게 유니폼과 구두는 물론 쌀과 광목 같은 것도 배급을 주었다. 목월도 그 신세를 진 것은 물론이다. 그러나 목월은 고향이 대구에서 가까운 경주요, 또 대구가 연고지여서 다른 회원들보다는 피난살이가 외롭지 않았다. 게다가 그에게는 사변 전의 산아방과 여학생사에서 증명된 출판의 재능이 있었다. 그래서 자기가 직접 출판을 한 일도 있지만 그보다는 더 많이 다른 출판사에 출판의 아이디어를 제공해서 그 고문역을 맡아 보았다. 서울서의 생활 못지않게 목월은 바쁜 나날을 보냈다. 계성 시절의 학적부에 나타난 '근면'의 장점이 피난지 대구에서도 그대로 발휘된 것이다.

그러나 그의 그러한 부지런함도 시를 쓸 수 있는 마음의 여유를 되찾게 하는 데는 큰 힘이 되지 못했다.

> 사변을 당하게 되자, 나는 시를 생각할 여유가 없었다. 시를 쓰려는 의식보다 더 강렬한 ─ 애국심이랄까, 적에 대한 적개심이랄까, 혹은 신에 대한 울부짖음이랄까, 그와 같은 격정과 분노의 직접적인 불길에 휩싸인 것이다. 그것을 시로써 정화시키려는 의욕도 용기도 없었다.(『보랏빛 소묘』, 175쪽)

목월 자신의 말이다. 그러한 그가 사변 후 처음으로 시 한 편을 썼다. <사투리>라는 제목의 그 시는 아래와 같다.

> 우리고장에서는
> 오빠를
> 오라베라 했다.
> 그 무뚝뚝한 왁살스러운 악센트로
> 오오라베이 부르면
> 나는
> 앞이 콱 막히도록 좋았다.
>
> 그것은 오디가 샛까만
> 뽕나무와 같은 것

섭가지 울타리에
노오란 이슬마꽃 같은 것,
혹은
머루처럼 투명한
그 밤하늘이라 생각한다.

참으로 경상도 사투리에는
약간 풀냄새가 난다.
이슬 냄새가 난다.
그리고
입안이 마르는 황토흙 타는 냄새가 난다.

　　고달픈 피난살이를 하면서 쓴 것이지만 전쟁의 그림자는 찾아볼 수 없다. 그리고 그것은 또 ≪청록집≫ 시절의 작품에 비해 현저하게 다른 스타일을 보이고 있다. 청록 계열의 작품은 민요적 가락을 바탕으로 해서 표현을 극도로 압축한 것이 그 특징이지만 이 시는 오히려 그 반대로 되어 있다. 민요적 가락도 자취를 감추었고 표현도 또한 전날의 압축적 방법을 느슨하게 풀어놓고 있는 것이다. 그러니까 이 작품은 목월의 시적 전신(轉身)을 알리는 신호라 할 수 있다. 바꾸어 말하면 목월은 이 작품 <사투리>를 씀으로써 청록 계열의 초기시를 벗어나 중기의 세계에 들어선 것이다. 나이도 40고개를 바로 눈앞에 두고 있었다. 이 시적 전신에 대한 목월 자신의 설명을 들어 보자.

　　…… 쑥스러운 말이나 청록 계열의 단아하고 극도로 선택된 간결한 어휘와 함축성, 정형시에 가까운 시형으로서는 '비등(沸騰)하는 현실'의 폭넓은 수용, 내면의 강렬한 감동의 소용돌이, 힘 있게 솟구치는 절규적인 부르짖음의 세계를 포용할 수 없었던 것이다. 나는 탈피를 갈구하였고, 자유스러운 형식에의 몸부림이 계속된 것이다. 그리

하여 새로운 형식의 주형(鑄型)을 시험해 본 것이다. (중략) 현실에 처하여 생각하며 느낀 것을 '이야기하듯'한 자세로 노래해 보리라 생각한 것이다. 이것은 청록 계열의 '노래하려는 정신'에서 상당히 물러난 것이다. '오라베라 했다', '앞이 콱 막히도록 좋았다' 등의 서술적 형식의 시도는 나로서 일대 변혁이라 할 수 있었다. (자선집『보랏빛 소묘』176~177쪽)

이러한 변혁은 두 말할 것도 없이 그 변혁 이전의 세계로부터의 탈피를 뜻한다. 그렇다면 그 이전의 시의 역정에 있어서는 매듭을 지어놓을 필요가 있다. 그러한 정리의 결과가 55년 12월에 나온 시집 ≪산도화≫이다. 목월의 개인 시집으로서는 이 ≪산도화≫가 첫 번째의 것이 된다. 합동시집인 ≪청록집≫을 내고 나서 10년 후에 목월은 처녀 시집을 낸 것이다. 그러나 수록된 작품은 모두가 ≪청록집≫의 그것과 같은 무렵에 쓴 것들이었다.

여기 모은 것은 모조리 ≪청록집≫에 수록된 작품과 같은 무렵의 것이다. 그 즈음, 나는 한국적인 정서의 바탕 위에서 청춘의 애달픔을 수놓으려고 애썼던 것이다. 그러므로 우작 작품이 민요적인 기틀 안에서 빚어진 것은 당연하다. 이 민요적인 해조(諧調)야말로 우리 겨레의 낡고 오랜 핏줄의 가장 생생한 것이며, 그것의 새로운 꽃을 피려는 것이 나의 소원이었다.

그러나 나는 나의 젊음과 더불어 그것에서 떠났다. 오히려 그런 소원보다 좀더 '충실한 삶'이란 것에 눈을 뜬 것이다.

1955년 처서(處暑)라고 집필 날짜가 밝혀져 있는 그 ≪산도화≫의 서문에서 목월은 위와 같이 말하고 있다. 이 시집이 '충실한 삶'에 눈 뜬 자신의 시적 전신에 따르는 과거의 정리임을 스스로 밝히고 있는 셈이다.

· 이별의 노래

시의 세계가 변혁을 보인 피난생활의 말기부터 목월은 자신의 인생에 있어서도 파문이 컸던 하나의 사건을 겪게 된다. 그것은 부인 유익순이 어떤 회고문에서 자기네 부부의 결혼 생활은 비교적 순탄한 것이었다 하면서도 '꼭 한 번 남편이 30대 말기(재래식 연령 – 인용자)에 여성 문제로 혹독한 시련을 겪었다.'(자선집 『밤에 쓴 인생론』, 119쪽)고 말하고 있는 연애 사건이다.

상대는 H라는 문학을 좋아하는 E대학 국문과 학생이었다. 그녀에게는 언니가 있었다. 그 언니가 먼저 목월을 좋아해 자주 찾아다니는 동안에 그녀도 목월을 알게 된 것이다.

자매의 아버지는 대구의 모 교회 장로였다. 그리고 목월이 그 자매를 만나게 된 것도 환도 전인 1953년 봄의 일이다.

처음에는 담담한 사귐이었다. 자매가 모두 목월의 시를 좋아했던 만큼 목월은 흔히 있는 팬과의 만남 정도로 생각하고 그녀들을 대했던 것이다.

그러나 날이 갈수록 언니의 태도가 적극성을 띠는 듯했다. 평소 가정에 충실했을 뿐만 아니라 윤리 의식이 강했던 목월은 속으로 몸을 도사리게 되었다. 그러자 다행히도 휴전협정의 성립으로 환도의 길이 틔었다. 목월은 가족보다 한 걸음 앞서 서울로 올라왔다.

뒤이어 각지에서 피난민의 환도가 본격화 되었다. 그리고 그 동안에 그 언니는 결혼을 했다. 남편이 서울에 직장을 둔 사람이었기 때문에 신접살림도 서울서 차렸다. 그러나 이 언니의 결혼이 목월과 그 자매의 관계를 끝내 준 것은 아니다. 사태는 오히려 그 반대였다.

환도와 함께 서울의 대학들이 다시 문을 열어 자매 중의 동생, 즉 H양도 서울로 올라왔다. 그녀의 집은 흑석동에 있었다. 재산이 부유했던 그녀의 아버지는 흑석동에 집을 사 두고 자녀들을 공부시켰던 것이다.

상경한 H양은 혼자 목월을 찾았다. 실은 대구에서 그 언니를 따라가 몇 번 목월을 만났을 때부터 그녀의 가슴 속엔 사모의 정이 싹트고 있었던 것이다. 다만 언니의 눈치가 살펴져 그것을 내색하지 않았을 뿐이다. 그러니까 언니의 결혼은 그녀의 사랑에 불을 지른 계기가 되었다 할 수 있다. 그 불길의 뜨거움을 가슴에 안고 그녀는 적극적으로 목월에게 다가왔다. 아니 다가왔다기보다도 슬픔과 안타까움이 어린 애절한 시선으로 거의 매일같이 목월의 마음의 문을 두드린 것이다.

열 번 찍어 넘어가지 않는 나무는 없다. 원래가 다정다감한 기질이었던 목월은 어느새 차츰 그녀에게로 기울어져 가고 있었다. 그리하여 두 사람은 1954년 초봄부터, 전쟁의 상처가 아직 가시지 않은 서울의 밤거리를 함께 거니는 날이 많아졌다.

목월에게도 그러한 만남이 기쁨을 주었던 것은 사실이다. 그러나 그 기쁨 속에는 그러한 자신을 스스로 꾸짖는 자책과 고통이 뒤섞여 있다. 그리고 40고개를 바라보게 된 목월의 이성은 그 기쁨보다도 그 고통의 비중이 더 크다는 것을 거듭 타이르고 있었다.

어느 날 그는 평소 가까이 지내는 시인 Y를 불렀다. 문단적으로는 후배지만 나이는 비슷했고, 또 작품 세계가 목월과 통하는 데가 많았던 Y는 목월과 H양의 관계를 알고 있었다.

"Y형, H양을 좀 만나 주십시오"

"만나서 무슨 말을 합니까?"

"나를 단념하도록 설득하는 거죠. 부탁합니다."

며칠 뒤 Y는 문예사 건물의 지하에 있는 다방 '문예싸롱'에서 H양을 만났다. 그녀를 그 자리에 나오도록 연락한 것은 목월이다. 그리고 Y도 전에 몇 번 H를 만난 일이 있었다.

"제삼자인 내가 이런 말을 하는 것은 주제넘은 일이지만……"

박영종과 박목월, 그리고 그의 시   321

하고 말을 꺼내며 Y는 그녀를 설득하기 시작했다. 다소곳이 고개를 숙인 채 한동안 묵묵히 듣고 있던 H는 물기어린 눈을 들어 대답했다.

"선생님, 사람이 사람을 사랑하는 것은 죄가 아니겠지요. 저는 다만 박 선생님을 사랑할 뿐, 그 이상은 아무 것도 바라지 않습니다. 이런 무상의 사랑은 누구도 막을 권리가 없다고 생각합니다."

그러면서 그녀는 손수건으로 얼굴을 감싸고 소리 없이 울었다. Y는 설득을 단념할 수밖에 없었다. 그녀를 다방에 혼자 남겨두고 Y는 여름의 초저녁 거리로 나섰다.

그 여름이 가고 가을바람이 불어왔을 때 목월은 서울에서 자취를 감추었다. 그녀와 함께 제주도로 떠난 것이다. 두 사람은 제주에서 넉 달쯤 동거생활을 했다.

> 제주읍에서는
> 어디로 가나, 등뒤에
> 수평선이 걸린다.
> 황홀한 이 띠를 감고
> 때로는 토주(土酒)를 마시고
> 때로는 시를 읊고
> 그리고 해질녘에는
> 서사(書肆)에 들르고
> 먹구슬나무 나직한 돌담 문전(門前)에서
> 친구를 찾는다.
> 그럴 때마다 나의 등뒤에는
> 수평선이
> 한결같이 따라온다.
> 아아 이 숙명을. 숙명 같은 꿈을.
> 마리아의 눈동자를
> 눈물어린 신앙을

먼 종소리를
애절하게 풍성한 음악을
나는 어쩔 수 없다.

그 때의 제주 생활을 정서적으로 재구성했다고 볼 수 있는 시 <배경>의 전문이다.

제주 생활이 넉 달째 접어들어 겨울 날씨가 희끗희끗 눈발을 뿌리던 어느 날 부인 유익순이 제주에 나타났다. 목월과 H양이 살고 있는 집을 찾아온 그녀는 두 사람 앞에 조용히 보퉁이 하나와 봉투 하나를 내놓았다. 보퉁이에는 목월과 H양이 입고 겨울을 지낼 수 있는 한복 한 벌씩이, 그리고 봉투에는 생활비에 보태 쓰라는 돈이 들어 있었다. 남편은 물론 H양에 대해서도 그녀는 싫은 소리를 하지 않았다. 오히려 그들의 고달픈 객지 생활을 위로했던 것이다. 그러한 그녀 앞에서 H양은,

"사모님!"

하고 울었다. 목월도 눈시울이 뜨거워짐을 느꼈다. 이것은 그로부터 20년 가까운 세월이 흐른 어느 날 여류시인 K가 필자에게 들려준 말이다. 그 이후 유익순은 남편의 그 연애사건에 대해선 굳게 입을 다물었다. 다만 다음과 같은 추상적인 기록을 남겼을 뿐이다.

나는 처음부터 이것이 얼마나 중대한 문제인가를 깨닫고 있었습니다. 그래서 당황하지 않고 침착하게 치러야 한다는 것을 스스로 다짐했습니다. 남편이 감정적으로 한동안 설레지만 종국에는 가정에 돌아오리라는 것도 알고 있었습니다. 그래서 그와 정면으로 맞서지 않고 다만 하나님만 의지해서 참고 기다렸습니다. 그 후 모든 물결이 잠들고 남편이 환한 얼굴로 돌아왔을 때, 나는 새삼스럽게 가정의 힘이라는 것을 깨달았습니다. (중략) 나는 내게 주어진 이 마지막 시련을 '참음'으로써 이겨낸 것이라 믿습니다. 남편은 나의 머리요, 몸의 구

주시나라라는 주님의 말씀을 늘 새기며, 그가 가정에서 멀어졌다 하더라도 남편에 대한 나의 신뢰는 변함이 없었습니다. 이 변함없는 신뢰로 나는 내게 주어진 시련을 달갑게 받아 참음으로 이겨낸 것입니다.(『밤에 쓴 인생론』, 119쪽)

결국 목월은 가정으로 돌아왔다. 제주 생활 넉 달을 치르면서 유익순 앞에서 울었던 H양은 스스로 목월을 단념하게 된 것이다. 널리 애창되는 목월 작사의 <이별의 노래> 가사는 H양과의 이별의 심정을 읊은 것이라고 전해진다.

> 기러기 울어 예는 하늘 구만리
> 바람이 싸늘 불어 가을은 깊었네
> 아 너도 가고 나도 가야지.

이것이 그 가사의 첫 절이다. 그렇게 헤어진 H양의 추억은 뒷날에도 목월의 시에 간간이 되살아났다. <눈물의 Fairy>는 아마도 그 중의 대표작일 것이다.

> 흐릿한 봄밤을
> 문득 맺은 인연의 달무리를
> 타고 먼 나라에서 나들이 온
> 눈물의 훼어리.
> (손아귀에 쏙 드는 하얗고 가벼운 손)
>
> 그도 나를 사랑했다.
> 옛날에. 흔들리는 나리꽃 한 송이……
> 긴 목에 울음을 머금고 웃는
> 눈매. 그 이름

눈물의 훼어리……

사람 세상의
속절없는 그 바람을
무지개 삭아지듯
눈물 젖은 내 볼 위에서
승천한, 그 이름
눈물의 눈물의 훼어리.

사랑하느냐고
지금도 눈물 어린
눈이 바람에 휩쓸린다.
연한 잎새가 펴나는 그 편으로 일어오는
그 이름, 눈물의 훼어리.

때로는
문득 내 밤기도 구절에서
그대로 주르르 넘치는
그 이름
눈물의 훼어리.

이제 내 눈은
하얗게 말랐다.
사랑이라는 말의 뜻이 달라졌으므로
하늘 속에 열린 하늘에
고개 지우고 사는
아아 그 이름
눈물의 훼어리.

<눈물의 훼어리>가 그녀 H양을 가리키는 별칭임은 두말할 나위가 없는 일이다. 그녀와 헤어져 서울로 돌아온 목월은 그러나 곧 가정으로 직행할 수가 없었다. 그 동안의 격정의 자취를 말끔히 씻는 데는 아무래도 혼자 자신을 가다듬는 시간의 여유가 필요했기 때문이다.

　　서울로 올라온 목월은 집이 있는 원효로 쪽이 아니라 그 반대 방향인 효자동 쪽으로 가서 종점 부근에 하숙을 정했다. 1955년 초봄의 일이다.

　　　　잠이 오지 않는 밤이 잦다.
　　　　이른 새벽에 깨어 울곤 했다.
　　　　나이는 들수록
　　　　한(恨)은 짙고
　　　　새삼스러이 허무한 것이
　　　　또한 많다.
　　　　이런 새벽에는
　　　　차라리 기도가 서글프다.
　　　　먼 산마루의 한그루 수목처럼
　　　　잠잠히 앉았을 뿐……
　　　　눈물이 기도처럼 흐른다.

　　　　뻐꾹새는
　　　　새벽부터 운다.
　　　　효자동 종점 가까운 하숙집
　　　　창에는
　　　　창에 가득한 뻐꾹새 울음……
　　　　모든 것이 안개다.
　　　　사람과 사람 사이의 인연도
　　　　혹은 사람의 목숨도
　　　　아아 새벽 골짜기에 엷게 어린

청보라빛 아른한 실오리
그것은 이내 하늘로 피어오른다.
그것은 이내 소멸한다.
이 안개에 어려
뻐꾹새는
운다.

이 시 <뻐꾹새>에는 효자동 종점 부근에서 하숙생활을 할 때의
심정이 진하게 투영되어 있다. '눈물이 기도처럼 흐르는' 밤을 새우면
서 목월은 인생의 덧없음, 골짜기의 안개처럼 피어올라 소멸하는 그
허무를 되씹었던 것이다.

하숙생활은 두 달 남짓 끌다 끝났다. 집으로 돌아온 목월은 전보다
더 충실한 가장이 되었다. 비 온 뒤에 땅이 굳어진 격이라 할까. 부
인 유익순은 돌아온 남편을 물론 한 마디도 탓하지 않고 반갑게 그리
고 따뜻하게 맞이해 주었던 것이다.

· 교수, 그리고 시협(詩協) 회장

6·25사변의 피난생활과 환도 직후에 시와 인생이 다 같이 커다란
전환을 겪게 된 목월은 40대에 접어든다. H양과의 연애를 청산하고
새로이 마음의 안정을 되찾아 과거의 시세계를 정리하기 위해 낸 것
이 ≪산도화≫이다. 그 ≪산도화≫를 출판하기에 앞서 목월은 그해
제3회 아시아 자유문학상을 받았다. 청록 계열의 작품이 아니라 피난
생활 중에 전환을 보인 새로운 작품들이 이 상을 받게 한 것이다. 그
러니까 목월의 중기 시는 출발하고 얼마 되지 않아서 이미 커다란 사
회적 격려와 포상의 대상이 된 것이라 할 수 있다.

그러나 목월은 이듬해 연거푸 두 번이나 개인적 불행을 당한다. 아버지 준필과 아우 영호(泳鎬)가 몇 달 사이에 세상을 하직한 것이다. 아버지는 60대 노환 끝이었으니 누구나 어차피 가는 길 아니냐고 체념할 수 있다. 그러나 아우 영호의 경우는 30대 초반의 젊은 나이였다. 더구나 그는 지병인 폐결핵을 요양하느라고 그 때까지 결혼도 하지 않고 독신으로 고향에서 어머니와 함께 살다가 죽은 것이다. 그 아우는 또 문학 지망자였다. 발표된 작품은 없지만 시를 쓰고 소설을 썼다. 목월은 아우의 작품이 언젠가는 햇빛을 보리라고 은근히 기대하고 있었다.

'영호 사망'이란 전보를 받고 허겁지겁 경주로 달려간 목월은 아우의 관을 안고 울었다. 뒷날에 쓴 <하관>이란 시는 그 아우 영호의 죽음을 애도하는 작품이다.

> 관이 내렸다.
> 깊은 가슴안에 밧줄로 달아내리듯.
> 주여.
> 용납하옵소서.
> 머리맡에 성경을 얹어주고
> 나는 옷자락에 흙을 받아
> 좌르르 하직했다.
>   *
> 그 후로
> 그를 꿈에서 만났다.
> 턱이 긴 얼굴이 나를 돌아보고
> 형님!
> 불렀다.
> 오오냐. 나는 전신(全身)으로 대답했다.
> 그래도 그는 못 들었으리라.

이제
네 음성을
나만 듣는 여기는 눈과 비가 오는 세상.

      *

너는
어디로 갔느냐.
그 어질고 안쓰럽고 다정한 눈짓을 하고
형님!
부르는 목소리는 들리는데
내 목소리는 미치지 못하는.
다만 여기는
열매가 떨어지면
툭 하는 소리가 들리는 세상.

이 무렵 목월은 가족들의 생계를 지탱할 만한 뚜렷한 직장을 갖지 못했다. 서라벌예대와 홍익대학에 강사로 나갔지만 그 수입은 대단한 것이 아니었다. 그래서 그는 피난생활 때처럼 여러 출판사에 자신의 출판 아이디어를 제공해서 고문 일을 맡기도 하고 또 많은 수필류의 글을 쓰기도 했다. 56년부터 59년 사이에 그가 수상집 『구름의 서정』 (56)·『토요일의 밤하늘』(58)·『여인의 서(書)』(59)와 자작시 해설 『보랏빛 소묘』(58)·『문학강화(文學講話)』(59) 등을 잇달아 펴낸 것을 보면 그 무렵의 집필양이 얼마나 많았던가를 짐작할 수 있다.

적산가옥 구석에 짤막한 층층계……
그 2층에서
나는 밤이 깊도록 글을 쓴다.
써도 써도 가랑잎처럼 쌓이는
공허감.

이것은 내일이면
지폐가 된다.
어느 것은 어린 것의 공납금.
어느 것은 가난한 시량대(柴糧代)
어느 것은 늘 가벼운 나의 용전(用錢).

    <층층계>란 시의 앞부분에서 인용한 이 대목의 기술대로 목월은 밤늦게까지 원고를 써서 모자라는 생활비를 벌었던 것이다. 그래도 시작(詩作)은 전보다 더 활발해져 59년엔 두 번째 개인 시집 ≪난·기타≫를 냈다. 그리고 56년 2월 한국시인협회가 결성되자 그 출판 간사를 맡아 기관지 『현대시』와 연간시집 『시와 시론』을 발행케 했다. 지금도 그 때의 맥이 그대로 이어지고 있는 시인협회의 그 창립총회에서 선출된 임원은 대표간사 유치환, 사무 간사 조지훈, 기획 간사 이한직, 출판 간사 박목월, 사업 간사 김경린이다.
    시인협회의 일은 열심히 하면 할수록 제 주머니를 털게는 될지언정 돈이 생기지는 않는다. 그리고 아무리 많은 산문을 써서 1년에 한두 권씩 연달아 책을 낸다 해도 그것으로 생계가 안정될 수는 없는 것이 당시의 출판계 사정이었다. 그러니까 50년대 후반은 목월이 그 일생 중에서 경제적 시달림을 가장 많이 받은 시기였던 것이다.

오늘 나의 밥상에는
냉이국 한그릇.
풋나물무침에
신태(新苔).
미나리 김치.
투박한 보시기에 끓는 장찌개.

실보다 가는 목숨이 타고난 복록을.

가난한 자의 성찬을.
묵도(黙禱)를 드리고
놋저를 잡으니
혀에 가득한
자연의 쓰고도 향깃한 것이여.
경건한 봄의 말씀의 것이여.

이 시 <소찬(素饌)>에 등장하는 밥상은 바로 당시 목월과 그 가족들이 실제로 받고 있는 것이었다. 그러나 목월은 푸성귀투성이의 그 밥상에서 '쓰고도 향깃한' 자연 신비를 맛보고 또 '경건한 봄의 말씀'을 들었던 것이다.

4·19를 거쳐 5·16이 터졌다. 그리고 목월은 62년 3월 한양대학의 국문과 교수로 임용되었다. 6·25이후 처음으로 매달 고정된 봉급을 받는 직업을 갖게 된 것이다. 그것은 생활의 안정을 뜻하니 반갑다 할 일이었지만 실상 목월은 대학교수라는 직업을 그다지 달갑게는 여기지 않았다. 시인인 자기가 강단에 서서 논리에 얽매이게 되면 유연한 시적 감수성이 굳어질지 모른다는 우려를 했기 때문이다. 그러나 한편으로는 교수 생활이 자기 시론의 논리적 체계화에 도움을 줄 수 있다는 생각도 했다.

'학생들을 가르친다기보다도 나 자신이 공부한다는 자세로 강단에 서자.'

이런 생각으로 목월은 교수직을 받아들인 것이다.

교수가 된 목월은 실제로 시험공부를 하는 학생처럼 밤늦게까지 내일의 강의안을 준비했다. 평론가 정창범의 회고에 의하면 목월은 이 점에 대해, "내가 무슨 학벌이 있나, 정식으로 공부를 했나. 그래서 한 시간을 강의하기 위해 사흘을 뜬눈으로 새우다시피 하제. 일단 공부를 하고 나서 강의를 하면 학생들보다 내가 먼저 흥이 나거든. 이

세상엔 무엇을 믿는지 사전에 아무 준비도 없이 교단에 서는 사람이
있으니……"라고 말했다고 한다.(정창범, 『달빛 되어 떠난 청노루 나
그네』, 11쪽) 이러한 자세를 뒷받침하고 있는 것은 두 말할 것도 없
이 그의 인간적 성실성이다. 그리고 그러한 성실성은 강의뿐 아니라
다른 업무에도 언제나 그대로 반영되었다. 정창범이 어쩌다 목월을
만나

"선생님, 그거 뭘 그렇게 열심히 하십니까. 적당히 하세요 그래야
아랫사람도 편할 게 아닙니까?"

하면

"허참, 정 형 말 다 했나?"

하고 목월은 정색을 했다는 것이다. (정창범, 위의 책, 12쪽)

1963년 11월 어느 날 목월은, 찾아가면 만날 수 있겠느냐고 묻는
한 통의 전화를 받았다. 이윽고 찾아온 그 신사는 목월에게 뜻밖의
제의를 했다. 대통령 당선자 박 정희의 부인 육영수의 문학관계 개인
교수가 되어 달라고 한 것이다. 대통령이 정식으로 취임 하게 되면
부인도 퍼스트 레디로서 내외의 많은 귀빈들을 자주 만나지 않을 수
없다. 그럴 경우 어떤 화제가 나와도 막힘없이 대응하기 위해서는 폭
넓은 교양을 쌓지 않으면 안 된다. 그러한 교양 교육의 일환으로 문
학 분야를 담당해 주었으면 좋겠다는 것이 목월에게 제의된 내용이었
던 것이다. 1주일에 두어 시간 정도면 된다는 이야기였다. 그리고 이
개인교수의 추천은 학생 시절부터 목월의 시를 좋아했던 육영수가 직
접 했다는 말도 상대방은 덧붙였다.

"경솔하게 대답할 수 없는 문젭니다. 일주일만 말미를 주십시오"

집으로 돌아온 목월은 부인에게 이 일을 알리고 의견을 물었다.

"하나님께 기도해서 결정합시다."

그녀의 대답이었다. 며칠 뒤 그녀는 목월에게 그 제의의 수락을 권
했다.

"대통령 부인이 문학에 대해 올바른 이해를 갖는다면 문학인 전체를 위해 도움이 되지 않겠어요? 정부가 문화정책을 세울 때도 그것이 반영될 수 있는 거구요"

"그렇소. 나도 같은 의견이요"

이리하여 목월은 제 3공화국의 정식 발족 직전에 육영수와 인연을 맺게 된다.

5·16 군사혁명의 정당 사회단체 해산 조치에 따라 간판을 내렸던 한국시인협회는 1965년 4월 11일 다시 창립총회를 갖고 신석초를 회장으로 선출했다. 목월은 조지훈·장만영·박두진·박나무·정한모 등과 함께 심사위원이 되었다. 목월이 이 시인협회의 회장이 된 것은 1968년 2월의 일이다. 그로부터 세상을 하직할 때까지 줄곧 그 자리를 맡게 된 목월의 이 시인협회 회장 피선 소식을 듣고 당시도 여전히 퍼스트레디였던 육영수는 말했다.

"선생님, 축하합니다. 선생님을 위해 제가 뭐 도와 드릴 수 있는 일이 있으면 말씀해 주십시오"

"감사합니다. 하지만 저 개인은 특별히 도움을 청할 일이 없습니다. 대신 저의 후배 시인들을 도와주십시오"

"어떻게 하면 좋겠습니까. 구체적 방법을 가르쳐 주십시오"

"그들은 시집을 내지 못해 안타까워하고 있습니다. 많은 시인들이 시집을 낼 수 있게 도와주십시오"

"어렵지 않은 일입니다. 돈은 제가 낼 테니 박 선생님이 만사 알아서 하십시오. 다만 후원자의 이름을 밝히지 않는다는 조건입니다."

목월과 육영수 사이에 오간 이 대화는 ≪오늘의 한국시인집≫이라는 일련의 시집으로 열매를 맺었다. 전후 두 차례에 걸쳐, 첫 번째는 69년 12월에 나왔고 두 번째는 71년 3월에 나온 이 시집은 30여 권을 헤아린다. 바꾸어 말하면 목월 덕에 30여 명의 시인이 시집을 내게 된 것이다. 문단에선 그 시집을 흔히 '어느 고마운 분'시리즈라고 말하고 있다. 책의 말미에 어느 고마운 분의 도움으로 이 시집이 나오게 되었다고 밝히고 있기 때문이다.

· 한밤의 램프여

　한양대학교 교수→한국시인협회 회장→오늘의 한국시인집 발간으로 요약해 볼 수 있는 이 동안 목월은 작품을 쓰고 책을 내는 데도 매우 열심이었으며 또 그에 대한 포상도 여러 번 받았다. 먼저 시집을 들면 ≪청담≫(1964), ≪경상도의 가랑잎≫(1968), ≪어머니≫(연작시집, 1968), ≪청록집, 기타≫(박목월·조지훈·박두진 공저, 1968), ≪산새알 물새알≫(동시집, 1962)이 그 동안에 나온 것이다. 산문집으로는 『동시의 세계』(1963)·『밤에 쓴 인생론』(1968)·『구름에 달 가듯이』(1968)·『불 꺼진 창에도』(1969)·『사랑의 발견』(1970)·『뜨거운 점 하나』(1970) 등이 있다. 그리고 포상으로서는 대한민국문학상(1968)·고마우신 선생님상(1968)·서울시문화상(1969)·국민훈장모란장(1972) 등을 들 수 있다.
　위의 책들 가운데서 시집 ≪청담≫과 ≪경상도 가랑잎≫은 저마다 목월의 작품 세계가 변모되어 가는 양상을 보여준다. ≪청담≫은 그전(1959)에 나왔던 ≪난·기타≫와 비교할 때 그 세계가 좀 다르고, ≪경상도의 가랑잎≫은 또 ≪청담≫에 비해 그러한 것이다. 그 변모의 전자의 예증으로서 시 <가정(家庭)>을 들어 정창범은 다음과 같이 말하고 있다.

　　이 시에서는 박목월의 자아상(自我像)을 본다. ≪난·기타≫의 <효자동>이나 <모일(某日)>에서도 그의 자아상을 보았으나 그것은 사회 현실에서 인생의 역경을 제대로 극복하지 못한 나머지 피곤해진 심신을 스스로 어루만지는 자아상이었다. <가정>에 나타난 박목월의 자아상은 그것이 아니다. 힘들고 괴롭기는 했지만 이만큼이나 수많은 식구들을 먹여 살려온 대견스러운 자신을 스스로 재발견하는 자아의 모습이다. 다시 말하면 박 목월의 고양된 자아 수준을 느낀다. (정창범, 『달빛되어 떠난 청노루 나그네』, 165~166쪽)

인용문에 나타난 목월의 자아상이란 생활인으로서의 그것을 뜻한다. 그러한 자아가 '고양된 수준'을 보여주고 있는 것이 ≪청담≫에서 생활자체를 시화(詩化)시키는 경지에 이르렀다고 말할 수 있다. 김광림은 그 ≪청담≫의 작품세계가 '생활 감정에 밀착되면서 시를 통해 인간의 지혜로운 세계를 탐구'하는 것이라고 말하고 있는데 (김광림, '박 목월의 시세계', ≪101편의 시≫ 시 해설) 이것도 또한 정 창범의 경우와 궤를 같이하는 논평이다.

> 지상에는
> 아홉 켤레의 신발.
> 아니 현관에는 아니 들깐에는
> 아니 어느 시인의 가정에는
> 알전등이 켜질 무렵을
> 문수(文數)가 다른 아홉 켤레의 신발을.
>
> 내 신발은
> 19문반.
> 눈과 얼음의 길을 걸어,
> 그들 옆에 벗으면
> 6문 3의 코가 납작한
> 귀염둥아 귀염둥아
> 우리 막내둥아.
> 미소하는
> 내 얼굴을 보아라.

박영종과 박목월, 그리고 그의 시   335

얼음과 눈으로 벽을 짜올린
여기는
지상
연민(憐憫)한 삶의 길이여.
내 신발은 19문 반.

아랫목에 모인
아홉 마리의 강아지야
강아지 같은 것들아.
굴욕과 굶주림과 추운 길을 걸어
내가 왔다.
아버지가 왔다.
아니 19문반의 신발이 왔다.
아니 지상에는
아버지라는 어설픈 것이
존재한다.
미소하는
내 얼굴을 보아라.

　이것이 그 전문인 시 <가정>에는 아닌 게 아니라 짙은 생활 의식
이 투영되어 있다. 그러나 이것은 시집 ≪청담≫에서만 찾아 볼 수
있는 특징적인 현상이 아니다. 그 이전의 ≪난·기타≫에도 이미 그러
한 생활의식이 드러나 있다. 그러니까 이 생활의식을 주축으로 해서
볼 때 ≪난·기타≫와 ≪청담≫은 내용의 본질을 같이 하는 것이라
하겠다. 차이는 그 농도에 있다. 같은 생활의식이지만 후자가 그것을
보다 진하게 반영하고 있는 것이다.

　얼굴을 내민 '현실 속의 나'는 ≪난·기타≫에 있어서는 아직도 다
분히 환상적인 데가 있지만 그 다음 시집인 ≪청담≫에 와서는 충분

히 현실적인 것이 된다. 이 경우 현실이란 주로 이 시인의 사적(私的)인 생활이요 그 중에서도 두드러지는 것이 가장으로서의 그의 생활이다. (김종길,『향수의 미학』)

라는 김종길의 논평도 그러한 농도의 차이를 지적한 발언이다.

그렇다면 시집 ≪청담≫을 두고서는 목월의 시적 전신(轉身)을 운위할 까닭이 없지 않으냐 할는지 모르지만 그렇지는 않다. 그것은 시의 내용과 방법 두 가지 면에서 지적될 수 있다. 즉 내용면에서는 농도 짙게 반영된 생활의식이 달관의 바탕 위에 서 있고 또 방법 면에서는 심정의 표백 아닌 이미지의 조형을 추구하고 있는 것이다.

> 그를 두고 옛날에는
> 시를 써 보려고 무척 애를 썼다.
> 머리맡에 조는 한밤의 램프여.
> 당시에 나는
> 그를 외로운 신부라고 생각했다.
> 쓸쓸한 나의 자는 얼굴을
> 지켜 주며 밤을 새우는.
> 그러나
> 이제 나는 단념했다.
> 나의 자는 얼굴을 지켜 줄
> 측은하게 어진 신부가
> 이 세상에 없음을 알았기 때문이다.
> 그렇다.
> 그의 고독은 그의 것.
> 나는 외로운 얼굴을 하고
> 자다 깨서 혼자서
> 지낼 만큼 지내다 가는 것이다.
> 나의 침상(枕上)의 허전한 자리는

태어나는 그날부터 나의 것.
램프여,
누구로 말미암은 것은 아니다.

　이 시 <침상(枕上)>에는 달관의 경지에 이른 목월이 뚜렷이 부각
되어 있다. '나는 외로운 얼굴을 하고/ 자다 깨다 혼자서/ 지낼 만큼
지내다 가는 것'임을 깨달은 정신이 도달한 경지가 바로 달관인 것이
다. 그리고 다음의 시 <우회로>는 이미지의 조형을 추구하는 방법론
적인 전환을 보여준다.

　　　병원으로 가는 긴 우회로
　　　달빛이 깔렸다.
　　　밤은 에테르로 풀리고
　　　확대되어 가는 아내의 눈에
　　　달빛이 깔린 긴 우회로
　　　그 속을 내가 걷는다.
　　　흔들리는 남편의 모습.
　　　수술은 무사히 끝났다.
　　　메스를 가아제로 닦고……
　　　응결하는 피.
　　　병원으로 가는 긴 우회로
　　　달빛 속을 내가 걷는다.
　　　흔들리는 남편의 모습.
　　　혼수(昏睡)속에서 피오올리는
　　　아내의 미소(밤은 에테르로 풀리고)
　　　긴 우회로를
　　　흔들리는 아내의 모습
　　　하얀 나선통로(螺線通路)를
　　　내가 내려간다.

보다시피 이 시는 아내의 수술이 그 소재로 되어 있다. 좀 더 구체적으로 말하면 64년 봄 유익순이 갑상선 비대증으로 수술을 받던 날 병실로 찾아가는 그 복도에서 이 시의 소재는 얻어진 것이다. 그러나 이 시엔 그 때의 그 근심스런 심정도 또 수술이 무사히 끝났음에 대한 안도감도 직접적으로는 서술되어 있지 않다. 대신 '확대되어 가는 아내의 문에/ 달빛이 깔린 긴 우회로'와 그 속에서 '흔들리는 남편의 모습' 같은 이미지가 선명하게 표출되어 있는 것이다. 그리고 그 이미지들은 시의 내용인 그 의미를 오히려 압도하고 있다. 이러한 이미지의 조형을 찾아보면 이전의 시에도 더러 드러나는 것이기는 하지만 특히 시집 ≪청담≫에 이르러 현저한 강세를 띠고 나타난 목월의 방법론적 특성인 것이다.

　1970년 5월부터 이듬해 4월까지 『현대시학』지에 발표한 연작시 <사력질(砂礫質)>은 처음부터 끝까지 이미지 조형의 방법으로 일관하고 있다. 그러니까 ≪청담≫의 방법론적 전환은 이 <사력질>을 산출하기 위한 모색과 실험의 과정이었다고 볼 수도 있는 것이다. 그 <사력질>에는 또 그러한 방법론의 전환 외에 존재론적 의미의 추구라는 내용면의 새로움이 함께하고 있다.

> 시멘트 바닥에
> 그것은 바싹 깨어졌다.
> 중심일수록 가루가 된 접시.
> 정결한 옥쇄(터지는 매화포)
> 받드는 것은
> 한번은 가루가 된다.
> 외곽일수록 원형(原型)을 의지하는
> 그 싸늘한 질서.
> 파편은 저만치
> 하나.

냉엄한 절규(絶叫).
모가 날카롭게 빛난다.

<사력질> 중의 한 편, <하나>라는 소제목이 붙어 있는 이 시에도 이미지 조형의 방법과 존재론적 의미의 추구라는 내용면의 전환이 잘 드러나 있다. '받드는 것은/ 한번은 가루가 되니다./ 외곽일수록 원형을 의지하는/ 그 싸늘한 질서'같은 구절은 특히 존재론적 관심을 엿보기에 족한 대목이다. '받드는 것은/ 한번은 가루가 된다'는 이 말은 모든 존재의 근원적 한계, 바꾸어 말하면 그 필멸성(必滅性)을 시사하고 있다.

이 <사력질>의 연재를 시작하기 2년 전에 목월은 시집 『경상도의 가랑잎』을 냈다. 이 시집에 수록된 작품들은 그 제목이 가리키는 그대로 향토성의 부각을 노린 것이 주류를 이루고 있는데, 그 방법은 경상도 사투리의 대담한 활용이다.

아우 보래이.
사람 한평생
이러쿵 살아도
저러쿵 살아도
시쿵둥하구나.
누군
왜, 살아 사는 건가.
그렁저렁
그저 살문
오늘같이 기계(杞溪)장도 서고
허연 산부리 타고 내려와
아우님
만나잖는가베.

앙 그렁가 잉
이 사람아.
누군
왜 살아 사는 건가.
그저 살믄
오늘 같은 날
지게발목 받쳐놓고
어슬어슬한 산비알 바라보면
한잔 술로
소회도 풀잖는가.
그게 다
기막히는기라
다 그게
유정한기라.

　아무렇게나 골라 본 이 시 <기계장날>에도 경상도 사투리는 숱하
게 그리고 능란하게 구사되고 있다. 시인들이 저마다 작품 속에 사투
리를 끌어넣는 경우는 더러 있는 일이지만 한 편의 시 전체를 그 사
투리로 일관하고 그리하여 그 사투리의 묘미를 시의 매력으로 살린
예는 백석 이후 목월이 처음일 것이다.
　이와 같이 경상도 사투리를 구사함으로써 그 향토성을 높인 <기계
장날>에는 또 그렁저렁 그저 살면서 한 잔 술로 소회를 푸는 인생의
기막힘과 유정함에 대한 달관이 있다. 그것은 존재와 인간의 유한성
에 대한 통찰을 거쳐야만 도달할 수 있는 경지이다. 그리고 이러한
경지는 또 그 당연한 귀결로서 죽음에 대한 의식을 수반하게 된다.
앞에 인용한 <사력질> 중의 <하나>의 한 구절, '받드는 것은/ 한
번은 가루가 된다'는 기술도 죽음에 대한 알레고리라 할 수 있다.
　죽음을 의식할 때 사람들은 절로 나이를 말하게 된다. 나이를 말한

다는 것은 자신의 삶이 이제는 죽음에 가까이 왔음을 스스로 고백하는 것과 같은 의미의 함축을 갖는 일이다. 목월 역시 그러하다. ≪경상도의 가랑잎≫에 수록된 작품들 가운데는 나이를 의식하는 구절이 자주 등장하는 것이다. <백국(白菊)>의 첫머리 '나이 50/ 잠이 맑은 밤이 길어진다'나 '내일 모래가 60인데/ 나는 너무 무겁다'는 <왕십리>의 한 구절은 그 대표적인 예가 된다.

그러고 보니 ≪경상도의 가랑잎≫은 목월의 나이 52세 때 나왔고 또 ≪청담≫은 48세 때 나왔다. 그러니까 ≪청담≫으로 40대 후반을 마무리하고 50대에 들어서 인생을 더 깊이 관조하게 된 소산이 ≪경상도의 가랑잎≫이라 할 수 있는 것이다. 정신이 무르익어 가면 시의 세계도 그에 따른 전환을 보이는 게 당연하다. 전환이란 말이 뭣하다면 심화라 해도 무방하지만 뜻은 같다. 그 심화된 정신과 시의 눈으로 발견한 것이 순리였다는 사실을 다음의 시는 말해 주고 있다.

> 물이 된다. 자기의 중량으로 물은 포복할 도리밖에 없다. 한사람에게 50여 년은 긴 것이 아니라 무거운 것이다.
> 땅에 배를 붙이고 낮은 곳으로 기어가는 물은 눈이 없다. 그것은 순리, 채우면 넘쳐흐르고 차면 기우는 물의 진로(進路). 눈이 없는 투명한 물의 머리는 온통 눈이다.
> － <비유의 물>에서

· 『심상』지 창간

지천명의 나이 50대에 이르러 순리를 발견한 목월의 정신은 가을 철의 열매처럼 충실하게 익어갔다. 생활도 그러한 정신의 원숙을 흔들지 않을 만큼 안정되었다. 시작(詩作)에 더울 박차를 가할 수 있는 조건이 갖추어진 셈이다. 실제로 목월은 50대에 접어들어 ≪경상도의 가랑잎≫을 낸 이후에도 앞에 말한 <사력질>과 그 밖에 또 많은 시를 썼다. 좋은 시를 많이 쓰면 많이 쓰는 그만큼 그 시인의 삶은 충실해지는 것이다.

그러나 그것은 그 시인 혼자만 누릴 수 있는 개인적 가치 영역을 벗어나기 어렵다. 그래서는 안 된다는 생각이 목월의 가슴 속에 자라나고 있었다.

─ 내가 좋은 시를 쓰기 위해 애쓰는 것도 중요하지만 다른 인물도 좋은 시를 쓸 수 있게 도울 수 있는 길이 있다면 도와주는 일 역시 중요하다. 그래야만 한국시의 전체적인 수준이 향상될 수 있는 것이다.

말하자면 이런 생각이다. 육영수의 힘을 빌려 '어느 고마운 분' 시리즈의 시집 발행을 주선한 것도 그러한 생각의 소치였던 것이다. 그러나 시집 발행의 주선은 혜택을 받는 시인의 대상 범위가 좁다. 그리고 또 상대방이 그러마고 사전에 약속한 일이기는 하지만 그 시집 때문에 번번이 손을 내밀기도 거북하다. 보다 많은 시인들, 아니 한국시단 전체가 고른 혜택을 받을 수 있는 길, 그리하여 그것이 한국시의 발전에 기여할 수 있는 다른 길은 없을까. 이 문제에 대해 목월은 이미 그 해답을 얻어놓고 있었다. 시전문 잡지의 발행이 그것이다.

실상 목월은 6·25부터 시지(詩誌)에 대한 꿈을 가지고 있었다. 그래서 『시문학』을 낸 것이지만 불행하게도 6·25가 터져 계속적인 발행을 못 하고 말았다. 그 『시문학』에 대한 아쉬움을 목월은 줄곧 간직해 왔기 때문에 이번에도 시지의 발행을 다시 계획하게 된 것이다.

잡지는 우선 시인들에게 발표의 광장을 제공해 준다. 제공된 그 발표의 광장은 시인들의 창작 의욕을 자극한다. 그에 따라 그들이 많은 작품을 쓰면 그 자체가 곧 한국시의 발전으로 직결될 수 있는 일이다. 그러나 어떤 작품이든 가리지 않고 덮어놓고 활자화시킬 수는 없다. 좋은 작품을 가려 실어야 한다. 게다가 한국시단은 시론이 약하니 그것도 보강할 필요가 있다. 어디 그뿐인가. 외국의 새로운 시와 시론을 자주 소개해서 한국 시단의 시적 안목을 넓히는 것도 결코 빼놓지 못할 일이다.

목월은 이런 생각들을 했다. 그러나 문제는 시지를 낼 때의 그 편집 구상이 아니라 돈이다. 아무리 좋은 편집 플랜을 세워도 돈이 없으면 잡지를 낼 수 없다. 그 돈을 어떻게 마련할 것인가. 잡지 중에서도 시지(詩誌)는 수지가 맞을 리 없기 때문에 전주를 끌어들인다는 것은 엄두조차 낼 수 없는 일이다. 그렇다면 선택은 간단하다. 자기 주머니를 털어 잡지를 내거나 아니면 그만 두기나인 것이다.

— 좋다. 내가 주머니를 털자. 모자라는 돈은 또 내가 직접 뛰어서 기업체의 광고를 얻어 메우자.

목월은 시지의 창간을 결심했다. 1973년 초봄의 일이다. 이튿날 목월은 박남수와 김종길을 만나서 시지 발행의 계획을 말하고 협조를 구했다. 두 사람은 목월과 인간적으로 가까운 사이였을 뿐만 아니라 목월이 그 회장직을 맡고 있는 시인협회의 핵심 간부이기도 했던 것이다. 물론 그들은 대찬성이었다.

"시인협회 회장이 내는 잡지니까 회원 전체가 협조해야하지요. 싣는 원고를 엄선해서 가장 권위 있는 책을 만듭시다. 그래서 권위가 확립된다면 반 년 정도 지나면 수지 타산도 맞게 될 것입니다."

김종길의 말이었다.

"여태까지의 우리나라 시지는 주로 작품을 실어왔기 때문에 무슨 앤솔로지 같은 느낌을 주었지요. 우리는 그러지 말고 내용이 다양한 잡지를 만들어야 합니다. 그러니 시론과 수준 높은 에세이를 많이 실어야지요. 과거의 시지들은 월평(月評)정도의 글만을 다루어 왔는데 그래서는 안 됩니다. 무게 있는 본격 시론도 다루어 가면서 다양성을 가져야만 시지다운 잡지가 될 것입니다."

박남수가 안경을 이마 위로 밀어 올리면서 말했다.

"나는 전적으로 동감입니다. 그러자면 편집 플랜도 한 사람의 머리에만 의존할 것이 아니라 여러 사람의 지혜를 모아야 하겠지요. 우선 두 분에게 편집 플랜을 짜는 일, 그러니까 기획위원격인 일을 맡아 달라고 부탁하고 싶습니다."

목월이 말했다.

"우리 세 사람보다 좀 젊은 사람들도 그 일에 참여시킵시다. 우리가 미처 생각하지 못했던 아이디어가 나올 수 있으니까. 시인 협회 회원 중에서도 사람은 얼마든지 있습니다. 가령 김 광림이나 이 형기 같은 사람……"

박 남수의 말이었다.

"좋지요. 보다 많은 사람들의 지혜를 모읍시다. 그럼 나는 내일부터 잡지 발행의 등록 수속을 밟겠습니다. 구체적인 문제는 앞으로 다시 상의합시다."

이렇게 대답하고 일어선 목월은 실제로 이튿날부터 등록 수속을 밟기 시작했다. 그리하여 시지 『심상』의 창간 준비 작업이 추진된 것이다. 『심상』이란 제호는 목월 자신이 정했다. 처음에는 『이미지』가 어떨까 하는 생각도 했지만 외래어인 점이 마음에 거슬렸다. 그 이미지를 우리말로 번역하면 심상이 된다.

우리나라 시지의 제호는 대체로 포괄적인 성격을 띠고 있다. 『시문학』이나 『현대시학』같은 제호도 그런 예가 된다. 그리하여 그것이 일종의 관행으로 되어있는 마당에 『심상』이란 제호를 들고 나서면 좀 어색하다. 그리고 그 제호는 또 이미지스트들의 동인지 같은, 따라서 잡지의 성격이 그만큼 편협한 것 아니냐 하는 느낌을 줄 수도 있는 것이다.

그러나 관행에 얽매인다는 것은 그 자체가 이미 독창성의 허약함을 뜻한다. 그리고 성격의 편협함에 대한 오해는 잡지의 내용이 실제로 그렇지 않고 권위 있는 것이 될 때 오히려 참신하고 개성적이라는 평가를 받는 매력 요인으로 전환될 수 있는 것이다. 목월은 문공부에 제출하는 정기 간행물 등록 서류에 제호를 『심상』이라고 써 넣었다.

『심상』은 1973년 10월에 창간호가 나왔다. 10월호니까 실제로 책이 나온 것은 9월초다. 박목월·박남수·김종길·이형기·김광림의 다섯 사람은 편집 기획진이요, 김종해와 이건청 두 사람은 실무진이라는 사실이 책의 끝장, 그 발행의 사무적 요건을 기재하는 난에 밝혀져 있다. 그러나 원고 수집과 편집 교정 등 제작의 실무를 직접 맡은 것은 기획편집진의 박목월·김광림 두 사람과 실무진 두 사람이다. 그 실무진 중의 김종해는 당시 시인협회의 사무차장이었고 또 이건청은 사무 간사요, 게다가 목월을 대학원의 지도 교수로 모셨던 제자였다.

그들은 각각 직장을 가지고 있었기 때문에 직장이 파한 오후 늦게부터 나와서 밤에 일을 했다. 보수를 받는 아르바이트가 아니었다. 무보수의 봉사였다. 한국시인협회의 직책이나 목월과의 개인적인 인간 관계 때문에 그랬다고 보아서는 안 된다. 그런 관계도 무시할 순 없지만 그보다 더 중요한 것은 '권위 있는 시지'를 만든다는 사실에 그들이 자발적으로 정열을 불태웠다는 점이다.

『심상』의 사무실은 관철동 13번지의 12, 한국기원 골목의 그 안쪽에 있는 허름한 2층이었다. 그리고 그것은 시인협회 사무실도 겸하고 있었다. 그래서 밤마다 시인협회의 중견회원들이 5,6명씩 다방이나 대포집에 가는 대신 잠깐 들러 본다는 식으로 나와서 실무자들의 일을 거들었다. 발행인이자 한국시인협회 회장인 목월이 밤늦게까지 그 자리에 있었음은 두말할 나위가 없는 일이다.

밤 9시쯤 되어 목월이 집으로 가고 나면 각자 몇 푼씩 주머니를 털어 중국집에 전화를 건다. 돈이 많지 않으니 메뉴는 거의 고정되어 있다. 잡채와 물만두와 배갈인 것이다. 때로는 목월도 그 자리에 어울렸지만 술은 거의 마시지 않았다. 훨씬 뒤에야 알게 된 일이지만 그 당시 목월은 이미 고혈압 증세가 있어 술을 삼가고 있었던 것이다.

고혈압에는 술뿐만 아니라 과로도 좋지 않다. 그러나 『심상』에 대한 정열은 그로 하여금 과로고 뭐고를 돌볼 겨를이 없게 만들었다. 집에서 좀 쉬어야 할 시간에 그는 돋보고를 쓰고 침침한 형광등 불빛 아래서 표지의 디자인과 본문의 제목 밑에 들어갈 컷의 모양을 살피고 했던 것이다. 사람됨이 성실하고 또 성격이 꼼꼼한 그는 무슨 일이든 적당히 하는 법이 없었다. 그리고 낮이면 학교의 시간이 끝나는 대로 곧 광고를 얻기 위해 뛰어다녔다. 시지라면 팔릴 턱이 없는 것이니 광고주들은 광고도 낼 필요가 없다는 생각을 가지고 있었다. 그래서 목월이 찾아가면 그들은,

"박 선생, 그냥 글이나 쓰시지 않고 왜 사서 고생을 하십니까? 박 선생 개인을 도와 드릴 수는 있지만 광고라면 좀……"

하기가 일쑤였다. 그러한 광고주를 상대로 해서 개인적 도움 아닌 광고를 얻어낸다는 것은 정말 힘든 일이었다. 때로는 상대방이 무슨 구걸자를 만난 듯한 태도를 취해 목월은 갑자기 혈압이 오를 만큼 심한 굴욕감을 느끼기도 했다. 그러나 그는 그런 기색을 조금도 내비치지 않고 웃음으로 그 자리를 물러나와 또 다른 광고주를 찾아갔다. 그리하여 『심상』의 창간호는 편집 내용은 물론 광고의 질과 그 분량에 있어서도 한국 시지의 역사상 최고로 손꼽힐 수 있는 성과를 올리게 된 것이다.

그 창간호에 대한 반응은 기대를 오히려 상회하는 것이었다. 문단에서도 그랬고, 직접 독자를 상대하는 서점가에서도 그랬다. 한 마디로 말해서 『심상』의 첫걸음은 큰 성공을 거둔 것이다.

그러나 잡지는 한 번만 내고 마는 책이 아니다. 매달 이어나가야 한다. 그리고 잡지의 판매 대금은 잘해야 석 달 뒤에나 수금된다. 반 년을 끄는 경우도 있다. 그래서 목월은 창간호의 성공에도 불구하고 여전히 그 『심상』 때문에 고달픈 나날을 보내지 않을 수 없었다.

거기에 다시 새로운 고민이 보태졌다. 그것은 잡지의 권위를 높이

기 위해 원고를 엄선한다는 당초의 편집 방침이 불러온 고민이다. 그러한 방침에 의하면 원고를 써달라고 청탁서를 보내야 할 사람의 대상 범위가 아무래도 제한되지 않을 수 없다. 그리고 그 때는 소외감을 느끼는 시인들이 왜 내 글은 실어주지 않느냐고 반발을 하거나 아니면 내 글을 실어 달라고 은근히 압력을 가해오게 된다. 타고난 심성이 남을 야박하게 대하지 못하는 목월에게는 그것이 또한 큰 고민이었다. 그렇다고 그들의 요구를 들어주기 시작하면 잡지의 질이 떨어지기 쉽다. 뿐만 아니라 그 때는 또 기획 편집진과 실무진이 부어오를 것이다. 목월은 괴로웠다.

이러한 목월에게 또 하나의 무거운 짐이 지워졌다. 1974년 8·15경축식전에서의 문세광(文世光) 사건으로 육영수가 암살되자, 이듬해 봄 청와대 쪽에서 그에게 육영수 전기의 집필을 의뢰해 온 것이다. 거절할 도리가 없는 일이었다. 그래서 일단 맡기는 맡았지만 마음은 무겁기 한이 없었다. 정치적인 고려는 덮어 둔다 하더라도 상대가 상대인만큼 문장 한 구절, 형용사 하나에까지 바늘 끝처럼 뾰족뾰족 신경을 써야만 할 일이었기 때문이다.

— 혼자선 못한다. 거들어 줄 사람을 구해야 한다. 문장력도 있고 인간적으로도 믿을 수 있는 사람이라야 한다.

협조자를 물색하던 목월의 머리에 시인 박재삼이 떠올랐다. 박 재삼은 당시 일정한 직업 없이 몇 군데 신문에 바둑 관전기(觀戰記)를 써서 그 원고료로 살아가는 처지였다.

"박형, 나 좀 도와주소"

목월의 부탁을 받은 박재삼도 도저히 고개를 가로저을 수 없었다.

며칠 후 목월은 충무로에 조그만 사무실을 얻었다. 육영수 전기를 집필하기 위한 사무실이다. 박재삼은 아침부터 그 사무실에 나갔다. 학교일이 끝나는 오후가 되면 목월과 목월의 장남(그때 이미 평론가로 등단해 있던) 동규가 나와서 함께 일을 했다. 일의 순서는 자료

수집과 집필이다. 자료는 청와대에서 보내 주는 것도 있었지만 또 직접 사람들을 만나서 얘기를 들어야 할 것도 많았다. 그리고 그러한 자료를 바탕으로 원고를 쓰게 되면 그 원고를 청와대에 보내 승인을 맡아야 했다. 작업은 꼬박 1년이 걸렸다.

그 일 때문에 목월이 다른 일을 소홀히 한 것은 아니다. 학교의 강의는 강의대로 맡았고 또 『심상』사무실에도 거르지 않고 들렀다. 요컨대, 목월은 그 동안 피로가 쌓이지 않을 수 없는 일인삼역의 격무를 치렀던 것이다.

· 구름에 달 가듯이

대학 강의와 『심상』의 발행과 육영수 전기의 집필이라는 힘겨운 일을 한꺼번에 치러나가면서도 목월은 또 시 쓰기를 게을리 하지 않았다. 육영수 전기의 집필이 끝난 76년에 시집 ≪무순≫이 나왔다는 사실만 보아도 시에 대한 부지런함을 쉽게 짐작할 수 있다.

나이는 이미 60이다. 대학에서는 그 해부터 그 나이에 어울리는 직책인 문과대학장을 맡게 되었다. 그러나 인간적으로 겸손했던 목월은 학장이 된 이후에도 등교할 때마다 수위에게 먼저 인사를 했다. 그리고 대학의 학장보다 시인임을 더 명예롭게 생각했던 그는 후배나 문학하는 제자를 만날 때마다 남는 것은 작품밖에 없으니 한눈팔지 말고 열심히 시를 쓰라고 권했다.

"여태까지 내가 40년이나 시를 썼다고 하지만 막상 꼽아 보면 내세울 만한 작품은 열 편이 채 안 될 것 같아요"

그 무렵 목월은 필자에게도 이런 말을 한 적이 있다. 이제부터는 더 열심히 시를 써야 하겠다는 뜻이 담겨 있는 말이다. 이러한 정열은, 시를 쓸 수 있는 시간이 앞으로 그렇게 많이 남아 있지는 않다는 자각의 소산이었는지도 모른다. 사실 목월은 그 무렵에 건강이 좋지 않았다. 갑자기 혈압이 높아져 2주일 남짓 병원에 입원한 일도 있다.

그러나 목월에겐 죽음에 대한 두려움이나 또 그것을 자각하는 사람이 흔히 느끼는 초조감이 없었다. 오히려 마음이 침착해졌다. 신의 부름을 받는 날이 언제가 되든지 그날까지는 충실하게 살다 가리라는 생각이었다. 그리고 시인인 자기에게 있어서는 시를 쓰는 그것이 충실한 삶의 핵심을 이루는 것이라고 보았다. 이런 심경에 도달할 때면 지나온 자기의 생애를 한 번 뒤돌아보는 것이 인지상정이다.

> 타오르는 성냥 한 가치의
> 마른 불길.
> 모든 것은
> 잠깐이었다.
> 사람을 사모한 것도
> 새벽에 일어나 목놓아 운 것도
> 경주에서 출발하여
> 서울에 머문 것도
> 타오르는 한 가치의 성냥불.
> 다만
> 모든 성냥가치가
> 다 불을 무는 것이 아니다.
> 태반은 발화도 못하고
> 픽픽 꺼져가는 성냥개비
> 그리고
> 빈 성냥곽을
> 멀리 던져 버린다.

이 시 <잠깐>에는 그렇게 지나온 생애를 뒤돌아본 목월의 감회가 서려 있다. 그래서 얻은 것이 인생이란 잠깐 타오르다 꺼져 버리는 한 가지 성냥불이라는 깨달음이다. '냇사 애달픈 꿈꾸는 사람/ 냇사 어리석은 꿈꾸는 사람'이라고 노래했던 20대 후반과 비교할 때 그것은 너무나 거리가 먼 지점이 아닐 수 없다. 멀리 왔다는 것은 성냥곽 안에 남은 성냥이 몇 개비 되지 않는다는 뜻이다. 그러니까 빈 성냥곽이 되어 던져짐을 당할 그날을 생각하지 않으면 안 된다. 빈 성냥곽이 던져진 그 자리를 사람들은 흔히 무덤이라 부른다.

목사님의 소개로
용인엘 갔었다. 내외가
고속버스를 타고
평당 3,000원이면 싼값이지요
산기슭에서 소개업자가 말했다.
나는 양지바른 터전을
눈으로 더듬고,
서녘 하늘 같은 눈으로
아내는 나를 쳐다보았다.
뫼 뿌리가 어두워들자
먼 마을에 등불이 하나 둘 켜지고
그럴수록 황량해 보이는 산하.
여보 그만 가요
울먹이는 아내의 목소리가
가슴에 젖어들었다.
돌아오는 길에도
고속버스를 탔다.
무덤 속으로 달리는 차창에
비치는 내외의 모습
바람과 모래의 손이
마음을 쓰담아 주었다.

우리에게 이미 토지는
이승의 것이 아니었다.
가지런한 한 쌍의 묘와
한 덩이 돌이 떠오르는
흘러가는 차창의 스크린에
울부짖는 것은
바람소리도 짐승소리도 아니었다.

이 시 <용인행>엔 빈 성냥곽이 던져질 그 자리, 즉 무덤을 생각하게 된 어느 날의 목월이 뚜렷하게 부각되어 있다. 그러나 던져질 성냥곽이 그 던져질 자리를 어찌 스스로 선택한단 말인가. 그 자리를 결정하는 것은 오직 신이다. 그리고 언젠가는 빈 성냥곽이 되어 던져질 운명을 안고 인간이 이 세상에 태어난 것도 또한 신의 뜻에 의한 것이다. 어디 인간만 그러한가. 밤하늘의 찬란한 성좌로부터 지상의 작은 티끌에 이르기까지 우주 만유가 모두 스스로 앉혀 놓은 커다란 손, 인간의 힘으로는 도저히 헤아릴 수 없는 어떤 절대자를 생각하지 않을 수 없다. 신이란 그 절대자를 가리키는 호칭이다. 그러한 신의 존재를 인정한다면 인간이 자신의 삶이나 또한 그 삶이 영위되는 이 세계에 대해 자리매김을 할 수는 없다. 무엇이 어떤 자리에 놓이든 궁극적으로 그것은 신이 정해준 자리인 것이다. 인간의 눈에는 그러한 신의 자리매김이 잘못된 것으로 보일는지 모른다. 순서가 뒤죽박죽이 된 무순, 무질서라 할는지 모른다. 그러나 그 배후에서 작용하고 있는 신의 뜻을 생각한다면 무순 그것이 바로 가장 귀중한 순서요 질서인 것이다. 목월이 자신의 마지막 시집에 '무순'이란 제목을 붙인 까닭은 대충 위와 같은 것이라고 생각해 볼 수 있다.

이러한 경지에 이르면 시에 특별한 제목을 붙이는 것도 부질없는 일이어서 목월은 <무제(無題)>라는 시를 쓴다.

앉는 자리가 나의 자리다.
자갈밭이건 모래톱이건

저 바위에는
갈매기가 앉는다. 혹은
날고 끼룩거리고

어제는
밀려드는 파도를 바라보며
사람을 그리워하고

오늘은
돌아가는 것을 생각한다.
바다에 뜬 구름을 바라보며,

세상의 모든 것은
앉는 자리가 그의 자리다.

벼랑 틈서리에서
풀씨가 움트고
낭떠러지에서도
나무가 뿌리를 편다.

세상의 모든 자리는
떠버리면 흔적 없다.
풀꽃도 자취 없이 사라지고

저쪽에서는
파도가 바위를 덮쳐

갈매가는 하늘에 끼룩거리고
이편에서는
털고 일어서는 나의 흔적을
바람이 쓰담아 지워 버린다.

이것이 <무제>의 전문이다. 우주만유를 통괄하는 보이지 않는 질서, 즉 신의 섭리에 대한 겸허한 순응을 엿보기에 족한 작품이다. 특히 마지막 연에는 부름을 받으면 언제든 미련 없이 일어서리라는 달관이 노래되어 있다. 탈고 일어선 그 자리에 흔적을 남기려고 애쓰는 것도 또한 부질없는 일이다. 남는 것은 다만 일체를 무(無)로 돌리는 바람밖에 없는 것이 아닌가. 아니 실은 그 바람 속에 인간의 지혜로는 도저히 헤아릴 수 없는 시의 뜻 그 위대한 섭리가 있는 것이 아닌가!

이러한 깨달음을 가질 때의 인간은 자기를 내세울 리가 없다. 오히려 자기를 빈 그릇으로 만들어 신의 뜻이 그것을 채워 주도록 기다릴 뿐이다. 그래서 목월은 이 무렵 <빈 컵>을 노래한다.

빈 것은
빈 것으로 정결한 컵
세계는 고드름막대기로
꽂혀 있는 겨울 아침에
세계는 마른 가지로
타오르는 겨울 아침에,
하지만 세상에서
빈 것이 있을 수 없다.
당신이 서늘한 체념으로
채우지 않으면
신앙의 샘물로 채운다.

그리고
오늘 아침에는
나의 창조의 손이
장미를 꽂는다.
로오즈 리스트에서
가장 매혹적인 죠세피느 불르느스를
투명한 유리컵의
중심에.

자기를 빈 그릇으로 만들어 그 속에 신의 섭리를 가득 채우려는
뜻이 잘 드러나 있는 작품이다. 자기를 빈 그릇으로 만든다는 것은
일종의 체념을 뜻한다. 그러나 그것은 허탈로 통하는 체념이 아니라
보다 차원 높은 구원의 세계에 이르는 승화의 체념이다. 목월은 이
시 <빈 컵>에서 그것을 '서늘한 체념'이라고 말하고 있다. 일체의
아집과 탐욕을 극복할 때에만 얻어질 수 있는 그 '서늘한 체념'의 다
른 이름이 목월에게는 신앙이기도 했던 것이다. 서울 원효로에 있는
효동 장로교회에서는 1978년 1월 그러한 신앙인 박목월을 장로로 세
워 안수를 베풀었다.

그러나 목월의 이 신앙은 다만 신앙 그것만을 추구해서 얻은 것이
아니다. 시를 찾고 시를 갈고 닦는 40여 년의 외길 정진 끝에 도달한
높은 정신세계가 마침내는 신앙과도 통하게 된 것이다. '서늘한 체념'
이나 '신앙의 샘물'로 채워지는 빈 컵에 '나의 창조의 손이/ 장미를
꽂는다'고 그가 노래한 까닭은 여기에 있다. 그 장미, 즉 '로오즈 리
스트에서/ 가장 매혹적인 죠세피느 불르느스'는 그의 시였던 것이다.
그렇다면 목월은 장미로 표상되는 자신의 시에 집착한 것이 아니냐고
반문하는 것은 어리석다. 빈 컵의 의미를 아는 그에겐 집착하는 무엇
이 있을 리 없는 것이다. 그래서 그는 신이 앉혀준 자리에 말없이 앉
았다가 또 신이 부르면 언제든 말없이 털고 일어설 준비가 되어 있

다. 털고 일어선 다음에는 그 자리의 흔적을 바람이 쓰담아 지워 버
릴 것이다.

이때의 바람을 그러나 목월은 단순한 허무나 사라짐이라고만은 보
지 않는다. 비록 같은 사람이라 할지라도 진실을 다해 산 인간에게는
그 진실에 상응하는 바람이 부는 것이다. 만년의 목월이 어느 겨울날
아침 빈 컵에 꽂은 한 송이 죠세피느 블르느스도 그러한 바람의 형상
이라 할 수 있다. 바꾸어 말하면 목월은 시로써 일관한 자기의 생애
가 끝난 다음에 부는 바람이 바로 그 장미이기를 바랐고 또 그렇게
믿었던 것이다.

20대에 자기를 가리켜 '냇사 어리석은 꿈꾸는 사람'이라 했던 목월
은 밤새 눈물로 바위를 갈면서 '어느 날에사/ 어둡고 아득한 바위에/
절로 임과 하늘이 비치리오'라고 노래했다.

그리고 실제로 그는 40년 이상의 세월을 두고 하루도 빠짐없이 시
작(詩作)을 계속했던 것이다. 그러자 바위는 정말 놀랍게도 거울이 되
어 맑은 하늘을 비추었다. 그 하늘 속에 떠오른 것이 그가 빈 컵에
꽂은 창조의 장미 한 송이였다고 보아도 무방할 것이다.

1978년 3월 24일, 언제나와 마찬가지로 새벽 산책에서 돌아온 목
월은 가벼운 현기증을 느끼며 자리에 누웠다. 그리고 지극히 편안한
모습으로 영원히 잠든 것이다. 사람들은 그의 죽음의 원인을 고혈압
이라고 말하고 있다. 오진에 불과하다. 시인 박 목월은 그날 고혈압의
핍박이 아니라 신의 부름을 받아 조용히 자리를 털고 일어나서 하늘
의 맑고 서늘한 바람 속으로 승천한 것이다. ≪청록집≫ 시절에 그가
보았던 '청노루/ 맑은 눈에/ 도는/ 구름'은 그리하여 이제 그 자신이
되어 있다.

목월이 이승을 하직한 이듬해인 79년 1월 미망인 유익순과 장남
박동규는 그가 남긴 신앙시들만 따로 모아 유시집 ≪크고 부드러운

손≫을 냈다. 왜 하필 신앙시들만을 모아 유시집을 냈을까.

"그분에겐 미발표 작품이 많이 있습니다. 열 편 쓰면 한 편 정도 발표하는 꼴이었으니까요. 그리고 신앙시나 행사시 같은 것은 청을 받으면 쓰기는 썼지만 예술작품이 아니라고 했지요. 그러나 기독교도 인 나에게는 그 신앙시들도 새로운 평가를 받을 만한 것이라고 생각 되어 책으로 묶어낸 것입니다."

미망인의 말이다.

"아버님은 시에 대한 태도가 매우 엄격한 분이었어요. 특히 자기 시를 대하는 태도가 그랬지요. 아버님이 살아 계시는 동안 나는 시에 관한 비평을 한 줄도 쓰지 못했습니다. 아버님처럼 엄격한 태도를 가 질 수 없었기 때문이지요."

장남인 평론가 박동규의 말이다. 이러한 엄격성이 목월로 하여금 열 편 쓰면 한 편 정도만 발표하게 했고 또 신앙시나 행사시는 예술 작품이 아니라는 태도를 갖게 한 것이리라. 실제로 중학생 때부터 시 의 길에 들어서서 죽는 그날까지 45년간 밖으로 내색은 하지 않으면 서도 스스로는 철저하게 시인으로 일관한 인물 그가 바로 박 목월인 것이다.

가족과 후배들은 그의 육신을 용인 모란공원에 묻었다. 그러나 시 인 박 목월의 영혼은 시를 사랑하는 모든 사람들의 가슴 속에 그의 시와 더불어 오늘도 여전히 살아 있는 것이다.

목월 시의 지향성

윤재근(尹在根)

※

우리의 말소리가 있는 한 목월은 사라지지 않는다. 시인 목월은 죽지 않는다. 인간 영종으로만 고인이 되었을 뿐이다. 인간은 무상할지 언정 시는 영원하기 때문이다.

그러나 시라고 다 남는 것은 아니다. 시도 사라지는 것이 있는 법이다. 아무리 뛰어난 사람이라 할지라도 사라져버릴 시가 있게 된다. 이처럼 목월의 시에도 남을 시가 있는가 하면 사라질 시도 있는 것이다. 사라질 시는 시상에 얽매인 것들이라면 남는 시는 말소리로 짜인 것들이다. 시는 그 상(像)으로 남는 것이 아니라 '말소리'로 남는다. 그러므로 영원히 남을 시인은 시로 인생을 말하게 된다.

그러한 시의 소리는 시인의 소리가 아니라 언어가 말하게 하는 비법에서 두고두고 우러난다. 즉 시가 말을 한다. 목월의 뛰어난 시들이 그러하기 때문에 시인 목월은 죽지 않는다. 그는 '말소리'의 시인이었다.

※

    시는 사람을 감동시킴으로써 그 힘을 보여 준다. 목월은 그러한 힘이 우리의 말소리에 있음을 처음부터 알았었다. 왜 목월이 동요를 처음에 썼어야 했을까? 이미 타고난 시인의 소질이 있었음을 보여 준다. 어른은 말소리를 의미로 받아 들여서 말의 힘을 죽이려고 한다.

    그러나 어린이는 의미 따위에 신경을 쓰지 않는다. 말의 소리 그 자체에 대해 무한한 신비를 느낀다. 이처럼 말의 소리는 어린이에게 어떤 기호로 접해지는 것이 아니라 그 소리의 감각이 몸으로 접해진다. 소리와 육체가 하나로 조화될 수 있는 법이다. 그것이 바로 한 민족의 핏줄을 가르는 음률의 징표일 것이다.

    목월은 그러한 징표를 처음부터 우리의 말소리로 담으려고 했다. '다람 다람 다람쥐 알밤 줍는 다람쥐, 보름 보름 달밤에 알밤 줍는 다람쥐' 목월이 들려주는 이 소리에 어린이는 가만히 있지 않는다. 일어나 깡충거리며 몸을 움직여 소리를 낸다. 입으로만 내는 것이 아니라 온몸으로 낸다. 호흡에 맞아 그 소리는 저절로 나오게 된다. 이런 소리를 운율이라고 한다.

    시의 운율은 그 말을 운명적으로 함께 나눌 수 있는 종족에게만 속뜻을 주고받게 된다. 귀로만 들리던 음률이 몸 전체로 접하여져 호흡의 갈음을 감미롭게 하면서 마음속에다 속뜻을 담아 주거나 건져줄 때 운율로 된다. 음률은 귀로 전달되지만 운율은 몸 전체로 퍼지면서 듣는 이의 마음속을 동하게 한다. 즉 운율은 체험을 있게 하는 한 종족의 핏줄과 같은 것이다.

    이처럼 시인 목월의 소리는 우리의 핏줄을 체험하게 하는 운율을 몸 전체로 접하게 하여 준다. 목월의 귀는 종족의 소리를 들을 줄 알았고 목월의 눈은 이 땅을 볼 줄 알았다. 시인은 먼저 자기의 종족과 그 자연을 사랑해야 그 종족이 지니고 물려주는 핏줄의 운율을 잡게 된다. 젊은 목월은 이미 사람을 사랑할 줄 알았기에 우리의 운율을 글속에 담아 삶을 생명으로 접하게 했다. 목월의 말소리는 우리의 운율을 들려 준 셈이다.

※

목월은 우리의 운율만으로 만족하지 않았다. 우리의 운율이 우리의 정서와 짝하여 서로 남게 하였다. 드디어 목월은 서정시인이 된다. 서정시는 삶을 운율로 말하고 그 말소리를 삶으로 체험하게 한다. 그때 운율은 삶의 체험에 정서를 주고 그 정서는 삶을 헤아리게 하여 우리의 마음속에다 살아 있는 생명을 접해준다. 이것이 바로 정서인 것이다. 사상은 세계성(Universality)을 얻어야 있게 되지만 정서는 종족성(Ethmos)을 떠나 생각할 수 없다. 우리의 정서는 우리만이 주고받는 삶의 정(情; Pathos)이며 이(理; Logos)이기 때문이다.

> 송화가루 날리는
> 외딴 봉우리
>
> 윤사월 해 길다
> 꾀꼬리 울면
>
> 산직이 외딴집
> 눈 먼 처녀사
>
> 문설주에 귀 대이고
> 엿듣고 있다.
> - <윤사월> 전문

아무리 숨이 차도 목월의 시행은 읽혀질 것이다. 운율을 따르기 때문이다. 끝행에 이르면 삶의 정이 있는 이라면 잘라 말할 수 없는 삶의 서러움이 복받치게 되리라. 그리고 그리움이 외로움이, 사랑이, 이별이 어떤 것인가를 마음속에 자리 잡게 하리라. 이렇게 맑은 서정시에는 역사도 사회도 별것 아니게 된다. 인간의 연민이 있을 뿐이다. 인간은 참으로 사랑할 때 시인은 서정시를 쓴다. 그것은 정서의 형식이기 때문이다.

길은 외줄기
남도 삼백리

술 익는 마을마다
타는 저녁 놀

구름에 달 가듯
가는 나그네
    -<나그네> 부분

이처럼 목월은 우리의 정서를 우리의 산하와 더불어 여물게 한다. 소월처럼 운율로 삶의 정을 절규하는 것이 아니라 운율을 밑받침하여 우리의 정한을 산에다, 들에다, 그리고 강에다 접목하듯이 묻어두고 하나씩 점점 싹이 터서 정의 수풀을 이루게 한다. 이 점이 목월의 시가 표현하고 있는 정서를 우리의 것으로 밀어다 준다. 아마도 목월은 조선시대의 해원처럼 우리의 산하를 보았을 것이다. 목월도 인정 때문에 산정을 시에 끌어 들였기 때문이다.

목월의 정서는 '사람을 사랑할 수밖에 없다'는 삶의 진실에서 비롯되고 그 사랑이 언제나 삶의 정한으로 잡혀 왔었다. 이 점에서 목월의 서정은 우리 겨레의 맥을 떠나지 않는다. 목월의 정서는 목월의 정감만으로 끝나지 않아 우리의 서정 시문학에 맥락을 이루어 주며 살아남게 된다.

목월의 서정시가 그 뿌리를 우리의 정서에다 내리고 있었기 때문에 목월의 상상력은 끊임없이 타오를 수 있었다. 청록파 중에서도 목월의 정서가 가장 진하였던 점을 이러한 상상력의 바탕에서 밝혀지게 된다.

※

정에 짙은 목월의 정서는 ≪산도화≫의 시집에 까지 연결된다. 올페처럼 시의 세계에서 우리의 정한을 읊는다. 그러나 목월은 '사랑은 가고/ 아지랑이에 얼려/ 꽃은 지고/ 또한 꿈은 이울고/ 비맞이 바람에/ 잎새는 떨리고' 삶의 긴장을 뿌리칠 수 없게 된다. 청노루는 뛰어갈 산하를 잃고 상처를 입어가고 있음을 목월의 여린 정은 목도하게 된다. 생명을 상상하는 것이 아니라 삶을 헤아리기 시작한다. 인생을 목격하게 될 때 서정시는 비극의 생리를 닮게 된다.

> 잠이 오지 않는 밤이 잦다.
> 이른 새벽에 깨어 울곤 했다.
> 나이는 들수록
> 한은 짙고
> 새삼스러이 허무한 것이
> 또한 많다.
> ─ <뻐꾹새> 부분

서정시가 삶을 의식할 때 어떤 문학양식보다도 삶을 극화시킬 수 있다. 목월은 왜 울어야 했을까? 인간의 삶이어야 할 인생이 반인간의 체험들로 기억될 때 시인은 우리를 위하여 울어 주게 된다. 시는 시인의 고백이거나 일기가 아니다. 목월은 밤에 낮의 삶을 돌이키고 그래서 운다. 서정시인은 반인간의 배리를 정면에서 치자처럼 거부하려고 저항하기 보다는 안으로 삭이며 인간을 향해 정을 쏟는다. 이것이 목월의 의식이었다. 이러한 의식은 약한 것이 아니라 삶의 연민이 받아들인 것이다. ≪난·기타≫에서 목월은 삶을 의식하는 시인이 된다.

※

삶을 의식하자 목월의 시심은 강박관념에 잡힌 것처럼 상처를 입기 시작한다. ≪청록집≫과 ≪경상도의 가랑잎≫에서 인간 목월과 시인 목월은 삶을 처절하게 갈등시킨다. 인간 목월은 시인 목월을 무능하다고 질타하고 그 와중에서 시인 목월은 시인이 되어야 한다고 몸부림친다. 이 시기의 시는 목월의 내면을 고백하는 증언이기도 하다.

> 내 신발은
> 십구문반.
> 눈과 얼음의 길을 걸어
> 그들 옆에 벗으면
> 육문삼의 코가 납작한
> 귀염둥아 귀염둥아
> 우리 막내둥아.
> ─<가정> 부분

밖에서 삶의 상처를 입고 집에 돌아와 약을 얻는다. 목월에게 있었던 한 종족의 정서는 질식되면서 피붙이의 애정이 그 자리를 메운다. 목월은 왜소한 서정시인이 본인도 모르게 되어 버린다. 목월은 환속한 스님처럼 생활 감정에 몰리면서 서정시인이 되어야 한다는 신념에 오히려 시심은 병을 앓게 된다.

> 누구나
> 인간은
> 반쯤 다른 세계에
> 귀를 모으고 산다.
> 멸(滅)한 것의
> 아른한 음성
> 그 발자국 소리.
> 그리고
> 세상은 환한 사월 상순.
> − <四月 上旬> 부분

이렇게 목월은 갈등한다. 목월의 갈등은 삶의 부정 때문이 아니라 삶의 긍정 때문에 빚어지는 동요인 것임을 ≪경상도의 가랑잎≫이 보여준다.

질긴 고무줄을 늘려버리듯이 시에는 목월의 선천적인 음률에 맥을 잃어버리면서 시행 사이에 자의식의 대화가 생활의 폐담처럼 삽입된다. 목월의 시는 정서의 힘을 잃어가면서 일종의 정담(情談)처럼 쓰여지기 시작했다. 이처럼 목월은 위기를 시인으로서 맞이한 것이다. 여기서 목월이 끝났더라면 시인 목월은 옥에 티를 남기고 가버린 시인이 되어 버렸을 것이다.

　　　※

<사력질>에 이르러 목월은 스스로를 성찰하기 시작한다. '참으로 체념을 모르는 자는 미련하다.' 시인의 삶을 반성하고 인간의 생활을

점검한다. 그리고 목월은 적극적인 시인이 다시 되며 충실한 생활인으로 또 다른 한계를 가르게 된다. 그러므로 목월의 체념은 좌절이 아니라 극복이었으며 지향(Intentionality)이었다.

이제 시인 목월과 인간 영종은 갈등하지 않게 된다. 그러기 위하여 목월은 신에 귀의하려는 소망이 더 강렬하게 되어간다. 그리고 시에는 삶과 죽음의 관계가 주체로 등장한다.

전처럼 '산은/ 구강산/ 보랏빛 석산'으로 감성의 운율보다는 '간밤 꿈에 나의 수레를 몬/ 구릿빛 윤나는 말과/ 오늘의/ 갈기가 바스라지는 구름의 말'처럼 목월은 삶을 하나씩 정리하려고 한다. 즉 목월은 삶과 죽음을 '잡문 같은 행간에서/ 구두끈이 풀린다'고 시집 ≪무순≫에서 관조한다. 이처럼 목월은 시에다 지혜를 담기 시작하고 ≪무순≫의 돌의 연작시에서는 목월의 지혜가 돌로 의상화(意象化)되어 간다.

> 돌 안에 바다가 있다
> 라고 말하지 않는다
> 혹은
> 자줏빛 치맛자락이
> 나부낀다
> 라고 말하지 않는다
> 눈을 감은 자는 감고 뜬 자는 뜨고 있다.
>   - <자수정 환상> 부분

이처럼 목월의 관조는 그의 상상력을 안에서 움직이게 하는 표현을 얻기 시작한다. 이는 목월의 관조가 어떤 관념이나 명상으로 시종되는 것이 아니라 시와 공으로 지각되어 비롯된다. 목월에게 돌은 시공을 함께 하는 생명의 의상이 되어 목월의 관조를 목월의 환상으로 이끌어 간다. 관조와 환상의 교감이 말년의 목월에게 시를 쓰게 하는 동력이 되었다. 자수정 돌에 대하여 목월은 '사운거리는 자줏빛 치맛

박영종과 박목월, 그리고 그의 시 365

자락/ 영원에서 살아난다'고 노래한다. 목월이 보고 있는 자줏빛 치맛 자락은 젊었을 때 보았던 '청노루/ 맑은 눈에/ 도는/ 구름'이라는 다른 차원의 속말을 들려주게 된다.

자수정에서도 삶과 죽음이 하나임을 관조하고 '갈리며 깎이며 말려 드는' 나선장합금의 '듀랄루민'의 갈증처럼 하나의 쇳조각에서도 생과 사를 지각으로 관조한다. 말년에 시인 목월은 삶의 지혜를 서정시에 담아두려는 정력을 한시도 등한히 하지 않았다. 목월에게는 언제나 시를 초(抄)해두려는 공책과 연필이 함께 있었다. 이처럼 그는 일생을 서정시인으로 마친 셈이다.

인간 영종은 갔으나 시인 목월은 남아서 우리 옆에 살 것이다. 누가 '다람 다람 다람쥐'의 소리를 잊겠는가? 누가 '길은 외줄기 남도 삼백리' 정한의 정서를 잊겠는가! 말년에 이르러 삶에 대한 목월의 지혜는 잊혀 질런지도 모른다. 그리고 50대에 젖었던 목월의 생활시 역시 망각될 수도 있다.

그러나 목월이 ≪청록집≫과 ≪산도화≫에 담아 놓은 그 운율과 원형의 정서를 누가 잊어버리겠는가? 한 종족은 한 핏줄이며 한 말소리로 생사의 흐름을 따라간다고 할 때 목월의 서정이 누구의 가슴에서 벗어나겠는가? 목월은 우리가 지니고 있는 한 겨레의 핏줄에 다 삶의 정리를 운율로 정서로 남겨 누구나 목월을 잊지 못할 것이다.

※

시인 목월의 일생은 서정의 지향이었다. 민족의 운율과 자연을 합하여 원형의 정서를 서정시로 담았다. ≪청록집≫에서 ≪산도화≫까지의 시들이 그렇다. 민족의 정한과 운율이 목월을 서정시인이 되게 했었다.

목월의 서정이 세속과 짝하기도 했다. 시인 목월에게는 위기에 속했다. 목월은 운율을 멀리하고 생활감정의 표현으로 시를 풍선처럼 부풀려갔다. 목월의 서정시는 상처를 입게 된다. ≪난·기타≫에서 ≪경상도의 가랑잎≫까지의 시들이 목월을 아쉽게 했다. 현실의식이 목월을 그렇게 만들었다.

그러나 <사력질>에서 ≪무순≫까지의 시들이 다시 목월을 서정시인이 되게 했다. 민족의 정한을 관조하며 서정을 지혜로 옮겨 놓는다.

목월의 시는 깊어지고 삶과 죽음의 일체를 체험하면서 인생을 정리하게 한다. 서정시가 인생을 지혜로 체험하게 할 때, 시는 삶의 힘이 될 수 있음을 보여 준다. 종교가 목월을 그러한 서정시인이 되게 한 셈이다.

목월은 ≪청록집≫과 ≪산도화≫의 운율과 정서의 원형 때문에 우리와 더불어 영생할 생명력을 간직하게 될 것이다. (『심상』 1978. 5월호)

박목월 순한 눈망울을 스쳐간 인연들의 회상록

인쇄일 초판1쇄 2008년 3월 21일
발행일 초판1쇄 2008년 3월 24일

엮은이 목월문학포럼 | **발행인** 정구형 | **발행처 | 국학자료원** | **등록일** 제324-2006-0041호
편집 박지혜, 김나경 | **총무** 박지연, 한미애 | **영업** 정찬용 | **물류** 김종효, 박종일
주소 서울시 강동구 성내동 447-11 현영빌딩 2층
전화 442-4623,4 | **팩스** 442-4625 | www.kookhak.co.kr | kookhak2001@hanmail.net
ISBN 978-89-6137-349-4 *04080 | **가격** 19,000원
ISBN 978-89-6137-350-0 *04080[set]